集人文社科之思 刊专业学术之声

集 刊 名：量刑研究
主办单位：西南政法大学量刑研究中心
主　　编：石经海

SENTENCING RESEARCH Vol.4, 2019 No.1

2019年第1辑 · 总第4辑

集刊序列号：PIJ-2018-351
中国集刊网：www.jikan.com.cn
集刊投约稿平台：www.iedol.cn

量刑研究

SENTENCING

RESEARCH Vol.4, 2019 No.1

（2019年第1辑·总第4辑）

司法转型下的量刑探索与实践

EXPLORATION AND PRACTICE OF
SENTENCING UNDER JUDICIAL TRANSFORMATION

石经海　主编

社会科学文献出版社
SOCIAL SCIENCES ACADEMIC PRESS (CHINA)

卷首语

《量刑研究》是西南政法大学量刑研究中心主办的学术集刊。

西南政法大学量刑研究中心于 2011 年筹建，是西南政法大学推行学科交叉融合研究和学科特色方向建设而设立的校级非实体性学术机构。其成员为校内外对量刑问题的理论与实践有兴趣并愿意参与中心相关研究工作的人员。目前已聘请陈泽宪教授（中国刑法学研究会常务副会长，中国社会科学院法学研究所研究员，中国社会科学院大学教授，本中心名誉主任）、陈忠林教授（中国刑法学研究会副会长，重庆大学法学院教授，本中心学术委员会主任）、宋英辉教授（中国刑事诉讼法学研究会副会长，北京师范大学刑事法律科学研究院副院长）、熊秋红教授（中国社会科学院法学研究所研究员，中国社会科学院大学教授）、刘仁文教授（中国社会科学院法学研究所刑法室主任、研究员，中国社会科学院大学教授）以及全国法院、检察院、律师事务所近 30 位校外资深理论和实务专家为中心研究员，校内成员为本校刑法学科和刑诉法学科量刑科研团队的全体成员。中心现任主任由西南政法大学刑法学科负责人石经海教授担任。

研究中心主要依托于西南政法大学刑法和刑诉法学科。这两个学科在西南政法大学有着光辉的历史，是诸多著名刑事法学家如赵念非、伍柳村、黄观效、邓又天、王洪俊、廖俊常、董鑫、赵长青、高绍先、孙洁兵、徐静村、朱启昌、李培泽、龙宗智、陈忠林、孙长永、邱兴隆等教授精心建设起来的国内最先招收硕士生和较早招收博士生的国家级或省级重点学科。在深厚学科底蕴的支撑下，老师们在致力于刑事法基础理论研究的同时，还特别注重针对刑事司法实务中暴露出的理论与实践问题展开研究，并逐渐形成了一些彰显学科亮点和特色的研究方向。应当说，量刑问题研究是其中之一。

研究中心注重与实务部门密切合作。自2011年筹建时起，就与最高人民法院、重庆市高级人民法院、重庆市第一中级人民法院、重庆市江北区人民法院、重庆市人民检察院、重庆市人民检察院第一分院、重庆市江北区人民检察院、重庆市渝中区人民检察院、贵州省各级法院和检察院或相关庭室以及诸多律师事务所，保持经常性合作交流。中心与最高人民法院、重庆市高级人民法院、重庆市第一中级人民法院、贵州省安顺市中级人民法院等联合举办过关于量刑规范化改革、认罪认罚从宽处罚的全国性学术研讨会或专项课题调研，取得了诸多丰硕成果，为推动量刑的理论和实践发展做出了重要贡献。中心曾先后在贵州省安顺市中级人民法院建有“安顺中院研究基地”，在重庆锐力律师事务所建有“锐力研究基地”，在北京天驰君泰（重庆）律师事务所建有“天驰君泰研究基地”。

研究中心注重研究成果的教学转化。除了广泛为实务部门开设“量刑实务中的疑难问题”等培训课程外，还在西南政法大学法学本科生和刑事法方向法律硕士研究生中开设“量刑法学”和“量刑专题”全校性选修课，以在实现研究成果的教学转化的同时，通过完善学生刑事法知识结构、提升法律职业人才培养质量、促进量刑公正实现、推动量刑问题研究等，推动“重定罪轻量刑”不良刑法理论与实务现象的快速转变。

然而，推动量刑的理论与实践发展，是一个庞大的系统工程。这不仅在于量刑是整个刑法的缩图，而且量刑问题是长期严重影响司法公信力乃至社会安定的复杂问题；不仅在于“重定罪轻量刑”现象在大陆法系司法中还严重存在，而且在于大陆法系理论上对量刑问题的研究至今仍很薄弱；不仅在于大陆法系对其改革步履艰难，而且在于英美法系在其改革上也没能令人满意……解决如此等等之“问题”，仅少数人的课题研究、成果发表乃至课程开设是远远不够的，需要众多的园地与平台供大家共同关注与交流。《量刑研究》的创办，旨在提供这样的园地与平台。

期待理论或实务界的您，关注量刑研究，为推进量刑法治与公正的发展，增添一份动力！

西南政法大学量刑研究中心

2019 年 2 月 20 日

2019年第1辑
总第4辑

目 录
CONTENTS

理论前沿

专题研究

改革实践

研究综述

理论前沿

英美量刑改革的经验教训

彭文华*

【摘　要】美国联邦量刑指南确立的量刑模式是量化模式，自强制施行以来就存在一定局限，引发诸多问题，致使其强制性在布克案后无效。当前，美国联邦量刑指南仍然在司法实践中具有影响，但量刑改革的动向是对传统量刑模式与量化量刑模式加以辩证扬弃，重视程序规制。英国的量刑模式属于诉权模式，赋予法官广泛的司法自由裁量权，同时通过严格的上诉审查制度加以制衡。英国的量刑改革也呈现适度的量化态势，注重量刑的结构化与透明化。在我国，《关于常见犯罪的量刑指导意见》注重定量与自由裁量并行、直觉驱动与规则武断平衡，其积极意义值得肯定。

【关键词】量刑改革；量化模式；诉权模式；上诉审查制度

一　引言

近年来，为了防止量刑偏差，实现量刑公正，我国各级审判机关大力推进量刑规范化改革。为此，最高人民法院颁布了《关于常见犯罪的量刑指导意见》（简称《指导意见》），并于2014年在全国全面推行，其主要特

* 彭文华，上海政法学院教授，法学博士。

征之一是通过量化、数据化方式规范量刑情节，作为量刑的规则和标准。而谈到量刑改革，英美法系国家无疑是先行者，它们几十年来积累了的经验教训，研究其发展变迁及经验教训，对我国正在进行的量刑改革无疑具有重要的现实意义。

在英美法系国家，量刑基本上以追求实质合理性为目标。在如何实现实质合理性上，尽管英美法系国家的具体做法并不相同，需要面对的课题却是相同的，即如何对广泛的司法自由裁量权加以有效的约束或者制衡。在这方面，一些国家因为关注力度不够或者缺乏有效的举措而举步不前，如加拿大等国。早在20世纪七八十年代，加拿大就有过量刑改革的探索，[①]但直到现在，加拿大也没有进行像样的量刑改革。尽管不少人呼吁进行量刑改革，但往往也是雷声大雨点小，得不到政府的响应。究其原因，正如有学者所言，"因为历届政府在过去的四分之一世纪一直不愿或无力去了解并解决量刑中存在的重大问题"。[②]

与加拿大等国不同的是，美国和英国则积极探索如何有效规范司法自由裁量权，以防止量刑偏差，实现量刑均衡与一致。不过，在进行具体的量刑改革时，美国和英国一度走上截然不同的道路，并因此创造了不同的量刑模式，即美国的量化模式与英国的诉权模式。这两种不同的量刑模式在英美法系国家具有较大的影响，并为一些国家所效仿。例如，南非曾进行的量刑改革就几乎照搬美国的量化模式。这两种模式都有其长处与弊端。其主要弊端，"一是联邦量刑委员会没有说明主要的量刑理由；二是量刑指南复杂而不清晰；三是量刑指南很严格；四是判决的不平衡（如粉末和可卡因的情况）表明量刑体系不合理；五是指南过于刻板，导致很多不公平"。[③] 近些年来，美英两种不同的量刑模式彼此取长补短，在改革上出现了趋同态势，值得关注。本文拟对美国和英国量刑改革的背景、量化模式与诉权模式的特点及其发展动向加以深入研究，期待为我国正在进行的量

① A. Kim Campbel, "Sentencing Reform in Canada", *Canadian Journal of Criminology*, Vol. 32, No. 3 (July 1990).

② Anthony N. Doob, "The Unfinished Work of the Canadian Sentencing Commission", *Canadian Journal of Criminology and Criminal Justice*, Vol. 53, No. 3 (July 2011), p. 279.

③ S. S. Terblanche, "Sentencing Guidelines for South Africa: Lessons From Elsewhere", *The South Africa Law Journal*, Vol. 120, No. 4 (2003), pp. 865 - 866.

刑改革提供有益参考。

二　美国量刑改革的经验教训

（一）美国联邦量刑指南制定的历史背景

20 世纪前半叶，英美法系国家基本奉行刑罚个别化与矫正刑，康复思想大行其道，司法机关对自由裁量权推崇备至。20 世纪 60 年代以来，刑罚个别化与康复医疗逐渐成为众矢之的，人们要求刑罚改革的呼声越来越强烈。“出于对极度的酌定量刑实践导致的差异和歧视的疑虑，受不断增长的犯罪率和对整个惩罚和矫正康复模式的强烈批评激发，许多刑事司法专家提出改革以求量刑具有更大的一致性和确定性。”① 20 世纪 70 年代起，美国一些州法院甚至联邦法院拒绝适用不定期刑及康复医疗，开始采用确定的量刑。“自 20 世纪 70 年代中期开始，由于种种原因，许多州开始拒绝不定期刑及其康复理由。许多司法管辖区，包括加利福尼亚州、缅因州、亚利桑那州、科罗拉多州、北卡罗来纳州、明尼苏达州、华盛顿州以及联邦系统内，摈弃假释释放并创制服刑期间可以计算的（‘确定的’）‘确定’刑罚。”②

1975 年，经参议员肯尼迪（Edward Kennedy）提议，美国国会通过了 2699 号法案，着手草拟联邦量刑指南框架，主要是以美国联邦第十巡回上诉法院法官弗兰克尔（Marvin E. Frankel）构想的量刑方案为基础。在弗兰克尔的理想量刑方案中，国会应该创立量刑委员会，由量刑委员会制定有约束力的量刑指南。量刑委员会是一个政治上的绝缘体，由“律师、法官、刑罚学家、犯罪学家”以及“社会学家、心理学家、商人、艺术家和……前任或现任囚犯”组成。③ 弗兰克尔由此被尊称为“量刑改革之父”。

---

① Douglas A. Berman, “Foreword: Beyond Blakely and Booker: Pondering Modern Sentencing Process”, *The Journal of Criminal Law & Criminology*, Vol. 95, No. 3 (2005), p. 655.

② Michael Tonry, “Sentencing Guidelines and the Model Penal Code”, *Rutgers Law Journal*, Vol. 19, No. 3 (1988), p. 824.

③ 参见 Jelani Jefferson Exum, “Why March to a Uniform Beat? Adding Honesty and Proportionality to the Tune of Federal Sentencing”, *Texas Journal on Civil Liberties & Civil Rights*, Vol. 15, No. 2 (2010), pp. 146 - 147。

1980 年，明尼苏达州首开实施量刑指南之先河，随后宾夕法尼亚州和华盛顿州也相继实施了量刑指南。[①] 1984 年，美国国会通过量刑改革法案（the Sentencing Reform Act，简称 SRA），并创立了美国量刑委员会（The Sentencing Commission），最初将其设想为一个灵活的、进化的系统，以法院和审判委员会之间的相互作用为特色。[②] 量刑委员会创制新的量刑制度，"主要目的有三：其一，国会希望探寻量刑诚信；其二，国会希望通过限制处罚实施相似罪行的相似罪犯时普遍存在的量刑偏离，来寻求量刑的合理性与一致性；其三，国会希望通过对不同犯罪适用差异适当的判决，寻求量刑均衡"。[③] 1987 年，通过对量刑规则和标准予以格式化、数据化，美国联邦量刑指南[④]（The Federal Sentencing Guidelines）面世并强制施行。

（二）美国联邦量刑指南强制施行产生的问题

联邦量刑指南之所以体现确定的刑罚，是因为刑罚乃通过量化、确定的量刑规则和标准推断出来的，具有相对的确定性。量刑的相对确定看似科学、合理，但存在很大争议，从施行开始就存在不少问题，这些问题既包括施行中的问题，也包括施行后的成效问题，还包括施行后产生的新问题。

---

① 参见 David Yellen，"Saving Federal Sentencing Reform after Apprendi，Bakely and Booker"，*Villanova Law Review*，Vol. 50，No. 2（2005），p. 167。

② 参见 W. Travis Parham，"Note，Grist for the Mill of Sentencing Guideline Reform：Williams v. United States"，*Wake Forest Law Review*，Vol. 28，No. 2（1993），p. 487。

③ Kirby D. Behre & A. Jeff Ifrah，"You Be the Judge：the Success of Fifteen Years of Sentencing Under the United States Sentencing Guidelines"，*American Criminal Law Review*，Vol. 40，No. 5（2003），p. 6.

④ 量刑委员会制定量刑指南绝非简单的数据堆积。首先，通过研究成千上万个案并详尽分析其量刑情节及结果，挑选出影响量刑的典型情节或者因素加以整理、归类，确定量刑的计算方法。其次，确定量刑根据，主要是犯罪的严重性以及犯罪前科。再次，以不同类型犯罪的社会危害性为基础，划分犯罪基准等级体系，确定现行犯罪的等级，形成网格体系。"量刑表是一个二维网格，纵坐标是现行犯罪的严重性，横坐标是被告人的犯罪历史。指南计算的目的是确定犯罪和犯罪历史的范畴，综合起来便在网格体中产生交叉点。每一个交叉点指明的量刑幅度以月来表示。"Frank O. Bowman，"The Failure of the Federal Sentencing Guidelines：A Structural Analysis"，*Columbia Law Review*，Vol. 105，No. 4（2005），pp. 1324 – 1325. 最后，还要考虑与量刑相关的其他因素，如犯罪性质、受犯罪行为影响的利益等。将所有影响量刑的情形综合起来并格式化、数据化，就可以在具体案件中推导出量化、确定的刑罚。

1. 联邦量刑指南强制施行中的问题

美国属于分割式地方分权，中央和地方的权力并非完全一致。在中央的统一权力之外，地方有独立自主的权限范围，这使得美国地方的立法、行政以及司法机关保持一定的独立性。以司法系统为例，美国有两套独立并行的法院系统：联邦法院系统和州法院系统。联邦法院系统由联邦最高法院及其所设立的13个联邦巡回上诉法院组成。联邦量刑指南的强制效力只限于联邦法院系统，并不及于州法院系统。州法院的案件只有上诉至联邦法院或者受其管辖时，才会受到量刑指南的约束。通常，州法院审理的有关国会立法规定的犯罪、联邦和州法律均有规定的犯罪、涉及联邦宪法问题的案件等，上诉须经联邦法院系统。但是，如果州法院审理的案件不属于联邦法院管辖或者不需要上诉到联邦法院，那么州法院只要根据州制定的量刑规则①量刑便可。可见，联邦量刑指南对州法院的约束限于联邦法院有管辖权的案件，不具有普遍约束力。这使得联邦量刑指南的强制施行在管辖上难以体现全面的、普遍的效力，为量刑改革的“四分五裂”埋下了制度隐患。

比较明显的是，美国联邦以及各州法官背离联邦量刑指南的现象在一定程度上存在。为了追求处罚必要与实质合理，包括联邦法官在内，在联邦量刑指南之外量刑者大有人在。“在更广泛的范围内，量刑指南的应用未见得更好：在量刑指南的范围内对被告量刑，在第九巡回法院仅为50%，在第二巡回法院仅为57.5%。”② 即使从全国范围来说，背离指南量刑也很常见，甚至还呈现稳步增长态势。“在全国范围内，背离指南量刑范围的情

① 美国各州一般都有自己的量刑规则。具体可分为三种类型。一是格式化、数据化的量刑规则。如明尼苏达州、华盛顿州和北卡罗来纳州等。其特点是通过格式化、数据化的量刑规则使量刑量化，类似于联邦量刑指南，但并非照搬联邦量刑指南。二是自愿的量刑规则。如弗吉尼亚州等。由于考虑更多的是渐进，因而量刑规则和标准与联邦量刑指南有显著不同。三是参考量刑规则。这种量刑规则介于前两者之间，既制定格式化、数据化的量刑规则作为量刑参考而非强制遵行，同时对法官适用酌定量刑情节予以鼓励，如宾夕法尼亚州。参见 Rakesh N. Kilaru, “Guidelines as Guidelines: Lessons From The History of Sentencing Reform”, *Charlotte Law Review*, Vol. 2, No. 1 (2010)。

② Kirby D. Behre & A. Jeff Ifrah, “You Be the Judge: the Success of Fifteen Years of Sentencing Under the United States Sentencing Guidelines”, *American Criminal Law Review*, Vol. 40, No. 5 (2003), p. 7.

形在过去的五年里稳步增长，现在大约占全部案件的36%。”① 可见，在联邦法院系统内，尽管联邦量刑指南具有强制性效力，背离联邦量刑指南量刑的现象还是在一定程度上存在。

2. 联邦量刑指南强制施行的成效问题

当初，制定量刑指南的最大目标之一，是消除量刑偏差，有效地实现量刑的均衡与一致。然而，联邦量刑指南强制施行后，并没有实现这个最重要的目标。

一方面，联邦量刑指南强制施行未能有效消除量刑偏差。量刑偏差是指对实施类似犯罪的犯罪人的量刑存在差异。“术语‘莫须有的偏差’指的是在这种情况下，类似的罪犯实施类似的犯罪行为却受到不同惩罚。”② 限制司法自由裁量权，消除量刑偏差，实现量刑均衡与一致，是制定量刑指南的有力理由。量刑指南施行之初，在消除量刑偏差上的确有一定效果。但随着时间的推移，量刑偏差又慢慢回到指南颁行前的水平。③ 与此同时，由于采取格式化、量化的量刑模式，在某些特定的犯罪如毒品犯罪中，量刑偏差却呈现扩大趋势。“研究人员已经发现在州的不同地方以及国家不同区域，对于类似情形的被告人做出的判决却存在显著差异，并且在量刑指南时代不同地方的量刑偏差越来越大，特别是在毒品案件中。”④ 可以说，量刑指南并不能有效消除量刑偏差，或者说虽然可以在一定程度内消除量刑偏差但整体效果极为有限。

---

① United States Sentencing Commission, Sourcebook of Federal Sentencing Statistics, Figure G, 2001, p. 51.

② Jelani Jefferson Exum, “Why March to a Uniform Beat? Adding Honesty and Proportionality to the Tune of Federal Sentencing”, *Texas Journal on Civil Liberties & Civil Rights*, Vol. 15, No. 2 (2010), p. 148.

③ 例如，一份对明尼苏达州监禁刑的量刑偏差的调查显示，在量刑指南颁行后20个月左右，量刑偏差波动较大，最大波动值约为0.17。随后波动逐渐减小，至颁行46个月之后，量刑偏差的波动值基本上稳定在0.06的水平。刑期的偏差也类似。在量刑指南颁行后14个月左右，量刑偏差波动较大，最大波动值近60，其后波动值基本上稳定在35之内。参见 Lisa Stolzenberg & Stewart J. D' Alessio，“Sentencing and Unwarranted Disparity: An Empirical Assessment of the Long-Term Impact of Sentencing Guidelines in Minnesota”, *Criminology*, Vol. 32, No. 2 (1994), p. 305。

④ Frank O. Bowman, “The Failure of the Federal Sentencing Guidelines: A Structural Analysis”, *Columbia Law Review*, Vol. 105, No. 4 (2005), pp. 1326 - 1327.

另一方面，联邦量刑指南强制施行在一定程度上导致了罪刑失衡。实现量刑公正可以说是制定联邦量刑指南的终极目标。问题在于，司法实践中与量刑相关的因素复杂多样，不可能全部为量刑指南所包容。量刑指南通过将与犯罪的严重性以及犯罪人的历史等有关的因素格式化、数据化，使量刑呈现量化特征，会间接地导致忽视其他影响量刑的因素，对量刑公正反而造成消极影响。“该指南的基本设计，特别是它们的复杂度和刚度，将使得联邦量刑法律制度的创制与执行越来越失衡，抑制了更为公正、有效、高效的联邦量刑制度的发展。”① 另外，指南确定的强制性最低刑期（mandatory minimum terms）也会严重制约公正量刑。与限缩司法自由裁量权不同的是，法官对强制性最低刑期并无自由裁量权。“强制性最低刑期不允许法官自由裁量，指南则允许，只是严重限制行使自由裁量权。”② 基于服从强制性最低刑期的需要，即使存在其他足以使犯罪人从轻或者减轻处罚的因素，也可能被漠视。“强制性的最低刑期要求法官对特定犯罪所处的监禁期限不低于国会设定的年限。这些判决最频繁地适用于非法贩卖毒品案件，以涉案毒品的数量为根据。”③ 可见，强制性最低刑期不可避免地加重了对犯罪人的处罚，致使罪刑失衡，不利于量刑公正。

3. 联邦量刑指南强制施行引发的新问题

其一，联邦量刑指南有违宪之嫌。根据量刑指南，法官认定具有加重处罚理由时，就能加重被告刑罚，这种未经调查、证实而擅自改变刑罚的做法，有违反宪法的正当程序规则之嫌。事实上，量刑指南颁行后不久就受到违宪指责。“在米斯特雷塔诉美国案中，量刑改革法案被指责违宪，因为国会拥有过度的立法权或者搅乱了宪法规定的政府各部门之间的权力平衡。”④ 尽管最高法院在米斯特雷塔诉美国案中裁定指南合宪，但此后在联邦

---

① “Principles for the Design and Reform of Sentencing Systems”, *Federal Sentencing Reporter*, Vol. 17, No. 5 (2005), p. 341.

② Joseph F. Weis, “The Federal Sentencing Guidelines—It's Time for a Reappraisal”, *American Criminal Law Review*, Vol. 29, No. 3 (1992), p. 824.

③ Joseph F. Weis, “The Federal Sentencing Guidelines——It's Time for a Reappraisal”, *American Criminal Law Review*, Vol. 29, No. 3 (1992), P. 823.

④ Sandra Guerra Thompson, “The Booker Project: the Future of Federal Sentencing”, *Houston Law Review*, Vol. 43, No. 2 (2006), p. 272. 米斯特雷塔诉美国案，具体可参见 Mistretta v. United States, 488 U. S. 361, 412, 1989。

法院和地方法院量刑指南就一直受违宪指责困扰。"由于米斯特雷塔案的决定，下级法院一直受到根据不同的宪法依据挑战量刑指南的困扰。"[①] 在量刑指南颁行的最初几年，虽然其受到违宪质疑，联邦法官们还是坚定地认为指南合宪。[②] 但是，随着时间推移，联邦法官们也开始有不同看法，联邦法院的立场逐渐发生动摇。在阿尔门达雷斯－托雷斯诉美国案（Almendarez-Torres v. United States）中，最高法院大法官们对法官中心主义的行政化量刑程序表示严重关切，虽然最高法院最终裁定被告的前科证据可以用来增强判决而不受审判中的犯罪要素的程序规则影响，但斯卡利亚大法官还是提出强烈的反对意见，认为法院裁定存在严重的宪法问题。接下来，在琼斯诉美国案（Jones v. United States）中，法院认定阿尔门达雷斯－托雷斯案所宣称的前科是例外，认为决定更高刑罚的犯罪要素事实必须经过正当程序才能采用。[③] 最终，量刑指南由强制施行改为参考施行，直接原因在于其涉嫌违宪。

其二，联邦量刑指南动摇当事人主义的诉讼模式。对抗权（confrontation rights）既是美国当事人主义诉讼模式的特征之一，也是一项重要的宪法权利。对抗权源自美国宪法第十四修正案的正当程序条款和第六修正案的对质条款，隐含着秩序自由的理念。从权利法案扩展到国家层面，法院就需要解决正当程序条款和对质条款，这两个保护往往被统称为"对抗权利"或简称为"对抗"。[④] 量刑指南对许多量刑制度进行了重大修改，大大增加了被告行使对抗权的风险，在一定程度上剥夺了对抗机会，使法庭对抗性大为降低。[⑤] 另

---

① Maureen Juran, "The Tenth Circuit's Approach to the Constitutionality of the Federal Sentencing Guidelines", *Denver University Law Review*, Vol. 67, No. 4 (1990), p. 545.

② 例如，在 1989 年的美国诉托马斯案（United States v. Thomas）中，联邦第十巡回上诉法院驳回了有关量刑指南违背宪法正当程序的指控。参见 Maureen Juran, "The Tenth Circuit's Approach to the Constitutionality of the Federal Sentencing Guidelines", *Denver University Law Review*, Vol. 67, No. 4 (1990), pp. 545 - 546。

③ 参见 Douglas A. Berman, "Foreword: Beyond Blakely and Booker: Pondering Modern Sentencing Process", *The Journal of Criminal Law & Criminology*, Vol. 95, No. 3 (2005), pp. 671 - 672。

④ 参见 David A. Hoffman, "The Federal Sentencing Guidelines and Confrontation Rights", *Duke Law Journal*, Vol. 42, No. 2 (1992), pp. 383 - 384。

⑤ 例如，联邦第十巡回上诉法院在美国诉比利案（United States v. Beaulieu）中声称，量刑不需要对抗，但是法官在考虑不需要对抗时需要发现可靠证据。地方法院在美国诉卢娜案（United States v. Luna）的判决中秉承了比利案的理由。参见 David A. Hoffman, "The Federal Sentencing Guidelines and Confrontation Rights", *Duke Law Journal*, Vol. 42, No. 2 (1992), pp. 397 - 398。

外，量刑指南也不利于辩诉交易（plea agreement）。辩诉交易是美国刑事诉讼的特色之一，有利于促使被告认罪与节省司法资源。然而，量刑指南在很大程度上限制了辩诉交易。一方面，指南对检察权有一定约束。“在量刑指南之前的时代，当检察官控诉特定的被告时，他们知道定罪后有希望影响量刑法官处以严重或轻微的刑罚；现在检察官知道定罪了他们试图影响判决的权力有限，而且这种权力充其量只限于被告在针对他人的起诉中提供了重大援助。”① 另一方面，受量化量刑模式与强制性最低标准约束，辩方即使能够进行控辩交易，回旋空间也十分有限。特别是强制性最低标准剥夺了向下从宽的可能性，因而控辩交易向下的可能性也就不复存在。降低法庭对抗性并抑制辩诉交易，必将对当事人主义的诉讼模式造成巨大冲击。

其三，联邦量刑指南极大地限制了法官的主观能动性与创造性。司法权是刑事审判的核心，运用自由裁量权与酌定量刑情节，是发挥法官的主观能动性与创造性的源泉，也是实现公正量刑的保证。遗憾的是，联邦量刑指南却严重限制了法官的自由裁量权和对酌定量刑情节的运用。“由于扮演极为有限的角色，在今天的审判仪式中联邦法官很少或没有机会考虑他面前的被告人的全部罪责。指南自己不仅决定哪些因素与刑事处罚有关，而且在大多数情况下决定每个因素精确定量的可用性。”② 这样一来，“量刑指南使得法官不再努力评估一名罪犯是否正在开始或结束犯罪生涯，是危险的或是无害的，是大海中的小鱼还是大鱼，或是在异常紧张的情况下误入歧途而不将再犯”。③ 于是，“法官的作用在很大程度上局限于实际测定和基本的算术运算。……一个法官最近把他在量刑中的角色比喻成‘公证人’；另一个把新制度下的法官角色比喻成‘会计’”。④ 作为“公证人”“会计”

① Kate Stith & José A. Cabranes, “Judging Under the Federal Sentencing Guidelines”, *Northwestern University Law Review*, Vol. 91, No. 4 (1997), p. 1257.

② Kate Stith & José A. Cabranes, “Judging Under the Federal Sentencing Guidelines”, *Northwestern University Law Review*, Vol. 91, No. 4 (1997), p. 1254.

③ Daniel J. Freed, “Federal Sentencing in the Wake of the Guidelines: Unacceptable Limits on the Discretion of Sentencers”, *Yale Law Journal*, Vol. 101 (1992), p. 1728.

④ Kate Stith & José A. Cabranes, “Judging Under the Federal Sentencing Guidelines”, *Northwestern University Law Review*, Vol. 91, No. 4 (1997), p. 1255.

的法官，逐渐沦落为机械执行法条的工具，其具体问题具体分析、酌情而定的主观能动性与创造性难免受到约束和限制。

其四，联邦量刑指南之格式化、数据化不可持续。量刑指南格式化、数据化的依据来自犯罪的严重性以及犯罪历史等，这些影响量刑的因素异常复杂。且不说在不同犯罪中影响量刑的因素千变万化，就是在相同性质的犯罪中影响量刑的因素也千差万别。“罗贝尔的结论是联邦量刑指南太复杂。他的结论主要源自对抢劫犯罪的指导规则的分析，他指出抢劫罪的指导规则是超过 18000000 个可能的犯罪主要特征的结合。”① 客观地说，罗贝尔教授的结论虽然有些夸张，却也不无道理。事实上，自量刑指南颁行以来，其不断的修正及篇幅、内容的不断扩张，也间接证明了量化量刑模式之复杂与艰巨。“经历了过去的 15 年后，当前版本的量刑指南有 500 多页，修正案超过 600 个。指南包含冗长而复杂的规定，反映了量刑委员会试图涵盖每一个法官在对刑事被告人量刑时可能考虑到的、与加重和减轻处罚有关的因素。”② 量刑指南这样的体量，远非终局性体量，甚至可以说是所有影响量刑因素中的“沧海一粟”也不夸张。这表明量刑指南的格式化、数据化永远没有尽头，很难持续维系和贯彻。

其五，联邦量刑指南使诉讼参与主体不堪重负。指南几乎使所有诉讼参与主体难堪重负。一方面，量刑指南有赖于犯罪等级的划分、量刑依据的细化等，十分复杂。③ 另一方面，量刑指南要适应现实需要必须不断与时俱进，这导致其内容不断膨胀。如此一来，格式化、数据化的量刑指南就显得十分庞杂繁复，大大加重了诉讼参与主体的负荷。一方面，法官需要

① John Kramer, “Rejoinder to Professor Ruback's Article: Warranted and Unwarranted Complexity in the U. S. Sentencing Guidelines”, *Law & Policy*, Vol. 20, No. 4 (1998), p. 527.

② Kirby D. Behre, A. Jeff Ifrah, “You Be the Judge: the Success of Fifteen Years of Sentencing Under the United States Sentencing Guidelines”, *American Criminal Law Review*, Vol. 40, No. 5 (2003), pp. 5 – 6.

③ 联邦量刑系统的量刑表十分复杂，具体包含 43 个犯罪等级、6 类犯罪历史以及 258 个表示量刑范围的方格。参见 Frank O. Bowman, “The Failure of the Federal Sentencing Guidelines: A Structural Analysis”, *Columbia Law Review*, Vol. 105, No. 4 (2005), p. 1325。鲍曼所引证的数据，源自 2004 版美国联邦量刑指南，即 U. S. Sentencing Guidelines Manual § 5A, 2004。

面对有关指南的众多解释。① 另一方面，法官量刑时必须对每个案件事无巨细地进行复杂、精确的运算，疲于应付。② 不仅法官，律师同样要面对众多法律的挑战。“这些表述源自辩护律师的关注，由于战斗在量刑指南的最前线，他们提供了一个强有力的理由使人们相信并感到恐惧，即量刑指南已经使曾经被肯定地谴责为无法的联邦量刑系统，转换为现在背负着太多法律的系统。”③ 诉讼参与主体因法律众多而疲于应付，必将严重损害司法效率。从这一点来看，联邦量刑指南就不是好的量刑指导规则，因为好的法律必须简洁明了，便于司法操作。

其六，联邦量刑指南大大增加司法成本。司法成本是司法效率的重要体现，任何国家惩罚犯罪都不可能忽视司法成本，而适用量刑指南则明显增加了司法成本。主要表现在以下三方面。首先，法官和律师需要面对数量巨大而又复杂的量刑因素，这使得审判期限大大延长。其次，量化量刑模式与强制性最低标准大大压缩了从宽、免除处罚以及非监禁刑的人数，从而使得监狱人口不断攀升。④ 再次，格式化、数据化的量刑依据因过于确定与机械，使得假释收监人数也呈现大幅度上升趋势。应当说，一定程度的犯罪增长以及假释收监人数上升也是正常的，但很明显因量刑指南所人为造成的不在少数。⑤ 在

---

① “从一开始（在目前的指导指南的量刑时代），地方法院和巡回法院就面临众多有关量刑指南的解释问题，几乎每个月发表几十起量刑意见。” Douglas A. Berman，“From Lawlessness to Too Much Law? Exploring the Risk of Disparity from Differences in Defense Counsel Under Guidelines Sentencing”，*Iowa Law Review*，Vol. 87，No. 2（2002），p. 443.

② 以 1995 年为例，当年超过 4 万名被告被定罪，并在联邦地方法院宣判。这 4 万份判决中的每个案件，法官都必须遵循复杂和抽象的规则，每做出一个判决都要运用精细的算术运算。参见 Kate Stith & José A. Cabranes，“Judging Under the Federal Sentencing Guidelines”，*Northwestern University Law Review*，Vol. 91，No. 4（1997），pp. 1254 - 1255。

③ Douglas A. Berman，“From Lawlessness to Too Much Law? Exploring the Risk of Disparity from Differences in Defense Counsel under Guidelines Sentencing”，*Iowa Law Review*，Vol. 87，No. 2（2002），p. 443.

④ 1995 ~ 2004 年的 10 年间，联邦、州的监狱人口和当地的监狱人口增长率分别为平均每年 7.8%、2.7% 和 4.1%。参见 Paige M. Harrison & Allen J. Beck，U. S. Department of Justice，Bureau of Justice Statistics，Bulletin：Prison and Jail Inmates at Midyear 2004，2005，p. 2。

⑤ 以联邦量刑指南施行后至 1998 年的监狱增长人数为例，就可以发现越来越多的罪犯因假释违规而重返监狱。1990 年至 1998 年，因假释违规而重返监狱的人数上升了 54%，即从 133870 人到 206152 人，而法院判决的新增罪犯人数上升了 7%，即从 323069 人到 347270 人。参见 Paige M. Harrison & Allen J. Beck，U. S. Department of Justice，Bureau of Justice Statistics，Bulletin：Prison and Jail Inmates at Midyear 2004，2005，p. 6。

监人数的上升无疑增加了司法成本，削弱了犯罪预防功能。

其七，联邦量刑指南削弱了司法功能。从刑罚的确定到执行，参与主体包括检察官、法官以及缓刑监督官等。然而，量刑指南限制量刑自由裁量权是针对法官的，检察官和缓刑监督官则置身事外。“对于检察官而言，需要弄清楚判决中的量刑偏差是不是特有的，因为绝大多数州没有要求检察官遵循特殊的规则或者程序做出某种判决。”① 检察官的自由裁量权仍然保留，所产生的直接效果是，“根据指南规定的犯罪和犯罪类别的适用，判决可以均衡和可预见。然而，检察官的指控和抗辩交易决定可以确定这些犯罪和罪犯的类别——特别是如果根据指南被认定有罪”。② 如果法官的自由裁量权受限制，而检察官的自由裁量权得以保留，此消彼长，那么检察官在量刑中的自由裁量权将得到强化，这会对减少量刑偏差的努力造成影响。“量刑指南颁布的几年来，批评人士认为预期的自由裁量权由法官转移至检察官实际上已经发生，导致量刑改革法案试图阻止的无端的量刑差距增加。”③ 这种现象同样体现在缓刑执行中。“量刑指南已经对刑事判决产生迅即而又戏剧性的影响。法官自由裁量权已经从地方法官转移到检察官和缓刑监督官。罪犯的服刑时间已经翻了一番。”④ 这样，本该由法官主导的司法自由裁量权被不恰当地转移给检察官和缓刑监督官，使得刑事司法活动的参与主体之角色发生错位，法官和检察官、缓刑监督官的司法角色被严重扭曲，司法功能被严重削弱。

（三）联邦量刑指南的强制性失效及其影响

一般认为，使美国联邦量刑指南由强制性规范改为参考性规范的标志

① Kirby D. Behre & A. Jeff Ifrah, “You Be the Judge: the Success of Fifteen Years of Sentencing Under the United States Sentencing Guidelines”, *American Criminal Law Review*, Vol. 40, No. 5 (2003), p. 8.

② Stephen J. Schulhofer & Ilene H. Nagel, “Plea Bargaining Under the Federal Sentencing Guidelines”, *Federal Sentencing Reporter*, Vol. 3, No. 4 (1991), p. 218.

③ Diane Marks, “Prosecutorial Discretion in Connecticut: A Lesson in Indirect Constraint”, *Federal Sentencing Reporter*, Vol. 15, No. 3 (2003), p. 209.

④ Gerald W. Heaney, “The Reality of Guidelines Sentencing: No End to Disparity”, *Federal Sentencing Reporter*, Vol. 4, No. 3 (1991), p. 142.

性案例主要有三：阿普伦迪案①、布莱克利案②和布克案③。阿普伦迪案的意义在于开启了对量刑指南进行合宪审查的先河，但其对司法实践的影响相对有限。如果说阿普伦迪案的影响只限于个案的话，那么布莱克利案的影响则是全面而巨大的，因为其明确了任何与惩罚有关的事实要素（犯罪前科除外）都需经过合宪审查（排除合理怀疑）或为被告承认。布克案的意义在于，促使联邦最高法院裁定联邦量刑指南违宪而不再有强制效力，联邦量刑指南遂由强制性规范改为参考性规范，这使得美国的量刑改革正式进入后布克时代。总的来看，阿普伦迪案解决了形式上的法定刑上限问题，布莱克利案明确了根据量刑指南做出的超出正常范围的判决无效，布克案促使联邦量刑指南由强制性规范改为参考性规范。④

美国量刑指南的强制性失效并非意味着联邦量刑指南不再对量刑产生影响，相反，“它们将继续发挥一些有意义的影响”。⑤ 量刑指南之所以失去强制效力，并非其内容及规则和标准一无是处，主要在于数据化、格式化的强制性规则严重妨碍司法自由裁量权与酌定量刑情节的运用，乃至于其广受诟病。这就不难理解，在量刑改革时人们不是要全盘否定量刑指南，而是否定其中的不合理的规则和标准。“改革者应该避免任何诱惑，包括在任何指南改革中避免新的强制性规则妨碍司法自由裁量权。同时，立法者应该废除或限制法定强制性最低标准的影响。”⑥ 另外，自阿普伦迪案以来确立的一些特别规则，如犯罪前科不需要通过超越合理怀疑证明、任何事实非经陪审团认定或被告承认不得被采用等，确实与联邦量刑指南相抵触，因而联邦量刑指南的强制性失效会成全这些规则的适用。然而，这些规则毕竟存在于少数案件中，故其对司法实践的影响相对有限。从理论上讲，如果摈弃其中的不合理的量刑规则和标准，并且不违背宪法规定的正当程

① 参见 Apprendi v. New Jersey，530 U. S. 466（2000）。

② 参见 Blakely v. Washington，（02－1632）542 U. S. 296（2004）。

③ 参见 United States v. Booker，（04－104）543 U. S. 220（2005）。

④ 参见 David Yellen，“Reforming the Federal Sentencing Guidelines' Misguided Approach to Real-Offense Sentencing”，*Stanford Law Review*，Vol. 58，No. 1（2005），pp. 272－273。

⑤ John F. Pfaff，“The Vitality of Voluntary Guidelines in the Wake of Blakely v. Washington：An Empirical Assessment”，*Federal Sentencing Reporter*，Vol. 19，No. 3（2007），p. 206.

⑥ Mary Price，“Everything Old Is New Again：Fixing Sentencing by Going Back to First Principles”，*New England Journal on Criminal and Civil Confinement*，Vol. 36，No. 1（2010），pp. 96－97.

序规则，那么联邦量刑指南还是能对很多案件的量刑发挥影响的。

由强制性规范改为参考性规范后，联邦量刑指南仍不乏支持者。“量刑指南也被批评为‘数字化量刑’。但那些数字，虽然有一种机械的感觉，却使量刑指南较之替代它的漫无目的、主观的和狮身人面像的‘系统’更加透明和负责任。……最重要的是，强制性指南在量刑上首次设立了一些法律规则。”① 甚至有学者呼吁，“为了法自身的目的和法所创造的利益，为了当事人和公众对司法公平管理的信任，新政府应该支持恢复强制性规则”。②然而，联邦量刑指南要想回归强制性规范时代，至少目前看来是不现实的。同样，美国量刑改革也不会回归毫无节制地运用自由裁量权与酌定量刑情节的传统量刑模式时代。

（四）美国量刑改革的最新发展

联邦量刑指南强制性失效后，引发很大的热议，其影响范围远远超出美国。人们开始沉思确定量刑与酌定量刑的关系问题，对量刑本身以及量刑平等、量刑偏差等问题也进行了更为深入的思索。

对于量刑，有学者认为其就像一门艺术，依赖于法官的创造性决定，无所谓正确与否。“如果量刑是一门纯粹的艺术，那么法官就会运用他或她的创造性技能来决定合适的量刑。永远不可能有‘正确’的刑罚，就像永远不可能有‘正确’的艺术品或‘正确’的诗歌一样。对任何被告个人来说，唯一‘正确’的判决应该是主审法官经过深思熟虑后选择的判决。这将是正确的刑罚。”③ 对于量刑平等，有学者认为应该理性对待，因为平等不是一个单纯的概念，而是一系列的概念组合。“关于平等与个体化、规则与标准的陈腐量刑辩论，需要停止把平等当作一个单一的概念来对待。在实践中，这是一系列的概念——一套包含各种利弊的平等原则。量刑政策和学术研究常常将一种有争议的方法——人们甚至可以称之为表面的或虚

① William Otis, “Priority for a New Administration Restore the Rule of Law in Federal Sentencing”, *Federal Sentencing Reporter*, Vol. 20, No. 5 (2008), p. 345.

② William Otis, “Priority for a New Administration Restore the Rule of Law in Federal Sentencing”, *Federal Sentencing Reporter*, Vol. 20, No. 5 (2008), p. 346.

③ Anthony Hooper, “Sentencing: Art or Science”, *Singapore Academy of Law Journal*, Vol. 27, No. 1 (March 2015), p. 17.

假的平等——与平等本身混为一谈。促进现行平等观念的措施可以削弱其他方面，同时使判决偏向于某些惩罚目的和某种制度设计方法。”[①] 对于量刑偏差，人们也意识到并非所有偏差都是不合理的。量刑偏差本身包含了合理的差异和不合理的差异，如法官个人的价值判断差异和地域差异，就是不可避免的，是客观存在的合理差异，无论什么制度也难以改变这种差异。美国有学者就指出，“联邦法院不一定表现出单一的文化，不一定对指导原则建议的合理性有共同的看法，也不一定把国家统一作为量刑的主要目标”。[②] 不难看出，至少在理论上，人们对量刑、量刑平等以及量刑偏差等的认识和理解更为客观、理性。

在具体的应对措施上，人们也提出了不少见解。有学者通过分析研究指出：“如果要实现有意义的量刑改革，我们还必须解决刑事司法制度造成量刑不公平和错误定罪的那些特点。我们认为，滥用辩诉交易和线人是最糟糕的两个特征。”[③] 要想解决这些问题，尽管需要加强立法，但检察官和初审法官显然有能力更积极地遏制过度胁迫的辩诉交易和线人滥用，因此改革的重点应当主要集中在检察官和法官身上。[④] 同时，加强律师的介入力度也很重要。“辩护律师负有确保每一个被告得到第六条修正案所保证的律师有效协助的主要责任。如果认真对待量刑改革和纠正所判刑罚的不平等，我们就必须从切实有效地为刑事被告提供辩护开始。”[⑤] 具体而言，“如果我们想让被告的审判权再次有意义，那么拥有出庭时间和资源的优秀律师是必不可少的。此外，优秀的律师对有效的辩诉交易和量刑时的合理陈述至关重要”。[⑥]

---

① Richard A. Bierschbach, Stephanos Bibas, “What's Wrong with Sentencing Equality”, *Virginia Law Review*, Vol. 102, No. 6 (October 2016), p. 1521.

② Melissa Hamilton, “Sentencing Disparities”, *British Journal of American Legal Studies*, Vol. 6, No. 2 (Fall 2017), p. 214.

③ Peter A. Joy, Rodney J. Uphoff, “Sentencing Reform: Fixing Root Problems”, *UMKC Law Review*, Vol. 87, No. 1 (Fall 2018), p. 111.

④ 参见 Peter A. Joy, Rodney J. Uphoff, “Sentencing Reform: Fixing Root Problems”, *UMKC Law Review*, Vol. 87, No. 1 (Fall 2018), pp. 111－112。

⑤ Peter A. Joy, Rodney J. Uphoff, “Sentencing Reform: Fixing Root Problems”, *UMKC Law Review*, Vol. 87, No. 1 (Fall 2018), pp. 111－112.

⑥ Peter A. Joy, Rodney J. Uphoff, “Sentencing Reform: Fixing Root Problems”, *UMKC Law Review*, Vol. 87, No. 1 (Fall 2018), p. 112.

在司法实践中，量刑改革逐渐走出了一条新的路径——在纯粹的直觉驱动与规则武断之间寻求平衡与折中。“量刑从来不具有自我合理化的可能性，并已经开始分析我们的量刑制度。从这个角度来考虑，在刑事判决的背后指南提供了使直觉标准化的方式，参考性指南制度的施行是规则武断的量刑和纯粹的直觉驱动的量刑的折中。”① 这是因为，传统量刑模式崇尚司法自由裁量权和酌定量刑情节的适用，量刑体现不确定化特征，在某种程度上可以说是一种直觉驱动的量刑模式。联邦量刑指南崇尚的是尽量限制司法自由裁量权和酌定量刑情节的适用，量刑体现确定化特征，是一种规则武断的量刑模式。其结果是导致在后布克时代定量与自由裁量并行：由于模范量刑指南为量刑确立了一定的规则和标准，需要定量；法官又不受强制约束，可以充分运用司法自由裁量权和酌定量刑情节。于是，直觉驱动受制于指南约束而变得理性，指南又因为法官的能动性和灵活性得到发挥而不再武断。

当初，弗兰克尔提倡量刑改革，主张限制司法自由裁量权与酌定量刑情节的运用，应当说是有一定的积极意义的。其贡献在于，创立量刑规则能够使量刑者“必须审慎地评估对量刑目的的忠诚以及数据采用的根据”。② 他的主要失败，在于方法设计有误。③ 也就是说，根据犯罪事实以及犯罪人的历史等量刑并没有错，但数据化、量化的规则和标准量刑会使量刑呈现机械化与形式化，严重阻碍量刑公正的实现。因此，改革数据化、量化的规则和标准成为共识。“减少对精密而复杂的强制性量刑指令的依赖，更多地适用导向性的偏离，强化量刑的道德维度，减少量刑指南下机械式的判

① Rebecca Krauss, “Neuroscience and Institutional Choice in Federal Sentencing Law”, *Yale Law Journal*, Vol. 120, No. 2 (November 2010), p. 378.

② Judge Nancy Gertner, “Supporting Advisory Guidelines”, *Harvard Law & Policy Review*, Vol. 3, No. 2 (2009), p. 281.

③ 有人就指出，指南在很大程度上失败，源自弗兰克尔的量刑方法存在严重缺陷。量刑不同于其他司法裁决，主要表现在三方面：一是量刑时，控方因其强势而与罪犯并非处于事实上的平等地位，因而法官的自由裁量权非常重要；二是量刑裁量不同于其他司法裁定，道德因素处于更核心地位；三是法官怜悯罪犯是恰当的，较之正义施加更少的刑期也是一般需要。参见 Lynn Adelmant & Jon Deitrich, “Marvin Frankel's Mistakes and the Need to Rethink Federal Sentencing”, *Berkeley Journal of Criminal Law*, Vol. 13, No. 2 (2008), pp. 241 - 247。

断，增加量刑指南的可理解性。”[①] 模范量刑指南的积极意义正在于此。“法官接受后布克的量刑制度，因为它允许法官自由考虑量刑裁决中最核心的因素，即犯罪的性质和情节、公正惩罚的诉求、威慑和公众保护以及罪犯改造。”[②] 于是，既要定量又要自由裁量的新型量刑模式——双轨制量刑模式[③]在司法实践中逐渐得以确立，过于机械化、形式化的量化量刑模式和“放羊式”的传统量刑模式从此渐行渐远。“短短的几十年来，量刑法官的司法自由裁量权从实际上不受限制，到几乎完全受到约束，再到似乎介于二者之间的状态。”[④]

后布克时代，辩证扬弃传统量刑模式与量化量刑模式的优缺，真正确立具有实效的双轨制量刑模式，成为美国量刑改革的方向。从现实情况来看，以联邦量刑指南为基础，对既有的量刑规则和标准加以改良，似乎成为理想选择。所谓改良，实质上就是简化联邦量刑指南，为司法自由裁量权与酌定量刑情节的运用留下足够的空间和余地。可以说，布克案后随着联邦量刑指南的强制性失效，简化联邦量刑指南成为美国量刑改革的必由之路，而实现定量与自由裁量并行的双轨制量刑模式，也将不可避免地成为美国量刑改革的目标。“布克案给了联邦量刑制度一个新的开始。伴随着布克案，最高法院铺就了一条融合自由裁量权与指南的混合量刑制道路。”[⑤]

---

① Jose A. Cabranes, “The U. S. Sentencing Guidelines: Where Do We Go From Here?” *Saint Louis University Law Journal*, Vol. 44, No. 2 (2000), p. 272.

② William K. Sessions III, “The Relevance of Offender Characteristics in a Guideline System”, *Houston Law Review*, Vol. 51, No. 5 (2014), p. 1220.

③ 所谓双轨制量刑模式，是指定量与自由裁量相结合的量刑模式。美国联邦量刑指南确立的量刑模式本属于双轨制模式，因为除了量刑的数据化、量化之外，司法机关在量刑时享有偏离指南的自由裁量权。遗憾的是，由于量刑的数据化、量化走向极致，司法自由裁量权与酌定量刑情节的适用严重受限，致使偏离指南自由裁量酌定情节几乎被边缘化。因此，指南确立的量刑双轨制在司法实践中始终没能实现。

④ Jelani Jefferson Exum, “Why March to a Uniform Beat? Adding Honesty and Proportionality to the Tune of Federal Sentencing”, *Texas Journal on Civil Liberties & Civil Rights*, Vol. 15, No. 2 (spring 2010), p. 150.

⑤ Nancy Gertner, “Supporting Advisory Guidelines”, *Harvard Law & Policy Review*, Vol. 3, No. 2 (Summer 2009), p. 280.

三　英国量刑改革的经验教训

（一）英国量刑之诉权模式形成的历史背景

历史上，英国的量刑改革十分平稳，基本上都是比较严格地遵循了普通法的规则，直至今日依然如此。普通法的特点是以法官为主导，崇尚实质合理性，因而往往对法官的自由裁量权不加以特别限制。但是，为了避免司法自由裁量权被法官滥用，还是需要对之运用加以适当监督或者约束。因此，英国的量刑改革并非始终秉承故旧模式而无变化，在保留普通法基本特征的前提下，为了追求量刑公正，英国也在不断进行量刑改革的尝试。

早在中世纪，英国法官所做出的判决就需要接受"上诉审查"，只不过彼时的"上诉审查"与现在的上诉审查完全不同。当时，英国"上诉"实际上是法官针对某项判决做出的控诉，当事人没有上诉权，上诉在某些情形下属于纠正"冤假错案"的机制。当事人对案件有疑问不像今天这样可以随意决定是否上诉。对诸如特别疑难的案件等确实需要上诉的，一般也是由郡法院从威斯敏斯特皇家法院寻求建议解决。[①] 因此，受到诸多限制的上诉并非制衡司法自由裁量权的有效方式，其运用也很有限，充其量是对自由裁量权加以特殊限制的手段。不过，中世纪的英国比较注重利用司法管辖权对司法自由裁量权进行限制。"正如对法院系统实行中央集权那样，国王能将司法工作分配给不同类型的法院。除了国王的法院，还包括巡回法官，有些法院就像'犹太人的法官'，只关心犹太放债业产生的问题。正如拉尔夫·特纳所指出的，法官也知道他们应当决定的事项会受到限制，知道哪些事项最好留给国王。这类行为不一定由国王决定，而是作为对那些法官处理某类案件或做出某类裁决的自由裁量权的限制。"[②] 另外，国王还

① 参见 Eric G. Barber, "Judicial Discretion, Sentencing Guidelines, and Lessons from Medieval England, 1066 - 1215", *Western New England Law Review*, Vol. 27, No. 1 (2005), p. 35。

② Eric G. Barber, "Judicial Discretion, Sentencing Guidelines, and Lessons from Medieval England, 1066 - 1215", *Western New England Law Review*, Vol. 27, No. 1 (2005), pp. 35 - 36.

能通过个别化操作限制法官的行为。“与基于目的限制和明显约束司法自由裁量权的结构性限制相关联，国王可以通过扩大或限制个别要素上的法官司法管辖权，保持对法官行为的严格控制。”①

现代意义上的限制司法自由裁量权的许多举措，是在诺曼底王朝统治时期形成的。“诺尔曼国王使用的结构性机制和具体措施限制初审和二审法官的自由裁量权。许多现在用来限制联邦法官自由裁量权的机制，在 1066 年至 1215 年的后征服时代的英国就已经扎根。具体来说，创制一贯不变的法律赋予法院系统、陪审团、上诉程序以及司法权，那么所有操作就像现在一样旨在限制法官的自由裁量权。”② 随着社会的发展，特别是 18、19 世纪工业革命大发展时期刑事犯罪的不断增多，法官的自由裁量权越来越受到关注。在此之前，虽然说对司法自由裁量权有一些限制措施，但法官拥有广泛的自由裁量权是不争的事实，而犯罪率的攀升则使崇尚司法自由裁量权与矫正刑的做法遭到质疑。人们怀疑的不仅仅是其司法效果，更有其所引发的量刑不均与不一致等问题。而在当时，上诉法院无权对刑事案件加以上诉审查，导致量刑缺乏基本的标准和依据，严重影响量刑公正。“1907 年上诉法院法案创立上诉法院刑事庭之前，上诉法院无权对刑事判决进行上诉审查。正如一位评论家所说，上诉法院的设立是为了解决人们所关心的问题，即法官根据广泛多样的量刑理念对被告量刑。在法院，一位法官可能会强调累积原则，即根据被告人犯罪前科的增加而对其刑期予以增加，而另一位法官则可能根据比例原则量刑。”③ 为了解决法官之间基于不同的量刑理念导致的量刑不均和不一致，英国引进了上诉审查制度，并于 1907 年创立了上诉法院刑事庭。“处理这种分歧‘最终采用的解决方案’‘是引进上诉审查’，因此新法院确立的一系列统一的量刑原则将一致性引

① Eric G. Barber, “Judicial Discretion, Sentencing Guidelines, and Lessons from Medieval England, 1066 - 1215”, *Western New England Law Review*, Vol. 27, No. 1 (2005), p. 36.

② Eric G. Barber, “Judicial Discretion, Sentencing Guidelines, and Lessons from Medieval England, 1066 - 1215”, *Western New England Law Review*, Vol. 27, No. 1 (2005), p. 39.

③ Briana Lynn Rosenbaum, “Sentence Appeals in England: Promoting Consistent Sentencing Through Robust Appellate Review”, *Journal of Appellate Practice and Process*, Vol. 14, No. 1 (Spring 2013), p. 113.

入量刑程序。"[①] 1907年后，刑事上诉法院（上诉法院刑事庭）便发挥监督作用，不仅审理量刑的上诉案件，而且为一些判断建立量刑原则。这个过程相对缓慢，但它在20世纪80年代大大加快了进程。量刑的上诉审查现在几乎是一个典型的普通法制度：它有一个裁决报告汇编，律师和法官均经常查阅，而法院认为量刑法律只是在立法上没有被发现。[②]

设立刑事庭后，英国的上诉法院在量刑中的作用越来越突出。特别是近些年来，许多量刑指导标准和规则都是由上诉法院创设或者发布的。"刑事法院量刑者的指南传统上来自上诉法院，法院在20世纪70年代开始在一系列的判决中发布量刑指南。"[③] 英国的上诉法院发布量刑指导规则，主要是以上诉审查的方式进行的，它本身并非纯粹的、独立的制定、发布量刑指南的机构。这与美国通过量刑委员会制定和发布量刑指南以指导法院量刑完全不同。正是因为上诉法院能够通过行使上诉审查权监督、制约下级法院的量刑，并通过确立量刑的规则和制度规范量刑，所以英国的量刑模式又被称为诉权模式。

（二）自由裁量与严格的上诉审查并行

1. 法官量刑时拥有广泛的自由裁量权

在英国诉权模式下，法官量刑时拥有较为广泛的自由裁量权。"自从1907年诞生以来上诉法院的管辖权和功能改变很小。……在上诉过程中，刑事庭陪审员可能会改变所判刑期并且以'他们认为对案件适当的刑期'来替代。对这项权力唯一的立法限制是，对被告人的上诉，上诉法院所判刑期不得高于下级法院判决所决定的刑期。"[④] 英国法官在量刑时所拥有的广泛自由裁量

---

① Briana Lynn Rosenbaum, "Sentence Appeals in England: Promoting Consistent Sentencing Through Robust Appellate Review", *Journal of Appellate Practice and Process*, Vol. 14, No. 1 (Spring 2013), p. 113.

② 参见 Andrew Ashworth, "The New English Sentencing System", *U. C. Davis Law Review*, Vol. 25, No. 3 (Spring 1992), p. 757。

③ Martin Wasik, "The Status and Authority of Sentencing Guidelines", *Bracton Law Journal*, Vol. 39 (2007), pp. 9 - 10.

④ Briana Lynn Rosenbaum, "Sentence Appeals in England: Promoting Consistent Sentencing Through Robust Appellate Review", *Journal of Appellate Practice and Process*, Vol. 14, No. 1 (Spring 2013), pp. 113 - 114.

权，主要表现在以下几方面。

首先，量刑需要考虑一切可能的因素。在英国，法官在量刑时需要考虑与刑罚轻重相关的一切因素，包括从重、加重因素以及从轻、减轻因素。“运用自由裁量权于量刑判决时，其目的在于量刑者运用法律因素，如性质、罪行的严重性以及被告人的犯罪前科。量刑者也有义务考虑任何加重和减轻的因素。例如，在英格兰和威尔士，加重因素包括受害人的脆弱性、受害人是不是种族或宗教的目标、罪犯在犯罪中的主导作用和他从犯罪获得的收益。减轻因素包括罪犯是否被激怒、犯罪中犯罪人的次要角色以及他接受责任或表示自责。”① 而考虑的量刑因素越多，就越要依赖法官的自由裁量权，因为法律不可能规定所有的量刑因素，甚至可以说即使规定也只是很少的一部分。由此也不难理解，英国的量刑准则并不像美国量刑指南的规定那样面面俱到，更不可能加以数据化、格式化，它们总是为法官的自由裁量留下回旋余地。“然而，如果我们关注陪审团和委员会创制的准则，我们发现对于特定犯罪的量刑起点和范围，它们通常会留下相当大的回旋余地，以便对加重和减轻因素的效果进行评估。”②

其次，量刑可以基于一切合理的量刑理念。英国的刑事法律体系对于量刑并没有规定任何总的指导原则，甚至也没有关于量刑的详细依据和准则。法官在量刑时，基于不同的理念如报应、预防、威慑以及保护公共和个人利益等，确定合适的刑罚，都被认为是合理的。“典型的方法是促使量刑者选择是否希望将他们在特定情况下的量刑建立在威慑其他人、威慑个人、保护公众、康复、应受的惩罚上，等等。这是一个相当自由的选择……”③ 不同的量刑理念，无疑给法官量刑留下了肆意发挥的空间，这当然离不开广泛的自由裁量权。

最后，即便存在量刑规制，其作用也十分有限。英国的量刑指导规则也有强制性最低刑期的规定，但主要是象征性的，只对极少数犯罪适用。

---

① Mandeep K. Dhami, “Sentencing Guidelines in England and Wales: Missed Opportunities?” *Law and Contemporary Problems*, Vol. 76, No. 1 (2013), pp. 289 – 290.

② Andrew Ashworth, “The Sentencing Guideline System in England and Wales”, *South African Journal of Criminal Justice*, Vol. 19, Issue 1 (2006), pp. 21 – 22.

③ Andrew Ashworth, “The New English Sentencing System”, *U. C. Davis Law Review*, Vol. 25, No. 3 (Spring 1992), p. 758.

“和美国一样，英国也面临着监狱人满为患的问题。然而，相比之下英格兰施加强制性最低刑期的只限于极少数犯罪，宁愿让法官掌控自由裁量权。”① 而且，与美国法官严重受制于强制性最低刑期不同，英国法官可以考虑很多影响量刑的因素，因而能够灵活决定是否适用强制性最低刑期。“当决定强制性最低刑期仅仅基于所涉及的药物类型和数量时，英国法官可能考虑大量因素以选择合适的刑期长度或选择替代刑。这些因素包括减轻或者加重因素、犯罪前科或刑罚条款以及药物的成瘾或依赖。通过对比，美国法律的强制性最低刑期限制法官适用联邦法律，法官可能只考虑特定犯罪中涉及的药物类型和数量，在某些案件中考虑被告的药物史。虽然美国量刑指南赋予法官自由裁量权已考虑科刑，但这种自由裁量权极有限。”② 因此，尽管强制性最低刑期只适用于极少数犯罪，但在司法实践中适用的可能会少之又少。其实，英国法官丝毫不觉得强制性最低刑期有利于量刑一致与均衡，相反他们觉得其与现代文明的刑罚体系完全不相容。“英国法官还强烈谴责强制性最低刑期与现代文明的刑罚体系完全不相容。一名法官表示反对国会通过法律强制法官处以特定的刑期。另一名则反对强制性的低标准建立在对监狱人满为患的担忧以及大量适用社区刑的基础上。”③

在英国，法官量刑时拥有广泛的自由裁量权，应当说是普通法的一贯传统。客观地说，如果通过具体、详细的规则和标准来规制量刑，反而与作为法官法的普通法之宗旨相背离。对于刻意限制司法自由裁量权的行为，英国一直以来就本能地予以排斥。“英国法官如此小心翼翼地呵护着自己昔日的自由裁量行为，乃至于对任何他们认为对他们应有的自由裁量权加以

① Ashley Gilpin, “The Impact of Mandatory Minimum and Truth-in-Sentencing Laws and Their Relation to English Sentencing Polictes”, *Arizona Journal of International and Comparative Law*, Vol. 29, No. 1 (Spring 2012), p. 98.

② Ashley Gilpin, “The Impact of Mandatory Minimum and Truth-in-Sentencing Laws and Their Relation to English Sentencing Polictes”, *Arizona Journal of International and Comparative Law*, Vol. 29, No. 1 (Spring 2012), p. 110.

③ Ashley Gilpin, “The Impact of Mandatory Minimum and Truth-in-Sentencing Laws and Their Relation to English Sentencing Polictes”, *Arizona Journal of International and Comparative Law*, Vol. 29, No. 1 (Spring 2012), pp. 99 – 100.

侵蚀和干涉的立法总是给予批判。”[①] 有学者就指出，“我们应该质疑近期和未来国会试图限制联邦法官的量刑自由裁量权的智慧，国会控制的法官越多，他们就越像国王的法官。更重要的是，我们应当关注在不了解其历史基础的情形下持续侵蚀司法自由裁量权。国王的法官们拥有非常有限的自由裁量权，在很大程度上受制于国王；很难想象创制者把美国联邦法官看成类似的奴性角色”。[②] 在英国，尽管有不少人对监狱人口不断增多、矫正刑效果有限等提出质疑，试图通过制定详细、具体的量刑规则和标准来指导量刑，以期促成量刑确定化来消除量刑偏差，实现量刑均衡与一致，但始终未能如愿。“着手实施彻底的策略来减少监禁的适用和监狱人口，加强社区替代刑适用，建立量刑委员会制定量刑指南来帮助实现这些目的，这些监狱委员会的报告提出的建议已被大幅淡化。”[③] 时至今日，广泛的司法自由裁量权依旧是英国法官量刑的重要依靠。

2. 通过严格的上诉审查制衡司法自由裁量权

量刑时，法官拥有广泛的自由裁量权，并非必然会做出公正的量刑裁决。如果法官不正当适用甚至滥用司法自由裁量权，就有可能做出不符合事实与法律的量刑结果，从而背离量刑公正。同时，司法自由裁量权还可能促使不同的法官对相同或者相似的案件，做出迥然不同的量刑判决，致使量刑失衡或者不一致，这被认为有违量刑公正与司法公正。可以说，在一定程度上，广泛的司法自由裁量权与量刑不公或者司法不公是存在关联的。那么，如何规制司法自由裁量权以确保其公正、有效地运用呢？在这方面，英国有着自己独特的经验，即并非通过富有刚性的量化规则和标准来规范法官的自由裁量权，而是通过严格的上诉审查来监督和约束法官的自由裁量权，以实现量刑公正与司法公正。“上诉审查成为对个别审判法官

---

① Andrew J. Ashworth, “Sentencing in England: the Struggle for Supremacy”, *Federal Sentencing Reporter*, Vol. 7, No. 6 (May/June 1995), p. 283.

② Eric G. Barber, “Judicial Discretion, Sentencing Guidelines, and Lessons from Medieval England, 1066 – 1215”, *Western New England Law Review*, Vol. 27, No. 1 (2005), p. 39.

③ Nell Hutton and Cyrus Tata, “A Sentencing Exception? Changing Sentencing Policy in Scotland”, *Federal Sentencing Reporter*, Vol. 22, No. 4 (April 2010), pp. 276 – 277.

的自由裁量权的最终审查。”①

在英国，虽然法官拥有广泛的自由裁量权，但这并非意味着法官量刑不受任何规则的约束。事实上，英国同样存在量刑指南，而且还不在少数。“以上所描述的量刑指南的英国路径有三个纲要：源自陪审团和委员会的准则，治安法院的量刑准则（即将为委员会取代）和上诉法院制定的准则(可能继续是重要的)。与绝大多数其他司法管辖区相比，这三个纲要为量刑者制定了一些最详尽的量刑指导。”② 英国的量刑指南具有如下独特性：一是指南的来源多样化，即不同的相关部门均有制定量刑规则的权力；二是适用上的选择性，即不同部门制定的量刑指南并非具有强制效力，法官可以酌情选择适用。这样做的好处是，可以使法官全方位、多角度地考虑不同的量刑准则在量刑中的运用，同时又赋予法官主观能动性，做到具体情况具体分析以适应司法实践的需要。当然，这些量刑准则的作用只是形式上的，真正能够对量刑加以有力监督和约束的，是严格的上诉审查制度。

英国的上诉审查之严格，首先表现在上诉法院的独特地位和权限上。英国上诉法院拥有立法权，不但能够审查量刑合理与公正与否，还可以通过制定严密的量刑准则来规制量刑。英国上诉法院自设立以来，就非常执着地坚持并行使普通法赋予审判法院的量刑审查权力，并据此制定了许多有关量刑的法律和政策。早在20世纪70年代，英国就已经着手制定有关量刑的指导规则，以防止量刑偏差。这些量刑规则通常具有约束力，不会被轻易推翻，除非明显不合理。“它已经创制出了自己的审查标准，说明它不会推翻判决，除非存在‘原则性错误’或‘明显过分’。……通过发展普通法量刑原则和开始于20世纪70年代的量刑指南，上诉法院创立量刑一致性原则并回应可意识到的量刑偏差，以实现立法目的。”③ 久而久之，上诉法院便会制定并形成一套独特的量刑规则和标准，严格规范下级法院的刑罚

---

① Eric G. Barber, “Judicial Discretion, Sentencing Guidelines, and Lessons from Medieval England, 1066 - 1215”, *Western New England Law Review*, Vol. 27, No. 1 (2005), p. 9.

② Andrew Ashworth, “The Sentencing Guideline System in England and Wales”, *South African Journal of Criminal Justice*, Vol. 19, No. 1 (2006), pp. 21 - 22.

③ Briana Lynn Rosenbaum, “Sentence Appeals in England: Promoting Consistent Sentencing Through Robust Appellate Review”, *Journal of Appellate Practice and Process*, Vol. 14, No. 1 (Spring 2013), p. 114.

裁量活动。“随着时间的推移，上诉法院形成这样的诉讼。它们呈现某种规律性特征，包括量刑档次（或范围）和起点，以及关键的加重和减轻要素指标。”① 同时，这些量刑准则并非一成不变的，为了迎合司法实践的需要，在不同的案件中根据不同的情形，法官可以修正以往的量刑准则，并制定出新的量刑标准，以确保量刑的灵活性。“然而，有时上诉法官的选择远远超出具体上诉事实，并且更广泛地抓住机会就犯罪的理想量刑实践发表意见，或许以特定的方式给犯罪分类以显示不同的量刑档次。……有时它们也在同一场合同时进行几起上诉，然后按照新的准则处理。”② 不难看出，英国上诉法院的独特权限和地位，是美国上诉法院所无法比拟的。“与美国的大多数上诉法院形成鲜明对比的是，后指南时代英国上诉法院抓住机遇，通过坚持其普通法上的量刑政策审查制定量刑法律，同时承担实施指南的义务。”③

另外，英国的上诉审查之严格，还与参与主体与审理方式密切相关。例如，在英格兰和威尔士，审理所有刑事判决的是上诉法院（上诉法院刑事庭），而上诉法院唯一的工作便是审理有罪判决的上诉。在具体审理上诉案件时，审判主体来源广泛，并不是固定不变的。同时，案件审理时还具有开放性特征，即便不是审理案件的法官，也可以列席庭审。“虽然上诉法院是一个法院，但它事实上由不同的陪审员组成，至少有三个主审上诉法官，他们选自坐在宽广的上诉法院审判席上的 37 位法官。此外，许多其他法官（如较低级别的审判法院法官、刑事法院法官）可能会被要求坐在刑事上诉庭上。”④ 参与主体的广泛，能保证从不同角度审视上诉判决中的量刑是否恰当。而审判方式的开放，则能使更多的法官参与到诉讼中来，使

① Martin Wasik, “The Status and Authority of Sentencing Guidelines”, *Bracton Law Journal*, Vol. 39 (2007), p. 39.

② Martin Wasik, “The Status and Authority of Sentencing Guidelines”, *Bracton Law Journal*, Vol. 39 (2007), p. 39.

③ Briana Lynn Rosenbaum, “Sentence Appeals in England: Promoting Consistent Sentencing Through Robust Appellate Review”, *Journal of Appellate Practice and Process*, Vol. 14, No. 1 (Spring 2013), pp. 109 - 110.

④ Briana Lynn Rosenbaum, “Sentence Appeals in England: Promoting Consistent Sentencing Through Robust Appellate Review”, *Journal of Appellate Practice and Process*, Vol. 14, No. 1 (Spring 2013), pp. 111 - 112.

各自对量刑的独特理解、经验等得到充分体现，这将促使量刑更富有实践性和理性。可以说，参与主体的广泛与审判方式的开放，使得法官能从不同角度全方位审视量刑的合理性，有力地防止了法官滥用自由裁量权。

3. 适时修改与完善上诉审查制度

量刑的上诉审查制度并非完美无缺的，自实施以来也不断地面临各种问题。解决这些问题的方式多种多样，如通过构建或者引进新的量刑制度、设置特别的程序规则等，都可以起到一定作用。但是，英国显然没有这样做。在司法实践中，英国历来反对在立法中刻意引入新的量刑制度或者程序规则来制约司法自由裁量权，防止量刑偏差，弥补上诉审查制度的不足，而是通过不断修改和完善相关制度来保持其生命力。因此，英国量刑改革的进程可以说是进化型的而非革命型的。“新的立法不引入也不试图引入新的量刑程序。法案改变英国量刑系统的某些方面，并没有改变其他方面。它可以说是进化而非革命。”① 这种进化型的量刑改革举措，既能保留原有制度的合理性，又能吸纳新的制度以弥补不足，避免了推倒重来的繁复与顾此失彼，其积极意义值得肯定。“改善指南的结构和格式可以促进量刑一致。一种改进的结构能确保相关因素的运用，减少外来因素的影响，避免双重或三重计算，鼓励坚持准则。它可以减少依赖事后理由证明偏离和提高对指南影响的监督。在适当的时候，这种变化能增加判决的效率和促进法院判决的信誉。”②

基于完善上诉审查制度的需要，英国会不时颁布新的刑事司法法案，如 1991 年法案、1998 年法案、2003 年法案、2007 法案，等等。这些法案都是基于特定需要，确定新的量刑原则或者制度，以指导司法实践。例如，1991 年的刑事司法法案制定以下原则：“（一）只有法院认为罪行非常严重以至于只有羁押才是公正的，才能处以监禁刑；（二）法院一般应对那些并非特别严重的罪犯实行非监狱‘社区惩罚’；（三）在监禁必要的场合，其期限应与犯罪的严重性相均衡；（四）只有在暴力和性犯罪案件中法院可以

① Andrew Ashworth, “The New English Sentencing System”, *U. C. Davis Law Review*, Vol. 25, No. 3 (Spring 1992), p. 756.

② Mandeep K. Dhami, “Sentencing Guidelines in England and Wales: Missed Opportunities?” *Law and Contemporary Problems*, Vol. 76, No. 1 (2013), p. 307.

超越相称的刑罚，为保护公众而处以较长的刑期；（五）超过一定比例的刑期威慑不具有合理性。”① 而2003年的刑事司法法案“通过增加前科的权重显著（但未知）影响了量刑的严厉性，使英格兰和威尔士的量刑摆脱了建立在均衡原则基础上的量刑模式”。② 这些刑事司法法案的出台，使已有的上诉审查制度不断地补充“新鲜血液”，有效地保证了量刑的灵活性与能动性，迎合了司法实践的不同需要，从而赋予了英国量刑制度持久的生命力。

（三）英国诉权模式的新动向

客观地说，量刑是一项极其复杂、烦琐的司法活动，这就决定了任何量刑制度自诞生以来不可能做到完美无缺。一项量刑制度起初适用时也许有其合理性，但经过司法实践的洗礼往往会显露出缺陷。量刑的诉权模式同样如此，其自身固然存在许多优点，但也有不足之处。如前所述，英国上述审查制度的完善，采取的是查漏补缺的方式，即一段时间后通过颁布刑事司法法案弥补量刑制度的缺漏，其所带来的弊端是，量刑制度往往呈现彼此分割独立、不连贯的特点。“上诉审制度也存在问题。到20世纪80年代，创制量刑法律和政策的上诉模式的某些‘固有缺点’变得清晰了。最重要的是，上诉的过程在逐案基础上解决问题使得它很难发展‘总原则，或跨越一系列犯罪因素的加重或减轻因素’。正如两观察者当时所指出的，‘多年来已经明确的是英国量刑法律缺乏连贯的理由’。”③ 量刑制度缺乏连贯，容易导致量刑顾此失彼，乃至失去共同的目标和宗旨，这是不利于量刑公正的。

为了解决量刑中出现的问题，英国也尝试做出一些量刑改革。建立负责量刑的专门机构就是例证。设立专门的量刑机构统一负责某些方面的量刑工作，有利于协调、指导不同的量刑参与者，使并不连贯的量刑制度更

① Andrew J. Ashworth, “Sentencing in England: the Struggle for Supremacy”, *Federal Sentencing Reporter*, Vol. 7, No. 6 (1995), p. 281.

② Julian V. Roberts, “Impact of Criminal History on Sentencing: Recent Developments in England and Wales”, *Federal Sentencing Reporter*, Vol. 17, No. 3 (February 2005), p. 173.

③ Briana Lynn Rosenbaum, “Sentence Appeals in England: Promoting Consistent Sentencing Through Robust Appellate Review”, *Journal of Appellate Practice and Process*, Vol. 14, No. 1 (Spring 2013), p. 115.

为协调、一致。在英国，专门负责量刑的机构初始名为量刑咨询委员会，成立于1998年。“1998年，为了解决这个问题，议会成立了当前的量刑委员会的前身——量刑咨询委员会（‘SAP’）。按照最初的设想，量刑咨询委员会类似于一个智库。即它是一个招募来自全国各地的刑事量刑法官、检察官、辩护律师和学者的个体组织，这些人将研究量刑问题和政策，为上诉法院裁决案件提供建议和指导。”① 其后，量刑咨询委员会的“名号”几经变迁。根据英格兰和威尔士的2003年刑事司法法案的规定，自2004年3月起成立量刑指导委员会（SGC），由其根据量刑咨询专家小组（SAP）的建议制定量刑指南。2009年的刑事司法法案则规定，自2010年4月起量刑指导委员会由量刑委员会（SC）取代。主要原因在于，“SC已获得主要利益相关方的支持，包括受害者服务部门、公安、检察、治安法院和刑事法院。制定指南同样需要寻求建议、研究和公众咨询”。② 不难看出，英格兰和威尔士量刑委员会基本上是整合SGC与SAP的功能于一体的产物。有人将“在2003年之前通过SGC或者在2003年之后通过量刑委员会发布的量刑指南称为‘明确的量刑指南’”。③

尽管设立了专门的量刑机构，但其地位和功能远远不及强制性规范实施期间的美国量刑委员会。一方面，由量刑委员会制定的量刑指南主要是参考性、建议性的，并不具有强制效力。这也意味着，法官对量刑指南的适用具有较大的自愿性，虽然通常情况下应予遵循，但如果法官认为这样做违背公平与正义，就可以弃之不用。另一方面，上诉法院仍然负责发布、发展和修改量刑指南，其与量刑委员会制定的量刑指南相比，更具有司法

① Briana Lynn Rosenbaum, “Sentence Appeals in England: Promoting Consistent Sentencing Through Robust Appellate Review”, *Journal of Appellate Practice and Process*, Vol. 14, No. 1 (Spring 2013), p. 115.

② Mandeep K. Dhami, “Sentencing Guidelines in England and Wales: Missed Opportunities?” *Law and Contemporary Problems*, Vol. 76, No. 1 (2013), p. 290.

③ Briana Lynn Rosenbaum, “Sentence Appeals in England: Promoting Consistent Sentencing Through Robust Appellate Review”, *Journal of Appellate Practice and Process*, Vol. 14, Issue 1 (Spring 2013), pp. 115－116. 在“在2003年之前通过SGC或者在2003年之后通过量刑委员会发布的量刑指南……”中，文中的“2003年”应为笔误，实质上应为2009年。因为，SGC创立于2003年，量刑委员会创立于2009年，从逻辑上看SGC颁布的量刑指南的时候应为2003～2009年，而量刑委员会颁布量刑指南应为2009年之后，这样才是合理的。——作者注

公信力。这表明，虽然有量刑委员会的参与，但上诉法院仍然居于主导地位，诉权模式的本质并未动摇。

四　英美两国量刑改革的趋同态势

尽管同属于英美法系国家，但不可否认美国与英国在历史传统、法律渊源等方面还是存在不同之处，这也导致两国在许多量刑制度的设计和运行上存在差异。一段时间，两国在量刑改革的道路上一度渐行渐远，甚至走上两条完全不同的道路。不过，随着美国联邦量刑指南的强制性失效，激进的量化模式在美国事实上招致否定，目前美国的量刑改革处于自我完善的摸索阶段。与美国 20 世纪 80 年代采取的“休克式”量刑改革不同的是，英国量刑改革始终在原有的框架内缓慢、有序地推进，不断在司法实践中摸索总结经验，完善量刑规则和制度。从现实效果来看，英国的量刑改革无疑更适合本国国情，更为平稳、有效。不过，从近些年发展趋势来看，两国的量刑改革在很多方面似有趋同态势。

（一）由量刑委员会和法院联合制定和发布量刑指导制度

在美国，布克案后量刑委员会制定的量刑指南失去强制施行的效力，法院将之只是作为量刑参考的依据。但是，量刑指南依旧对法院产生一定的影响，特别是那些经过司法实践检验的量刑规则和标准，它们一般都会获得法院的认可。而法院在司法裁量权不再受到特别的强制性约束的情况下，也会根据具体情况确立一些量刑的规则和标准，对此量刑委员会则给予认可和尊重。于是，就形成了量刑委员会与法院共同制定量刑政策的局面。

在英国，如前所述自 1998 年设立量刑咨询委员会至 2009 年设立量刑委员会后，量刑委员会和上诉法院往往联合研制和发布量刑政策。“量刑委员会和上诉法院均制定量刑政策，上诉法院通过对置于面前的上诉案件进行审查制定量刑政策，量刑委员会则通过研究和咨询制定量刑政策。”① 在司

① Briana Lynn Rosenbaum, “Sentence Appeals in England: Promoting Consistent Sentencing Through Robust Appellate Review”, *Journal of Appellate Practice and Process*, Vol. 14, No. 1 (Spring 2013), pp. 117 – 118.

法实践中，量刑委员会颁布的量刑政策虽然不具有强制效力，但上诉法院也并非一概置之不理，而是给予尊重；同时，对于上诉法院的量刑政策，量刑委员会一般不予以干涉，而是加以认可并吸纳。可以说，上诉法院和量刑委员会之间的关系甚至是互济互助的，基本上不存在原则性的冲突和矛盾。“例如，当在上诉法院已经裁定的某个问题上发布新的明确的指导时，议会就会一改以往的处理方式而承认、支持并对上诉法院在该问题上的理由做出回应。相反，上诉法院通常尊重量刑委员会在指导性议题上的判断，并且根据新的事实、新的法律或适用所确立的量刑原则错误的迹象被迫偏离明确的指南。”① 此外，上诉法院认可特定情况下量刑委员会指南的意图，同时谨慎地表明自己指南的暂时性。每一项对其他专家意见和判断尊重与认可的制度，对避免因在同一问题上不可避免地产生冲突而导致的困惑是必要的。

（二）重视上诉审查制度对司法自由裁量权的制衡

如前所述，在英国，无论如何进行量刑改革，充分重视上诉审查始终是其制度设计的重心。应当说，这对量刑而言是极为有效的规制方式。

从本质来看，量刑既是实体的，也是程序的，但归根结底程序规制更为重要。首先，尽管刑法规定种种量刑情节，但不过是少数典型情节而已，因而更多时候需要法官在具体案件中具体情况具体分析。要想法官酌情而定，刑法是难以发挥作用的，需要有效的程序规制。其次，量刑的个别化不同于定罪的典型特征。定罪除少数疑难案件外，基本上有定论，法官很难酌情而定。量刑则不然，其本身属于价值判断，而且几乎在每个案件中都可以有不同的价值判断。可以这样说，几乎不存在两个量刑情节完全一致的案件。而刑法对法定刑等的规定又是相对的，这就导致法官在量刑中的价值判断至关重要。要想法官进行公正的价值判断，实体法显然无能为力，更主要的是依赖程序规制。最后，有效的程序规制还能够约束法官的情绪化冲动及滥用自由裁量权。

---

① Briana Lynn Rosenbaum，“Sentence Appeals in England：Promoting Consistent Sentencing Through Robust Appellate Review”，*Journal of Appellate Practice and Process*，Vol. 14，No. 1（Spring 2013），p. 117.

但是，美国对上诉审查制度却经历了由漠视到重视的过程。早在制定量刑指南之初，美国就考虑过上诉审查制度。不过，由于当时人们关注的焦点在于如何制定量化的量刑规则和标准以防止量刑偏差，实现量刑均衡与一致，因此，对上诉审查并没有特别予以重视。联邦量刑指南强制施行后，随着量刑的量化趋势日益突出，司法自由裁量权受到极大遏制，上诉审查就变得无足轻重。因为，法官通常根据量刑指南的数据化的规则和标准确定刑罚，量刑结果具有明显的形式化、机械化特征，因而站在量刑指南的角度进行上诉审查不能起到实质作用，毕竟所计算出来的刑期不具有多少争议性。随着量刑指南的强制性失效，上诉审查的重要性日渐显现出来。在布克案中，最高法院认为上诉复审有利于解决量刑差异，而联邦巡回上诉法院虽然对于如何控制偏差存在尖锐争论，但通常赞成对量刑的实质合理性进行上诉审查。① 布克案之后，由于量刑指南变为参考施行，上诉审查在量刑中的意义就体现出来。这是因为，联邦法官不受量刑指南的强制约束，因而可以相对自由地偏离指南量刑。在这种情形下，为了保证法官在量刑时做到公正与合理，通过一定的方式监督、约束下级法院的法官合理运用司法自由裁量权就显得非常重要，上诉审查无疑是相对有效的途径。

现在的问题在于，布克案后量刑偏差显著提升了。“研究一致表明，在布克案后法官间的差异显著增加。虽然布克案删除了量刑改革法案中许多最糟糕的条款，但它也删除了法案中最有效地减少法官间差异的部分。”② 其中，当然有脱离量刑指南规制的原因，但司法自由裁量权的重新强势化无疑也是重要原因之一。有学者指出，布克案后联邦最高法院的决定削弱了上诉审查，同时新法官（即量刑指南强制失效后上任的法官）的加入也是一个重要因素。“在布克案之后，最高法院的决定破坏了任何有意义的上诉审查，这使得联邦量刑系统在缩小法官之间的差距方面无能为力。随着新法官的加入，这个问题可能会变得更糟，因为新法官对指导方针的遵守

① William H. Pryor Jr. , “Federalism and Sentencing Reform in the Post-Blakely/Booker Era”, *Ohio State Journal of Criminal Law*, Vol. 8, No. 2 (2011), pp. 552 – 523.

② Joshua M. Divine, “Booker Disparity and Data-Driven Sentencing”, *Hastings Law Journal*, Vol. 69, No. 3 (April 2018), p. 831.

程度不如那些根据强制性指南判刑的法官。"[①] 不难看出，上诉审查的不力在一定程度上导致量刑偏差攀升。对此，学者们提出了许多建议来改变这一准则，但这些建议并没有很好地适应法官之间的差异。减少法官之间的不平等并不需要一套新的指导方针，而是需要一种强化的上诉审查形式。[②]

当然，受历史渊源和量刑传统等因素的影响，人们对上诉审查的范围、程度等存在较大的争议和疑惑，这使得上诉审查在美国遭到不少人的反对。"一个明显的争论是联邦上诉法院对刑事量刑判决内容的审查应该到何种程度。众多专家学者反对量刑判决的上诉审查，而不是提出各种层次的上诉审查系统，包括在量刑指南的范畴内对判决进行更多的可行审查以及对偏离指南的判决加以严格审查。"[③] 另外，美国的上诉审查与英国的上诉审查多少还是存在一些差异的。例如，在英国，上诉审查的目的是量刑是否恰当、合理；而在美国，"目前，法院通过上诉审查试图确保地方法院遵守指南"。[④] 又如，在审查的范围上，大多数美国司法管辖区的审查通常是为了确定审判法官对于他面前的信息是否在某种程度上有错误；英国上诉法院审查不限于呈给审判法庭的证据，为了达到做出恰当判决的目的，上诉法院在裁决中能够审理所有相关证据。[⑤]

无论何种制度，都不可能是十全十美的。英美的量刑改革经验表明，仅仅依靠实体性的定量规制，是难以实现量刑公正的。要想实现量刑平等，消除量刑偏差，实现量刑的均衡与一致，必须要有好的制度设计。在实体规范难以有效地完成这一目标的情形下，程序规制不失为出路。更何况，通过英国的量刑上诉审查制度，我们看到的是上诉审查的积极效果，尽管

---

① Joshua M. Divine, "Booker Disparity and Data-Driven Sentencing", *Hastings Law Journal*, Vol. 69, No. 3 (April 2018), p. 831.

② 参见 Joshua M. Divine, "Booker Disparity and Data-Driven Sentencing", *Hastings Law Journal*, Vol. 69, No. 3 (April 2018), p. 831。

③ Briana Lynn Rosenbaum, "Sentence Appeals in England: Promoting Consistent Sentencing Through Robust Appellate Review", *Journal of Appellate Practice and Process*, Vol. 14, No. 1 (Spring 2013), p. 99.

④ Carissa Byrne Hessick, "Appellate Review of Sentencing Policy Decisions After Kimbrough", *Marquette Law Review*, Vol. 93, No. 2 (Winter 2009), p. 718.

⑤ Briana Lynn Rosenbaum, "Sentence Appeals in England: Promoting Consistent Sentencing Through Robust Appellate Review", *Journal of Appellate Practice and Process*, Vol. 14, No. 1 (Spring 2013), pp. 112 – 113.

同时也可能存在些许不足，但毕竟是次要的。仅此而言，就足见程序规制在实现量刑公正中的重要意义。“我们不能设计一种没有人为错误和人为偏见的制度。在我们继续努力改革刑事司法制度时，我们所能希望的最好结果是提高对这些问题的认识。”①

（三）适当考虑量刑制度的结构化与透明化

如前所述，布克案后虽然美国量刑指南的强制性规范失效，但这并非意味着量化的规则和标准一无是处。相反，有些量化的规则和标准能够使量刑更加结构化、透明化，为司法机关提供具体的量刑依据，有利于防止量刑偏差与实现量刑均衡与一致。因此，量刑制度的适当结构化与透明化，即在一定程度上实现量化，是有其合理性的。这也是量刑指南在其强制性失效后仍然具有影响力的根本原因所在。

对于英国而言，在法官的司法自由裁量权不受约束的情形下，虽然通过上诉审查制度能够适当对其加以制衡，但如果能通过量刑制度的结构化与透明化进一步合理地规范量刑，也不失为上策。因此，英国并没有对结构化、量化的量刑制度彻底排斥，而是有选择地吸取其中的可取之处。例如，“许多司法管辖区积极考虑采用更结构化的量刑制度，包括某种形式的指南。”② 对法院来说，虽然实现量刑的实质合理是主要目标，但如果结构化、透明化的量刑指南确实有利于防止量刑偏差、实现量刑一致，就不应该摈弃。“一些司法管辖区引入量刑指南是为了使量刑者关注法律要素，通过透明度与责任促进裁决的合理和一致。”③ 不难看出，量刑制度的适度结构化与透明化，是吸纳美国量刑指南的某些优点的结果。通过不断地对自身加以补充与完善，英国的量刑制度在许多方面逐渐与不断变革的美国量刑制度趋于一致。正如有学者感言：“在英国，量刑制度在许多方面与后布克联邦量刑制度有着惊人的相似。就像在联邦上诉法院的实践中，英国制

① Susan R. Klein, “Sentencing Reductions versus Sentencing Equality”, *University of Toledo Law Review*, Vol. 47, No. 3 (Spring 2016), p. 741.

② Julian V. Roberts, “Sentencing Guidelines in England and Wales: Recent Developments and Emerging Issues”, *Law and Contemporary Problems*, Vol. 76, No. 1 (2013), p. 23.

③ Mandeep K. Dhami, “Sentencing Guidelines in England and Wales: Missed Opportunities?” *Law and Contemporary Problems*, Vol. 76, No. 1 (2013), p. 290.

度的特点是：（1）立法机关设置强制性的最小值和最大值和一般的量刑政策，（2）由独立的量刑主体（英格兰和威尔士的量刑委员会）负责详细阐述和发布量刑指南，（3）上诉法院和上诉法院刑事庭对审判法院的量刑判决进行审查。"①

总而言之，在制衡法官广泛的自由裁量权上，英国始终没有像美国曾经所做的那样通过颁行强制性的量化规则和标准来达成，而是主要诉诸严格的上诉审查制度。从效果上来看，严格的上诉审查制度在很大程度上约束了法官依靠纯粹的直觉驱动量刑，较好地在规则决断与直觉驱动之间取得了平衡。究其原因，在于英国的上诉审查制度具有开放性与能动性，能较好地适应司法实践的要求。这较之美国量刑指南通过确立机械化、形式化的量化规则和标准来制约司法自由裁量权，无疑更具有科学性与合理性。

五　结语

美国早期的量刑是以法官纯粹的直觉驱动为主导的，在司法实践中造成不少问题。20 世纪 80 年代进行量刑改革主要围绕规制司法自由裁量权与酌定量刑情节的运用而展开，遗憾的是联邦量刑指南过于侧重数据化、格式化的量刑规则和标准，具有鲜明的崇尚规则武断倾向，严重制约了司法自由裁量权与酌定量刑情节的运用，极大地抹杀了量刑的个别化差异，致使量刑滋生诸多问题，严重影响公正量刑。后布克时代美国量刑改革主要是在纯粹的直觉驱动与规则武断之间寻求平衡与折中，以便恰当运用司法自由裁量权与酌定量刑情节。不过，量刑时如何平衡纯粹的直觉驱动与规则武断，怎样把握定量与自由裁量并行的尺度，绝非易事。这也使得布克案至今的 10 年来美国量刑改革基本归于"平静"。当然，这并非说美国量刑改革在布克案后停滞不前，而是因为在传统量刑模式与量化量刑模式的磨合期间，人们更多的是对不同量刑模式进行反思。在尚未制定出切实可行、可供操作的方案前，联邦法院和州法院在量刑模式的选择上必然呈现

① Briana Lynn Rosenbaum, "Sentence Appeals in England: Promoting Consistent Sentencing Through Robust Appellate Review", *Journal of Appellate Practice and Process*, Vol. 14, No. 1 (Spring 2013), p. 110.

“百花齐放”态势。不过，后布克时代人们普遍认识到上诉审查等程序规制在确保量刑公正上的重要性。“所有这些裁决将真正表明一种‘分水岭’式的发展，如果它们不仅给现代量刑方案提出的重要程序问题带来所需的亮点，而且也要设法推动健全的程序改革，最终由最高法院确立任何超越宪法的最低界限。”[①] 在布克案后美国的量刑改革经验表明，量刑的量化模式并不能有效实现量刑均衡与一致，对于防止量刑偏差意义也不大，因而试图在量刑上刻意限缩司法自由裁量权并非明智举措。布克案后，美国量刑改革在某种意义上具有逐步向英国的诉权模式靠拢的态势。

相对于美国在 20 世纪 80 年代进行的“休克式”量刑改革，英国“渐进式”量刑改革显得相对平稳而成功，其因量刑改革而付出的代价显然要小得多，应当说更切合英美法系国家的实际。在英国，自实施严格的上诉审查制度后，英国在量刑制度上走的就是一条双轨制模式，并通过不断完善对司法自由裁量权的规制，以便在规则决断与直觉驱动之间取得更好的平衡。因此，英国的经验得到不少人认可在情理之中。“英国上诉审查的混合遵从模式的实践表明，在没有对量刑法官的自由裁量权无端侵蚀和没有超越量刑指南的情形下，量刑法院如何才能对量刑判决的实质合理性加以审查。我建议借用英国上诉审查的见解，允许上诉法院和量刑委员会在发布量刑政策的一般准则方面分担责任。通过这种方式，联邦上诉法院形成的普通法量刑将会与参考性联邦量刑指南结合起来，在允许审判法院拥有必要的自由裁量权以实现个别化量刑的同时，为量刑法院提供基准以指导量刑判决。”[②] 当然，这并非说诉权模式是完美无缺的，适度量化能够使量刑呈现结构化、透明化的特点，这在法官拥有广泛的自由裁量权的情形下，对防止量刑偏差、实现量刑均衡与一致确实具有积极作用。因此，量刑没有必要排斥适当的规则指导。当然，英美两国在司法制度等方面有着共同的历史渊源，但毕竟也存在一些差异，因而即使它们在某些量刑制度上趋

① Douglas A. Berman, “Foreword: Beyond Blakely and Booker: Pondering Modern Sentencing Process”, *The Journal of Criminal Law & Criminology*, Vol. 95, No. 3 (2005), p. 688.

② Briana Lynn Rosenbaum, “Sentence Appeals in England: Promoting Consistent Sentencing Through Robust Appellate Review”, *Journal of Appellate Practice and Process*, Vol. 14, No. 1 (Spring 2013), p. 157.

同，在具体的制度设计以及司法践行上，也并非意味着没有差异。

近些年来，我国也大力推进量刑改革，其目标主要是通过限制司法自由裁量权以防止量刑偏差，实现量刑均衡与一致，最终实现量刑公正与司法公正。针对司法实践中出现的量刑不均衡、不一致等现象，许多人认为根源在于司法自由裁量权过大，酌情量刑过于随意，因而提出量刑规范化改革以求规制司法自由裁量权，实现量刑均衡与一致。为此，不少人提出了对应措施。如有学者提出电脑量刑，① 甚至还主张量刑要精确制导。② 有学者认为法官自由裁量权过大源自刑法规定各罪法定刑时分档过粗、幅度过大，导致法官在量刑时享有极大的自由裁量权，造成“同罪不同罚”案例屡屡出现。③ 司法机关也不甘落后，甚至有基层法院研制出电脑量刑软件系统，只要把被告人的犯罪情节输入电脑，就可以算出应判的刑期。客观地说，上述观点和做法用意是好的，但显然走向另一个极端，既不可取也不可行。电脑量刑属于典型的运用现代科技进行规则武断的量刑模式，在抹杀量刑个别化差异的同时，也不可能实现量刑公正。审判制度在本质上没有必要完全排除法官的心证、裁量以及平衡感觉，电脑不可能完全取代人脑，电脑软件只可以在有限的范围内取代法官的酌情判断、适当限制主观判断的任意性，而不必彻底否定审判主体的自由裁量权。④ 至于将法官自由裁量权滥用的原因归于各罪法定刑分档过粗、幅度过大，也欠合理。只要比较德日等国刑法的相关规定，就会发现其对个罪法定刑分档更粗、幅度更大，⑤ 但德日等国的司法实践并未引发人们对滥用司法自由裁量权的担忧。“尽管担心广泛的司法自由裁量权可能导致严重的量刑偏

① 参见赵廷光《〈电脑辅助量刑系统〉的一般原理》，《中国法学》1993 年第 5 期。

② 参见赵廷光《论量刑精确制导》，《现代法学》2008 年第 4 期，第 89 页。

③ 参见汪贻飞《中国式“量刑指南”能走多远——以美国联邦量刑指南的命运为参照的分析》，《政法论坛》2010 年第 6 期，第 115 页。

④ 参见季卫东《电脑量刑辩证观》，《政法论坛》2007 年第 1 期，第 126 页。

⑤ 例如，德国刑法第 177 条对强奸罪分不同情况处 1 年以上、2 年以上、3 年以上、5 年以上自由刑，情节较轻的，分不同情形处 6 个月以上 5 年以下、1 年以上 10 年以下自由刑，而第 212 条规定非谋杀而故意杀人的处 5 年以上自由刑；日本刑法第 177 条规定犯强奸罪处 3 年以上有期惩役，第 199 条规定犯杀人罪处死刑、无期或者 5 年以上惩役。由于德国刑法规定自由刑的最高刑为 15 年，日本刑法规定惩役的最高刑为 20 年，比较而言不难发现，德日刑法对个罪法定刑幅度的规定较之我国刑法更为宽泛、粗疏。

差，德国并无任何限制自由裁量权的意图。”[①] 更何况，即使缩小各罪法定刑的分档及其幅度，量刑时还是离不开司法自由裁量权。因此，通过调整法定刑档次和幅度限制司法自由裁量权滥用乃治标不治本，并无实质意义。

值得欣慰的是，2014 年最高人民法院颁布并在全国全面推行《关于常见犯罪的量刑指导意见》，从具体内容上看，《指导意见》显然是排斥纯粹的直觉驱动式或者规则武断式的量刑模式的。理由在于：一方面，《指导意见》强调量刑“该宽则宽，当严则严，宽严相济，罚当其罪”，并通过对常见量刑情节以及常见犯罪的量刑采取量化、数据化的方式，限制司法自由裁量权，防止量刑偏差；另一方面，《指导意见》又强调“量刑要客观、全面把握不同时期不同地区的经济社会发展和治安形势的变化，确保刑法任务的实现”，且其所规定的 14 种常见量刑情节中相当一部分是酌定量刑情节，这给酌定量刑情节的运用留下了充分余地。《指导意见》还明确规定要“实现惩罚和预防犯罪的目的”，“确保裁判法律效果和社会效果的统一”。而强调法律效果与社会效果的统一，意味着量刑时既需要对法定量刑情节适度定量，以避免量刑的纯粹直觉驱动，也应该对酌定量刑情节实行自由裁量，防止量刑的规则武断。

不过，从英美法系国家的量刑改革经验来看，《指导意见》也存在诸多不足之处。如没有设立量刑改革的专门负责机构，缺乏系统的程序规制，等等。同时，《指导意见》在对常见量刑情节的适用进行规范时，只是规定了单纯的刑罚增减的尺度和标准，至于不同的增减尺度和标准是如何确立的，是否合理、科学，显然值得进一步探讨。需要指出的是，《指导意见》以及刑法、司法解释等所确立的量刑规则和标准一经确定后，必须保持适时修改和完善，以适应司法实践的需要，避免在若干年内始终保持不变，乃至僵化。因为，“僵化的、形式化的量刑标准在刑法和司法解释中并不鲜见，不可避免地会妨碍量刑公正的实现”。[②]

---

① Oren Gazal-Ayal, “A Global Perspective on Sentencing Reforms”, *Law and Contemporary Problems*, Vol. 76, No. 1 (2013), p. Ⅵ.

② 彭文华：《量刑的价值判断与公正量刑的途径》，《现代法学》2015 年第 2 期，第 111 页。

敌人刑法学说

〔德〕京特·雅科布斯* 著

汤沛丰** 译

对“敌人刑法”这一主题的讨论虽然如火如荼，这些讨论却在很大程度上（虽然不完全）缺乏理论根据。为证明这一辛辣点评的合理性，我不会以敌人刑法这一概念作为本文的开端，而是首先在导论中论述每一个法秩序①都会包含的两个基本概念：一个是法权②强制概念，另一个则是法权

* 京特·雅科布斯（Günther Jakobs），德国波恩大学刑法学与法哲学教授。

** 汤沛丰，德国弗赖堡大学法学院博士，暨南大学法学院助理教授，研究方向为法哲学与刑法学。

① 这涉及一个当今合法的法秩序，该秩序授予人们自由以及机会去参与政治；它包含了教育制度、福利分享机制以及安全措施。没有这三者，个体（Individuen）就不会是主体（Subjekte），因而也就不会着眼于社会的结构，以致社会丧失稳定，并且沦为强权秩序。对此参见雅科布斯《规范·人格·社会》（*Norm*，*Person*，*Gesellschaft*），第3版，2008，第41页及以下（中译本参见冯军译《规范·人格体·社会》，法律出版社，2001）。

② “康德使用的名词‘Recht’是一个长期困扰着译者们的问题。‘Recht’这个术语——亦即拉丁词‘ius’在康德那里的德语对应物——并非如当代英语名词‘right’（与德语的‘Recth’不同，英语的‘right’能够自然地以复数形式被使用）那样意味着单数的具体的人或一群具体的人对单数的特殊利益或诸利益的集合体所提出的道德上或法律上的主张；相反，如同一个集合术语（mass term）那样，它意味着外在合法则性（与内在道德性相应）的一种整体状况。”［〔德〕沃尔夫冈·凯尔斯汀（Wolfgang Kersting）：《政治、自由与秩序——康德的政治哲学》，汤沛丰译，载吴彦主编《康德法哲学及其起源》，知识产权出版社，2015，第155页注释1］在康德本人的法哲学中，Recht有两个层面，一个是为他人立法的能力，另一个是作为法则的整体。对于前者，康德学界一般称为“主观权利”（das subjective Recht），后者则被称为“客观法”（das objective Recht）。在作者没有特指“权利”或“法则”之时，本译文一般译作“法权”。——译者注

制度概念——尤其是法权性——制度的指引力（Orientierungskraft）所固有的前提。

一　导论：两个基本概念

（一）法权强制

除了洛克之外，在自由概念的论述上至为重要的哲人无疑是康德。他在《道德形而上学》中认为，只有一种自由能称得上“与生俱来的法权”，它就是“独立于他人的强制任意（Willkür）[①] 的独立性”[②]，而法权则是“一个人的任意能够在其下按照一条普遍的自由法则与另一方的任意保持一致的那些条件的总和”[③]。接着，康德把法权与强制的权能相互关联：与“不法”相抗衡的“强制”作为“自由障碍的阻碍”本身就是“合法的”[④]。通过以下方式，康德令人信服地展示了法权和可强制性[⑤]之间的联系：这种联系构成了他的所有法哲学问题的前提，并且一切他所论述的法哲学问题，都要回溯到这个关系上，在其中得到解决。但是，其中一个与之紧密相关的主题却没有得到其本人的讨论，至少没有出现在《道德形而上学》中。

① 本中译文将 Willkür 概念译作“任意”，而英语世界一般译作“选择的能力”或“选择的意志”，参见保罗·盖耶（Paul Guyer）的解释：“康德的术语 Willkür 作为一种实际作出选择的能力有时被译为‘选择的能力’（faculty of choice）或者‘选择的意志’（elective will），以使它与相对立的、作为（以选择为目的的）理性原则的原因（source）亦即‘意志’（Wille）得以相区分。”〔德〕凯尔斯汀：《政治、自由与秩序》，第 159 页注释 1。——译者注

② 康德：《道德形而上学》（*Metaphysik der Sitten*），第一部分，“法权学说的形而上学基础”（metaphysische Anfangsgründe der Rechtslehre），第 2 版，1798，引用根据的版本为魏施德尔（Weischedel）编《康德全集 6 卷本》（*Werke in sechs Bänden*），第 4 卷，1963，第 305 页及以下（第 345 页［=B 45］）［等同学院版的第 6 卷第 237 页，一般标注为 6，237，对应于中文版《康德著作全集》第 6 卷（李秋零编译）的边页码 237——译者注］；参见科勒（Köhler）《与生俱来的权利是唯一的权利》（“Das angeborene Recht ist nur ein einziges”），载 K. 施密特（K. Schmidt）编《汉堡讲座系列：法的杂多性——法秩序的统一?》（*Vielfalt des Rechts-Einheit der Rechtsordnung? Hamburger Ringvorlesung*），1994，第 61 页及以下。

③ 康德：《道德形而上学》（*Metaphysik der Sitten*），第 337 页（=B 33）［6，230］。

④ 康德：《道德形而上学》（*Metaphysik der Sitten*），第 338~339 页（=B 35）［6，231］。

⑤ 参见雅科布斯《法权强制与人格性》（*Rechtszwang und Personalität*），2008，第 9 页及以下。

这个未经讨论的主题就是：就一个人格（Person）① 而言，强制究竟对这个人格做了什么呢？② 康德对此只作了形式上的阐释："强制"作为"自由所遭遇的一种障碍或阻抗"③。但到底被强制的人遭遇何者，④ 康德对此语焉不详。

费尔巴哈（Feuerbach）接过该问题，并且以有效方式作出回应：被强制的人虽然是"理性的存在者"，却是"依据各种自然法则（自然规律）"而受规定的人，⑤ 而反过来则意味着：他不受理性法所规定。虽然恰恰是理性法强制违法者停止其作为，或者对他施加惩罚，但是强制本身是属于自然界的；换言之，理性法许可或者要求，在施加法权强制的时候，要根据自然法则。借此也就确认了，被强制的人仅仅就他受到强制而言，才能被称为自然的存在者（个体），而不是人格（权利和义务的载体）。或许我们也可以从他的人格性（Personalität）里面推导出，一般而言，他可以受到强制（只有人格会施行犯罪，只有人格使自身负有违法损害赔偿的义务，也只有人格才承担给付义务），但是，强制某人作出给付，则该人只能是自然的存在者——这一结果非同小可，即便涉及一个理性存在者理性地形成的意志以及就此而言涉及被强制人现实的意志，也不会受到影响。黑格尔虽然说过，法权作为"自在的和自为的意志"也是"每个人的绝

① 有学者把 Person 译为"人格体"，也有译作"人格"。本文遵从传统的译法，译为"人格"，表示人的"位格"。相应地，其抽象化的名词 Persönlichkeit 译为"人格性"。——译者注

② 基尔哈克（Gierhake）错认了这层关系。参见她的《法权领域中的对敌行动？批判所谓的敌人刑法，兼论雅科布斯的刑罚理论》（"Feindbehandlung im Recht? Eine Kritik des sogenannten Feindstrafrechts und zugleich eine Auseinandersetzung mit der Straftheorie Günther Jakobs'"），载《法哲学与社会哲学年刊》，2008，第 337 页及以下。根据康德的观点，法权和强制权能是一回事（第 354 页），这仅仅意味着，面对被强制者，某事被许可，而没有说，该事情到底是什么。在我看来，谁在此问题上不去讨论对被强制者的外在处分，则其论述就是不融贯的。

③ 康德：《道德形而上学》（*Metaphysik der Sitten*），第 338 页［6，231］。

④ 但康德毕竟还是间接回答了有关刑罚的这一问题：须被惩罚的人丧失公民的地位（康德：《道德形而上学》（*Metaphysik der Sitten*），第 454 ~ 455 页［= B 228］）［6，331］，他将不是按照针对一个国家之法权中的人格（即公民）的规则来受到对待。

⑤ P. J. A. 费尔巴哈（P. J. A. Feuerbach）：《自然法批判：作为自然法科学的导论》（*Kritik des natürlichen Rechts：als Propädeutik zu einer Wissenschaft der natürlichen Rechte*），1796（第二次再版于 2000 年），第 296 页以及第 120 页。

对的意志"[1]，并且法权强制因而拥有"一个方面，据此，它就不再是强制"[2]。但是这一个方面涉及的是人格未发展出的应然形态；实然形态则不会根据他的意志，而是根据自然法则诞生的。

换句话说，那种借此而被描述（并且仅是描述[3]）的法权、法权强制以及被强制之人的地位之间的关联就是：在法权强制之中，法权许可或者要求，把有待受到强制的人当作自然的一部分，对之施加不利的后果，就此而言，他不被当作人，即便恰恰是他的人格性（Persönlichkeit）引发了这个许可或者这个要求。[4] 强制使得被强制之人的人格受到剥夺；一切其他的表述无非是美化。法权强制虽然是对被强制人的组织范围（Organisationskreis）[5] 予以法权上正确的管理（Verwaltung），但是该强制恰是由外部施加的管理（FremdFremdverwaltung），并且因而对于被强制者而言，强制就是一种人格领域的缩减。法律人（Juristen）就是在法权体系之中行事的人（亦即仅仅是法权意义上而非法学意义上的人），他们也不会摆脱得了这一残酷的结果（herbe Ergebnis），毕竟他们也认同，强制具有合法性，并且任何情况下，他们在指出那种通过一个被强迫之人的人格行为所引发的强制的同时，也就表明，这些被强制之人承担对该强制予以容忍的义务。这里涉及对人格剥夺予以容忍的义务，乃是不言自明的。费尔巴哈在这一点上知道应该

① 黑格尔（Hegel）：《为低年级开设的法权学说、义务学说、宗教学说》（"Rechts－，Pflichten-und Religionslehre für die Unterklasse"），1810年及接下来数年，引用根据的是莫尔登豪尔（Moldenhauer）等编的理论版《黑格尔全集》（*Werke in zwanzig Bänden*），第4卷，1970，第204页及以下，第234页。也参见康德《道德形而上学》（*Metaphysik der Sitten*），第457页（＝B 233）。

② 黑格尔：《黑格尔全集》（*Werke in zwanzig Bänden*），第4卷，1970。

③ 较深入的研究，参见雅科布斯《法权强制与人格性》（*Rechtszwang und Personalität*）。

④ 作者的意思是，法权强制的根据在于拥有人格性的人违反法权义务，但当法权强制被施加于这个人的时候，该人是被当作自然存在者来对待的。——译者注

⑤ Organisationskreis可以拆分为两部分，即"组织"（Organisation）和"范围"（Kreis）。根据雅科布斯的高足帕夫利克（Michael Pawlik）的理解，此处的"组织"指的是每一个公民的基本义务在于不以违法的方式损害他人。它对应的是康德的法权概念（Rechtsbegriff）以及黑格尔的抽象法权诫命（das abstrakte Rechtsgebot）。该诫命的运用要求对不同的行为领域予以界定（Abgrenzung），亦即，回答以下问题：什么是我的事务，什么是对他人有害的行为。术语"组织领域"无非就是以形象的方式描述上述划界行为。参见帕夫利克，"导论"（Einleitung），载雅科布斯《刑法学论文集：刑法学基础和归责学说》（*Strafrechtswissenschaftliche Beiträge. Zu den Grundlagen des Strafrechts und zur Zurechnungslehre*），图宾根，2017，第Ⅶ－Ⅺ（第Ⅹ页）。——译者注

如何推进；他同时也是法学家，虽然不限于此。①

在这一点上，我想简短地（且一次性地）对以下论述作一番研究，其经常用来与人格地位的剥夺针锋相对：人格的剥夺违背人格尊严的要求，因为由外部对被强制之人的行动自由施加管理，使该人被降格为一个客体。② 因这个尊严（亦即拥有权利的能力），无疑必须尽可能让人格地位得以完全恢复（但是，比如在紧急防卫中，倘若防卫必须导致对方死亡，则这一恢复就是不可能的）。除此以外必须注意的是，在剥夺人格地位的命令的施加上，不能打任何折扣：这里从头到尾关涉的是行为人人格地位的剥夺，而这种剥夺是人格受剥夺者自身应当负责的（verschuldet）；③ 因为法权强制受到不法行为的挑战（这里不涉及帮助性的强制），所以被强制的人应当对法权强制负责。谁不愿意施加这一责任（Verantwortung），并且拒绝授予被强制人以下能力，其借此能力使自身法权中的人格地位受到减损，并且在争议情形中同时让自己失去人格，则是把该被强制之人的人格当成儿戏。④ 该问题在此不予赘述。⑤

① 顺带一提，我不是在价值的意义上，而是在描述的意义上作出这一区分的：既有富有的法律人与贫寒的法学研究者，也有反过来的情况。人们不该混淆两者。对此参见雅科布斯《作为学科的刑法》（“Strafrecht als wissenschaftlich Disziplin”），载恩格尔（Engel）等编《法学的特征》（*Das Propirium der Rechtswissenschaft*），2007，第103页及以下；帕夫利克《刑法学理论》（“Strafrechtswissenschaftstheorie”），载帕夫利克编《雅科布斯祝寿文集》（*FS. Jakobs*），2007，第469页及以下。

② 证据见莫尔格（Morguet）《敌人刑法：一个批判性分析》（*Feindstrafrecht-Eine kritische Analyse*），2009，第257页，注释1295。

③ 派生性的损害使无罪责之人的人格受到剥夺，并且因而不能被理解为法权强制。进一步的研究参见雅科布斯《法权强制与人格性》（*Rechtszwang und Personalität*），2008，第25页及以下。许内曼（Schühnemann）宣称“敌人刑法不是刑法”（Feindstrafrecht ist kein Strafrecht），载格里斯鲍姆（Griesbaum）等编《内姆祝寿文集：刑法和司法给付》（*Strafrecht und Justizgewährung. FS. Nehm*），2006，第219页及以下［224］。从我的角度来看，人们大概会忍受这种派生性的损害。该宣称实际却是扭曲了我的原意（“公民刑法与敌人刑法”，载《刑法类最高法院判决》（*HRRS*），2004，第88页及以下[93]）。这类损害确实可以被忍受，然而在针对受害者时，却不被容许（在“针对受害人在法律上被许可”的意义上）。

④ 对此参见帕夫利克《恐怖分子及其法权：现代恐怖主义的法权地位》（*Der Terrorist und sein Recht. Zur rechtlichen Einordnung des mordernen Terorismus*），2008，第38页及以下。

⑤ 但为此我添一个脚注：莫尔格认为，在我的小册子《规范·人格·社会》里面，人的尊严受到忽视，莫尔格其实并没有理解问题的实质；因为尊严领域位于本书所处理的问题之后：在该小册子中，我只打算把规范的诞生描述为文化的产生而已。对此主题，一本概略性的小册子足矣。

（二）着眼于法权制度

接下来探讨的是第二点，即法权制度（rechtliche Institutionen）的现实性。[①] 所谓的制度，此处取的乃是一种广义的理解，亦即，至少是部分带有规范性质的安排（Einrichtungen），而基于这些安排，人格就会被当作权利和义务的载体。正因为自身就是人格，人格必须守法，易言之，必须履行他的诸义务。义务的履行并不以他人的同样履行为前提，而是仅仅因为法权包含效力，义务就应当得到履行。就刑法而言，潜在的犯罪行为人必须无条件守法，[②] 而潜在的受害人则最初与行为人处在一种交互关系之中，但仅限于最初的阶段。潜在的受害人在法权上绝对有理由期待，潜在的行为人不会成为现实的行为人，并且在期待落空的时候，这种期待也并非有误，倒是行为人的行为有误。然而，仅仅凭借这种规范性的期待，人们虽然可以理解一种法权状态，却不能真在其中生活。人格性涉及法权本身的抽象维度，[③] 然而，那些其福利（Wohl）[④] ——包括不让自己成为犯罪的受害人——没有得到满足的主体，也当然不会遵守形式法。简而言之，对于抽象地得到设想的人格而言，只要知道（Wissen）自己不能被杀死，就足够

---

① 参见黑格尔的公式“凡是合乎理性的东西都是现实的；凡是现实的东西都是合乎理性的”（《法哲学原理》，范扬、张企泰译，商务印书馆，2009，序言，下文如涉及《法哲学原理》译文的，均参考该中译本的译法）。——译者注

② 雅科布斯：《敌人刑法？——论法权本身的条件》，载《刑法类最高法院判决》（*HRRS*），2006，第289页及以下（291）。

③ 黑格尔：《法哲学原理》，1820/1年，莫尔登豪尔版（Ausgabe Moldenhauer），第7卷，1970，第36节：“所以法的命令是：‘成为一个人格，并尊重他人为人格’。”

④ 这是黑格尔《法哲学原理》中“道德”环节的一个重要概念，道德环节处在“抽象法”与“伦理”这两个环节之间。参见《法哲学原理》，范扬、张企泰译，商务印书馆，2009，第二章，第125～128节。“具有福利这种特殊内容的主观的东西，作为在自身中反思着的东西、无限的东西，是同时与普遍物即自在地存在的意志相关的。最初在这个特殊性自身中所设定的普遍物这一环节，同时也是他人的福利，或者，在完全的但是十分空虚的规定上，可说是一切人的福利。所以其他许多特殊的人的福利也一般是主观性的实质上目的和法。但是同这种特殊内容有区别的自在自为地存在的普遍物，除被规定作为法之外，还没有被进一步地规定，所以特殊物上述那些目的是与普遍物有区别的，它可能符合也可能不符合普遍物。”（第125节）就其高于抽象权利而言，福利的优先性体现在“紧急避险权”上（参见第127节）；就其低于国家法而言，它不能“与国家这一普遍物相对抗”（第126节）。——译者注

了；而主体①却还需要确信（Gewissheit），自己大致不会被杀死。②

法权对上述情况的承认（否则，法权就不会存在），并非仅仅体现在治安警察（Sicherheitspolizei）制度上以及刑法上，而是在一种高度原始的制度上（如紧急防卫③）已显露出端倪：就连虽然实施了违法行为，却正在遭受攻击的人也能在规范上期待自己不会受到侵害，但是法权“知道”（weiβ），在这种情形下，该期待不再适合于保障被攻击者的福利，并且，法权因而许可，遭受攻击的人在这种情形下对攻击者的人格性予以认识上

---

① “主体”（Subjekt）又可以翻译为“主观”。“在抽象法中，意志的人格性单单作为人格性而存在，如今意志已把人格性作为它的对象。这种自为地无限的自由的主观性构成了道德观点的原则。”（黑格尔：《法哲学原理》，第104节）“意志的这种在自身中的反思和它的自为地存在的同一性，相反于意志的自在存在和直接性以及意志在这一阶段发展起来的各种规定性，而把人规定为主体。”（第105节）

② 雅科布斯：《敌人刑法？——论法权本身的条件》，第28页及以下（第50页及以下）；他的《国家的刑罚：意义和目的》（*Staatliche Strafe*：*Bedeutung und Zweck*），2004，第26页及以下（第31页）；Polaino Orts：《敌人刑法：基本原理、意义的潜力和有效性的限度》（*Derecho penal del enemigo*：*Fundamentos*，*potencial de sentido y limites de vigencia*），巴塞罗那，2009，第223页及以下。对期待的知识论证也参见博恩克（Bung）《作为规范效力理论和人格理论的敌人刑法》（“Feindstrafrecht als Theorie der Normgeltung und der Person”），载《刑法类最高法院判决》（*HRRS*），2006，第63页及以下。Gómez-Jara Diez：《敌人对决敌人刑法：有关敌人刑法的欧洲讨论及其对于英美对非法的敌人的法律地位之讨论的相关性》（“Enemy Combatants versus Enemy Criminal Law：An Introduction to the European Debate Regarding Enemy Criminal Law and Its Relevance to the Anglo-American Discussion on the Legal Status of Unlawful Enemy Combatants”），载《新刑法评论》（*New Criminal Law Review*）第11卷第4期（加利福尼亚大学），第529页及以下（第552页），凭借系统理论的论点反对痛苦事实的法律相关性：“（对于比如错误行为的谴责）口头或书面的沟通以及在监狱里面的工作时间（比如施加刑罚上的痛苦）都是沟通的形式。然而，这两者并没有共享同样的意义或同样的沟通内容。换句话说，我们并非首先处理沟通（口头或书面），然后再来处理外部世界中的沟通的实质化。我们处理的其实就是同时的沟通和沟通的实质化。然而，法律系统作为沟通系统，仅仅关涉沟通，而不涉及外在于系统的真实世界。”这一说法中值得赞同的是，痛苦的事实层面确实是沉默的，而不存在什么沟通。然而，人们也确实可以就此事实层面展开沟通：对于罪犯，（也）应当以沉默的方式对付之，以防规范效力的认知层面受到损害（积极一般预防），并且接下来以合法的方式对付之。Gómez却从系统论的角度出发认为这种对法律环境的顾虑是不可能的：“……一个自创生的系统不能保障其自身存在所依赖的前提。”（第550页）但是只有当这个系统的（就其涉及事实行为而言）把破坏性的行为展示为不应当实施的行为，以及把保障性的行为展示为非常应当实施的行为之时，这个系统才是长期“存续下去”的。至于人们是否以进化论的方式展示这一过程，或者通过更高级的观察来安排这一过程，该问题在此存而不论。

③ 即正当防卫。——译者注

的“清除”（kognitive “Bereinigung”①）。对此，我已在注释里面作过解释：对攻击者予以强制就是使攻击者去人格化。这种去人格化的举措仅仅在防卫时间之内，以及就事情本身的需要之范围内成立；而在防卫时间经过以后，彼时身为攻击者的人就再次展现出其社会相适性。即便如此，这个简要的案例也表明，如果规范性的期待旨在让自身得到实现，以及不仅仅旨在成为对公民（Bürger）② 的抽象指引的话，则该规范性的期待需要（法权在）认知上的支持。正因为（法权在）认知上的支持，法权与强制权能相互结合！法权不该只是纯粹的思想物，而是应当在日常生活中以及在该意义上追求现实性。

与之相反的做法不会产生规范性的论点，在这种情况下，就不可能存在诸如去人格化的东西。③ 这个论点包含着一个主张：不许存在法权强制。

---

① 这里的“认知”（kognitive）对应的是上文的“知道”（Wissen 和 weiβ）。该对应性表明，被攻击者对攻击者所施加的强制之所以被理解为对后者人格性的剥夺，原因在于法权就是如此认知的。简而言之，法权认识到/知道，在这种情形下，对福利的规范性期待不再适合于保障被攻击者，所以将上述强制的运用解释为一种对人格性的剥夺。——译者注

② 德语中的 Bürger 有两重意思，一是对应法语中的 bourgeois（市民/资产阶级），另一对应则是 citoyen（市民）。该划分最早可以溯及卢梭。市民是一个带有贬义的称呼，这类人追逐私利，罔顾公益，因而不适合于共同体的生活。公民则是关心公益，将自身当作共同体一分子的一类人（参见〔法〕卢梭《社会契约论》第 1 卷，何兆武译，商务印书馆，第 6 章，第 21 页/注释 4）。康德接受了这一划分，他将市民或城市居民翻译为 Stadtbürger，将公民翻译为 Staatsbürger。Stadt 是自治城市的意思，而 Staat 则指国家。康德在他的论文《论俗语：这在理论上可能是正确的，但不适用于实践》中借此划分体现出法语中城市和国家的分野：“如今，在这种立法中拥有投票权的人，就叫作公民（citoyen，亦即国家公民，不是城市公民，亦即 bourgeois）。”［8，295］黑格尔也接受了这一区分，而且创造性地将该划分与市民社会、国家的分野相对应，将国家和公民视作高于社会和市民的存在。基于这一学术传统，雅科布斯在本文使用 Bürger 一词的时候，关心的是共同体利益如何得到其成员尊重的问题，因而突出的是其“公民”而非“市民”的含义。——译者注

③ 这类观点的典型，参见 Crespo《“敌人刑法”绝不可能！论所谓敌人刑法的不可能性暨西班牙的特殊学术视野和倾向下的安保思想》（“Das ‘Feindstrafrecht’ darf nicht sein! Zur Unzulässigkeit des sogenannten Feindstrafrechts und dem Gedanken der Sicherheit unter besonderer Berücksichtigung der wissenschaftlichen Diskussion und Tendenzen in Spanien”），载《国际刑法教义学》（*ZIS*），2006，第 413 页及以下。B. 海恩里希（B. Henrich）：《在危险防御中的刑法界限：我们需要或者我们拥有“敌人刑法”吗?》，载《整体刑法学杂志》（*ZStW*）第 121 期，2009，第 94 页及以下（第 129 页及以下）；Conzález Cussac：《“敌人刑法”：在法治国母体中复活的专制思想》（“*Feindstrafrecht*”. *Die Widergeburt des autoritären Denkens im Schoβe des Rechtsstaates*），2007，第 25 页及以下，以及各处。

然而这只是拥有知性的人而不是理性的人[①]所会接受的结果。如果坚持这一主张，则几近于架空“人格”这一概念：每个人在任何时候都必须被当作人格。此处的人格大致相当于康德学说中的与生俱来的人格性。[②] 但是，这里涉及的不是与生俱来的人格性，而是法权地位，这种地位在康德的学说中，只有当人沦为“奴隶”的时候才会失去。[③] 人格概念实际上并不禁止为了法秩序指引作用的维持而做相应必要的事情；它仅仅禁止以嘲讽的态度来做这些事情。

（三）关于（一）和（二）

如果我们现在总结上述（一）和（二）两个铺垫性的简要论述，则首先可推论出以下结论：每一项权利在概念上都是与强制权能结合在一起的，也就是说，与外在执行、去人格化的许可或者去人格化的要求相结合的，即便这种关联只是由被强制者所自我负责的。

第二，一项权利如果不能与福祉相结合，则长远来看，不会是具有现实性的权利。法权制度因而必须在认识上得到论证；否则，制度——在此处涉及人格——就不可能提供现实的指引。

在不谈论被剥夺的人格的情况下，或者包括在（争议情形中）不谈论被扬弃的人格的情况下，去谈论法权中的人格，将会忽视法权实现的条件，并且因而也取消了法权，亦即使法权从一种日常运作的秩序变成纯粹的思

① 知性（Verstand）和理性（Vernunft）是康德哲学体系中一对重要的能力。知性是认识有限事物的能力，其依赖的法则是因果律。理性则是超越有限性，把握整全的能力。在实践领域中，运用知性来行动，意味着遵循因果规律来行动，而运用理性来行动，则意味着行动遵循的是自由律。在本文中，所谓的拥有知性的人（Verständiger）大概就是仅仅遵循因果律、完全被因果关系决定的人，这类人没有自由意志，因而没有人格，也没有对自己行动负责的能力。对于这一类人，法权没有对其予以强制的根据。因而也就能够接受没有法权强制这一结果。而与之相反，拥有理性的人则是根据自由律行动的人，因而拥有归责能力。这一类人不可能接受法权强制无根据的结果。——译者注

② 康德：《道德形而上学》（*Metaphysik der Sitten*），第 453 页（=B 226）[6，237]。

③ 康德：《道德形而上学》（*Metaphysik der Sitten*），第 454～455 页（=B 229）[6，241]。作者的意思大概是指，康德的法权强制并不会让人失去与生俱来的“人格性”，这是人借以区别于动物的理性本质。法权强制只是暂时使被强制者失去基于人格性所享有的法权地位。这对应作者在上文中对费尔巴哈的一处复述：“被强制的人虽然是‘理性的存在者’，却是‘依据自然法则（自然规律）’而受规定的人。”——译者注

想物。①

二 警察化

自19世纪的最后25年以来，人们一直在探讨，结合刑法来运用保安处分（Maβregeln der Besserung und Sicherung）以预防未来犯罪行为的可能性。② 对未来犯罪行为的预防之必要性，当然不是直到那段时间才产生的——这涉及警察的传统任务——并且该必要性是刑法与生俱来的，这种刑法采纳的是预防性的刑罚，但这种保安处分恰恰又不是刑罚。保安处分在1933年引入德国，③ 它使得刑法发生公开的警察化，因为，凭借保安处分，回应的不是一个已经发生的行为，而是基于一个已发生的行为，未来的行动要以特殊预防的方式受到阻止，并且，这种警察化是“公开”发生的，因为它不再伪装成刑罚。

除了公开的警察化，还有一种隐蔽的警察化，它旨在让立法者规定刑罚，这些刑罚因其严厉性，而基本无法充当对中等不法的回应，而是仅能充当着眼于消极一般预防或特殊预防的保安处分。部分地，立法者通过公布与特殊类别的犯罪开展的“斗争”，④ 能让人们认识到，事关何者，并

① 基尔哈克承认，一个“理念中的国家”是不可能实现的［《法权领域中的对敌行动？批判所谓的敌人刑法，兼论雅科布斯的刑罚理论》（“Feindbehandlung im Recht? Eine Kritik des sogenannten Feindstrafrechts und zugleich eine Auseinandersetzung mit der Straftheorie Günther Jakobs'”），载《法哲学与社会哲学年刊》，第359页］，但她认为，更确切地说，是在某些情况下不能实现（参见其举的例子）。对于这些困难的情形没有具体的解决方案，而毋宁是抽象的保障：所有事情都必须处在法权的框架内。这使得法权沦为思想物。

② 对保安处分历史的深入研究，参见德塞克（Dessecker）《危险与合比例性》（*Gefährlichkeit und Verhältnismäßigkeit*），2004。

③ 针对危险的惯犯的法律以及关于保安处分的法律，参见1933年11月24日的《帝国法律报》，第I卷，995。有关保安处分的纳粹色彩的争议，参见德塞克《危险与合比例性》（*Gefährlichkeit und Verhältnismäßigkeit*），第90页及以下。

④ 对此的证明，参见雅科布斯《评在当今挑战下的刑法自我理解》（“Das Selbstverständnis der Strafrechtswissenschaft vor den Herausforderungen der Gegenwart. Kommentar”），载埃塞尔（Eser）等编《在千年转折点前对于德国刑法学的回顾与前瞻》（*Die Deutsche Strafrechtswissenschaft vor der Jahrtausendwende. Rückbesinnung und Ausblick*），2000，第47页及以下（第51页）。对这种“斗争话语”（Bekämpfungsvokabular）（辛恩［Sinn］）的批判，也参见Gómez《敌人对决敌人刑法：有关敌人刑法的欧洲讨论及其对于英美对非法的敌人的法律地位之讨论的相关性》，第557页及以下；辛恩《现代的犯罪追诉：通向敌人刑法的道路》（“Moderne Verbrechensverfolgung-auf dem Weg zu einem Feindstrafrecht”），载《国际刑法教义学杂志》（*ZIS*），2006，第107页及以下（第111、116页）。

且当这些在文献中借此得到辩护的时候，一种犯罪“现象”就应当接受斗争，这种现象不该是“特定的行为人”①，因此要指出的是，对现象的“斗争”不该是通过文化自由时间的增加而产生，也不是在成人教育的框架里产生的，而是通过严格的刑罚，也即通过对人施加的强制，通过去人格化。

公开的和隐蔽的警察化的混合导致某种程度上的混乱情形：什么归属于什么呢？帕夫利克（Pawlik）在涉及恐怖分子的问题上建议，应从根本上作梳理，也就是把“事物”归到其应该归属的地方。帕夫利克不打算把恐怖分子理解为一国之内的敌人，更准确地说，一个社会之内的敌人，而是一国之外的（外在于社会的）敌人，因此，他可以按照勒莱克（Roellecke）② 的观点那样表述：“人们敬重并蔑视敌人。”③ 对敌人的尊重恰恰不在于将敌人承认为根据此处秩序发展出的人格，④ 而在于以下猜测，敌人或许在其自身秩序中成为人格，但任何情况下，此处的秩序都将会对其予以防御，准确地说，不是以刑法的手段，而是以新设立的保安处分：“（在此问题上）立法者可以……广泛地诉诸现存的……规范，即诉诸《刑法典》第 129 条 a⑤ 以及计划中的第 89 条 a⑥；因为根据事情本身，这

① 金德霍伊泽尔（Kindhäuser）：《罪责与刑罚：论“敌人刑法”》，载霍耶尔（Hoyer）等编《施罗德祝寿文集》（*FS Friedrich-Christian Schroeder*），2006，第 81 页及以下（第 95 页）。虽然也有人以另外的方式来理解这种对有害之“物”的斗争，但是犯罪总是由人格制造的。

② 勒莱克（Roellecke）：《与恐怖分子作斗争的法治国》（“Der Rechtsstaat im Kampf gegen den Terror”），《法学家报》（*JZ*），2006，第 265 页。

③ 帕夫利克：《恐怖及其法权：现代恐怖主义的法权地位》（*Der Terrorist und sein Recht. Zur rechtlichen Einordnung des mordernen Terorismus*），2008，第 41 页。在警察方面的预防和刑法上的镇压之间作严格划分，参见 B. 海恩里希《在危险防御中的刑法界限：我们需要或者我们拥有“敌人刑法”吗?》，《整体刑法学杂志》（*ZStW*）第 121 期，2009，第 127 页。

④ 参见帕夫利克《到底是刑罚还是与危险作斗争？——在刑罚理论学术圈范围内的德国国际刑法原则》（“Strafe oder Gefahrbekämpfung? – Die Prinzipien des deutschen Internationalen Stafrechts vor dem Forum der Straftheorie”），载霍耶尔等编《施罗德祝寿文集》（*FS Friedrich-Christian Schroeder*），2006，第 357 页及以下。

⑤ 恐怖组织的建立。

⑥ 恐怖分子培训的毕业。

些规定的功能在于提前实施保安监督（Sicherungsverwahrung）[①]：这些规定确立了一些条件，在这些条件下，可以提早阻止危险之人实施恐怖活动”[②]，当然，诚如帕夫利克立即补充到的，这一切都是在行政的法律保障或司法的法律保障下进行的。[③]

如今，同样根据帕夫利克的观点，恐怖分子应当为已经实现了的不法（至少当他在我们国家的土地上行动的时候）承担责任，[④] 并且，这种不法肯定早在建立一个恐怖组织的时候就存在了，因为这类建立活动就是对公共秩序的干扰并且当受惩罚，即便还没达到实证法所规定的那种严重程度。此外，仅仅处于计划中的行为即便只是处在纯粹的准备阶段，也是不法行为，而非什么免于刑罚的战争行为。在这一情形下，对于帕夫利克而言，值得优先选择的做法仍然是保持刑罚和保安监督的二元划分。但他坚持保安监督不会去人格化，这点在我看来是值得商榷的，毕竟运用保安监督所阻止的不是战争行为，而是犯罪，如此一来，保安监督势必会去人格化，而这是因

① 施罗德（Schroeder）：《违反刑法的刑事行为》（*Die Straftaten gegen das Strafrecht*），1985，第 29 页，早已持此看法。

② 帕夫利克：《恐怖分子及其法权：现代恐怖主义的法权地位》（*Der Terrorist und sein Recht. Zur rechtlichen Einordnung des mordernen Terorismus*），2008，第 43 页。

③ 帕夫利克：《恐怖分子及其法权：现代恐怖主义的法权地位》（*Der Terrorist und sein Recht. Zur rechtlichen Einordnung des mordernen Terorismus*），2008，第 42 页。对此的批评，参见佩夫根（Paeffgen）《公民刑法、预防法以及敌人刑法?》（“Bürgerstrafrecht，Vorbeugerecht，Feindstrafrecht?”），载伯瑟尔（Böse）《刑法与刑事诉讼法的基础》（“Grundlagen des Straf-und Strafverfahrensrechts”），载《阿梅隆祝寿文集》（*FS Amelung*），2009，第 81 页及以下（第 88 页及以下）。然而无论是佩夫根还是帕夫利克都要求，对于危险的应对“应当在类别上统一”（Sorteneinheit）（或者是刑罚，或者是危险的预防），第 103 页及以下（第 105 页及以下）。Monica Hakimi：《拘留恐怖主义犯罪嫌疑人的国际标准：超越武装冲和刑事程序的二元划分》（“International Standards for Detaining Terrorism Suspects：Moving Beyond the Armed Conflict-Criminal Divide”），《耶鲁国际法杂志》（*The Yale Journal of International Law*）第 33 卷，第 369 页及以下（第 383 页及以下，第 384、386 页）（如果前瞻式的视角不能充分发挥作用，则它将会腐蚀回顾式的刑法体系），令人印象深刻地展示了“类别混淆”的危险。Hakimi 像帕夫利克一样，为行政法意义上的保安处分（对犯罪嫌疑人的逮捕：“行政拘留”）作辩护，第 386 页及以下（第 400 页及以下，以及各处）。

④ 该结论主要得自帕夫利克对刑事程序的应用禁令的解释。参见帕夫利克《恐怖分子及其法权：现代恐怖主义的法权地位》（*Der Terrorist und sein Recht. Zur rechtlichen Einordnung des mordernen Terorismus*），2008，第 46 页。

为，（人们）不可能期待，那些有待保安监督的人会合法地行为[①]；易言之，针对犯罪的危险而实施的保安监督，不是对罪犯之人格的尊重（Ehrung），而是其反面（这并不否认，保安监督归属行政法的范畴；但在目前的立法下，却归属于刑法）。[②]

三 敌人刑法

早在10年以前（2001年），虽然“9·11”恐怖袭击尚未发生，而我却已经在一个短暂的学术会议（主题为德国刑法学的现状[③]）上指出，刑法上存在公开的或隐蔽的警察化，并且让未来刑罚的避免与事后的追究加以对勘：敌人刑法[④]

① 除非是这样，帕夫利克不是从国际法上有利于恐怖分子的角度理解“受约束的战争”（gebändigten Krieg）。参见帕夫利克《恐怖分子及其法权：现代恐怖主义的法权地位》（*Der Terrorist und sein Recht. Zur rechtlichen Einordnung des mordernen Terorismus*），2008，第40页，注释180。然而，立法者应当注意报应刑罚和安保刑罚之间的区别。如同帕夫利克所展示的那样，这既适用于《刑法典》第129条a，但大概也适用于“刑罚暂缓执行以接受考验”（Aussetzung der Strafe auf Bewährung）或“余刑暂缓执行以交付考验”（Aussetzung des Strafrestes auf Bewährung），因为此处占主导地位的是直接而纯粹的特殊预防的考量（《刑法典》第56条第1款和第2款，第57条第1款和第2款）：因较不利的评估会导致缓刑受到拒绝，这就给予罪责刑罚以一种安保刑罚任务。有关类别上的统一（Sorteneinheit）的界限，参见罗加尔（Rogall），“书评”（Besprechung），《歌特达玛刑事法档案》（*GA*），2009，第375页及以下（第378页）。

② 作者在本文中接受了费尔巴哈的立场，主张刑罚作为一种去人格化的强制。但另一方面也接受了黑格尔的立场以及帕夫利克的观点，因而认为强制的施加正是基于对被强制者（罪犯）的尊重，尊重他是一个人格。综合这两个方面，作者似乎认为，去人格化正是对人格受到除却之人的人格的尊重。从这点来看，作者主要参照的是黑格尔的法哲学体系，但在该体系中吸收了费尔巴哈的结论。就本自然段所处的主题而言，他与帕夫利克的区别主要在于对保安监督的定位。——译者注

③ 参见雅科布斯《评在当今挑战下的刑法自我理解》（“Das Selbstverständnis der Strafrechtswissenschaft vor den Herausforderungen der Gegenwart. Kommentar”），载埃塞尔等编《在千年转折点前对于德国刑法学的回顾与前瞻》（*Die Deutsche Strafrechtswissenschaft vor der Jahrtausendwende. Rückbesinnung und Ausblick*），2000。

④ 关于此处的和卡尔·施米特（Carl Schmitt）的敌人概念［《政治的概念》（*Der Begriff des Politischen*），1927/1932年］之间（实际上不存在）的关系，参见雅科布斯《敌人刑法？——论法权本身的条件》，载《刑法类最高法院判决》（*HRRS*），2006，第294页；对此参见佩夫根《公民刑法、预防法以及敌人刑法?》（“Bürgerstrafrecht，Vorbeugerecht，Feindstrafrecht?”），载伯瑟尔（Böse）《刑法与刑事诉讼法的基础》（Grundlagen des Straf-und Strafverfahrensrechts），载《阿梅隆祝寿文集》（*FS Amelung*），2009，第85~86页及康德《道德形而上学》（*Metaphysik der Sitten*）。毕竟还是有反对观点的证明。斯图宾格（Stüb-（转下页注）

对比公民刑法。[①]所谓的"敌人"就是那种人，"其态度……或在谋生的问

（接上页注④）inger）：《论卡尔·施米特的敌人概念在反恐战争中的运用：有关例外状态下法与政治的关系》（"Der Feindbegriff Carl Schmitts im Antiterrorkrieg. über das Verhältnis von Recht und Politik im Ausnahmezustand"），载《安西拉法学》（*Ancilla Juris*），2008，第73页及以下；多尼尼（Donini）：《刑法和"敌人"》（*Strafrecht und der Feind*），2009。他虽然看见，施米特所谓的敌人"既非不正义的、不道德的人，更非犯罪的人（第9页），却没有［进一步］从中推出，我在此处所使用的概念（iminicus［私敌］）显然并非施米特所指的那种概念（hostis［公敌］）"。许内曼：《敌人刑法不是刑法》（"Feindstrafrecht ist kein Strafrecht"），载格里斯鲍姆（Griesbaum）等编《内姆祝寿文集：刑法和司法给付》（*Strafrecht und Justizgewährung. FS. Nehm*），2006，第222～223页，声称康德仅仅在国际法的层面上使用敌人概念。许内曼的这一看法显然没有道理。康德在"论永久和平"（第2版，1796，引自魏施德尔版，第7卷，1964，第191页及以下［第203页脚注］［8，349］）中论述了（对他人）"采取敌对态度"的许可，当此人实际伤害到"我"的时候。这里涉及的主要是"我的"敌人。"我的"，"我"，"两者"等字眼出现了不下六次深入的研究，参见瓦勒（Perez del Valle）《论敌人刑法的法哲学证成》（"Zur rechtsphilosophischen Begründung des Feindstrafrechts"），载帕夫利克《刑法学理论》（"Strafrechtswissenschaftstheorie"），载《雅科布斯祝寿文集》（*FS. Jakobs*），2007，第515页及以下（第519页及以下）。［参见〔德〕斯特凡·希克《作为调节性观念的敌人刑法》，谭淦译，载陈兴良主编《刑事法评论》第35卷，2015："对于施米特来说，朋友和敌人表示人（Menschen）联合或解体的最终目的。这一区别不是法学上的，而是纯政治性的，它正是建构政治的根本区别。敌人（Feind）是现实存在的他者（Andere）或外人（Fremde），在最严峻的冲突场合中，与之可能发生战争。谁是敌人，只是那些作为朋友与某个政治共同体联合在一起的人的规定，这些人根据特定的标准与该共同体联合在一起：语言、宗教、人种等。然而，施米特将此种意义上的敌人，即公敌（hostis），严格区别于私敌（inimicus），后者是人们基于不同原因感到嫌恶的人。就此而言，敌人不是罪犯，正如朋友与敌人之间的政治区别与善与恶之间的道德区别完全不同。"——译者注］

① 雅科布斯：《评在当今挑战下的刑法自我理解》（"Das Selbstverständnis der Strafrechtswissenschaft vor den Herausforderungen der Gegenwart. Kommentar"），载埃塞尔等编《在千年转折点前对于德国刑法学的回顾与前瞻》（*Die Deutsche Strafrechtswissenschaft vor der Jahrtausendwende. Rückbesinnung und Ausblick*），2000，第51页；第一次是在他的《法益侵害准备阶段的犯罪化》（"Kriminalisierung im Vorfeld einer Rechtsgutsveretzung"），载《整体刑法学杂志》（*ZStW*），1985，第751页及以下（第783～784页）；此后，他的"公民刑法"［雅科布斯：《法权强制与人格性》（*Rechtszwang und Personalität*），2008；也载于《刑事法之基础与界限：洪福增教授纪念专辑》（*Foundations and Limits of Criminal Law and Criminal Procedure: An Anthology in Memory of Professor Fu-Tseng Hung*），台北，2003，第41页及以下］；他的"敌人刑法"［雅科布斯：《敌人刑法？——论法权本身的条件》，载《刑法类最高法院判决》（*HRRS*），2006］；他的《法律价值指引的边界：敌人刑法》，载 Parmas u. a.（Hrsg.），*Nullum ius sine Scientia.* FS Sootak，Tallin 2008，S. 131 ff.。莫尔格《敌人刑法：一个批判性分析》（Feindstrafrecht-Eine kritische Analyse），罗列了有关这个主题的几乎所有德语文献；这位女学者在该著作里直到第189页基本展示了相关讨论的现状；翔实的文献综述也见B. 海恩里希《在危险防御中的刑法界限：我们需要或者我们拥有"敌人刑法"吗?》，（转下页注）

题上……或者在参加组织的问题上……，不仅仅是暂时，而是大致总是偏离法的要求，就此而言，就连最低限度的具有人格属性的行动都得不到保证，而且这一缺陷也透过其行动得到了呈现”。[①]

敌人刑法与公民刑法的对立造成的结果大概是众所周知的，并且这也提前表明，德语和西班牙语刑法学的支持者（就我所知，持此立场的大多来自这两个领域）打心底里就对各自的宪法拥有一幅理想的图景。[②]显然，

（接上页注①）载《整体刑法学杂志》（*ZStW*），第121期，2009，第101页；参见帕夫利克《恐怖分子及其法权：现代恐怖主义的法权地位》（“*Der Terrorist und sein Recht. Zur rechtlichen Einordnung des mordernen Terorismus*”），2008。关于西班牙语地区的状况，参见Cancio Mélia u. a.（Hrsg.），Derecho penal del enemigo，Bde. 1. und 2.，Madrid und Buenos Aires 2006；较多的证据参见Polaino Orts《敌人刑法：基本原理、意义的潜力和有效性的限度》（*Derecho penal del enemigo：Fundamentos，potencial de sentido y limites de vigencia*），巴塞罗那，2009，多处。

① 雅科布斯：《评在当今挑战下的刑法自我理解》，第52页。敌人的地位是被授予的；也就是说，敌人是一种在交往中产生的构造，并且恰恰因而不能在交往中遭到无视，类似的观点参见许内曼《20世纪末以后的德国刑法学》（“Die Deutsche Strafrechtswissenschaft nach der Jahrtausendende”），载《歌特达玛刑事法档案》（*GA*），2001，第205页及以下［第212页］；他的《法权强制与人格性》（*Rechtszwang und Personalität*），2008，第225页；斯图宾格《敌人概念》（《论卡尔·施米特的敌人概念在反恐战争中的运用：有关例外状态下法与政治的关系》，第88页及以下）；还有他的《“理念化的”刑法：论刑事理论和刑事程序法学说中的自由和事实》（*Das“idealisierte” Strafrecht. über Freiheit und Wahrheit in der Straftheorie und Strafprozessrechtslehre*），2008，第154页及以下［第178~179页］。概念的影响力，参见佩夫根《公民刑法、预防法以及敌人刑法?》（“Bürgerstrafrecht，Vorbeugerecht，Feindstrafrecht?”），第121~122页。其实这个根本不成问题，成问题的是社会规范结构的合法性。因此，标签理论（labeling approach）只有作为结构批判的时候才是有意义的；对猎巫（Hexenverfolgung）的批判同理（就此而言，斯图宾格《敌人概念》第89页的论述过于笼统）。

② 然而持较为谨慎立场的是霍尔勒（Hörnle）［《“敌人刑法”概念的描述维度和规范维度》（“Deskriptive und normative Dimensionen des Begriffs ‘Feindstrafrecht’”），载《歌特达玛刑事法档案》（*GA*），2006，第80页及以下］；总体上持同样见解的是B. 海恩里希《在危险防御中的刑法界限：我们需要或者我们拥有‘敌人刑法’吗?》，尤其是他在展示该发展趋势的时候（第112页及以下）；意识到问题的是多尼尼《刑法和“敌人”》（*Strafrecht und der Feind*），尤其第23页，第33页及以下（第97页及以下，多处）（多尼尼的观点，也参见下方注释）；持同意见解的参见Perezdel Valle《论敌人刑法的法哲学证成》（*Zur rechtsphilosophischen Begründung des Feindstrafrechts*），第515页及以下；Polaino Navarrete《敌人刑法的刑罚机能》（“Die Funktion der Strafe beim Feindstrafrecht”），载帕夫利克《刑法学理论》（“Strafrechtswissenschaftstheorie”），载于他编的《雅科布斯祝寿文集》（*FS. Jakobs*），2007，第529页及以下；Polaino Orts，*Derecho penal del enemigo. Desmitificacion de un concepto*，Lima 2006；还有在上方注释中提及的他的著作《敌人刑法：基本原理、意义的潜力（转下页注）

普遍存在着一种不满（Unwille），这种不满针对的却是板上钉钉的事实，尤其涉及“人格”和“强制”这两个概念。而在这种不满的背后是如下观点：仿佛并非每一个（非帮助性质的）强制都是去人格化的。诚然，在一般积极预防[①]的框架下施加的刑罚还是被理解为损害补偿，并且在损害得到弥补之后，人格领域就恢复其原有的秩序。但直到弥补之前，都谈不上恢复，即便有待接受惩罚的人作为人格要对这种无序负责。只是，把一个服（大概）10 年有期徒刑的罪犯称为完全意义上的人格，只会让康德和费尔巴哈感到震惊，因为这种观点与他们对人格和强制的理解完全相左。

在对已发生的行为加以惩罚的时候，就对罪犯作出了责难（Vorwurf）：“你已经以有责的方式对我们造成损害（并且因而必须对我们有所补偿）”；这里毕竟还是和罪犯有所对话。而对将来行为的预防则涉及一种排除：“从认知上来看，他是一个可疑的现象，我们要对之加以预防。”因为这个至少部分地带有排除性质的保安处分或安保性质的刑罚，我选择“敌人刑法”这个表述，而且我觉得，这个表述比外延广得多的安保刑法（Sicherungsstrafe）更为精准，因为从后者中无法准确推断出，人们打算预防的危险正是未来的犯罪。

公民刑法与敌人刑法的对立实际上涉及同一个理想型（Idealtypen）的两个方面。[②]所谓理想型就是以概念来把握的典型，这样的典型在现实中

（接上页注②）和有效性的限度》（*Derecho penal del enemigo: Fundamentos, potencial de sentido y limites de vigencia*）。有关近来的国际刑法形势的深入研究，参见克雷斯（Kreβ）《第三代国际刑法反对跨国的私人暴力吗?》（“Völkerstrafrecht der dritten Generation gegen transnationale Gewalt Privater?”），载汉高（Hankel）编《权力与法：21 世纪初国际法与国际刑法论文集》（*Die Macht und das Recht. Beiträge zum Völkerrecht und Völkerstrafrecht am Beginn des 21. Jahrhunderts*），2008，第 323 页及以下。

① 对此参见雅科布斯《国家的刑罚：意义和目的》（*Staatliche Strafe: Bedeutung und Zweck*），2004，第 31 页及以下；他的《刑法总论：基础和归责学说》（*Strafrecht Allgemeiner Teil. Die Grundlage und die Zurechnungslehre*），第 2 版，1991，1/4 及以下。

② 雅科布斯：《法权强制与人格性》（*Rechtszwang und Personalität*），2008，第 88 页；他的《敌人刑法？——论法权本身的条件》，载《刑法类最高法院判决》（*HRRS*），2006，第 293 页；也参见霍尔勒《“敌人刑法”概念的描述维度和规范维度》（“Deskriptive und normative Dimensionen des Begriffs ‘Feindstrafrecht’”），载《歌特达玛刑事法档案》（*GA*），2006，第 81 页；莫尔格：《敌人刑法：一个批判性分析》（*Feindstrafrecht-Eine kritische Analyse*），2009，第 39 ~ 40 页，以及多处。多尼尼认识到“公民”概念和“敌人”概念的理想型属性（转下页注）

从来不会以如此单纯的方式存在，即便就敌人刑法而言，关塔那摩监狱（das Lager in Guantanámo）已经接近这个理想型，并且与一种广泛流传的观点不同，这个监狱的设立完全值得讨论，因为即便在暴力犯罪以后，监狱的强制措施，仍然对将来犯罪行为的预防有所助益。

在德国刑法中，那些旨在剥夺自由的保安处分淋漓尽致地体现了敌人刑法的精神，[①]也就是保安监督（《刑法典》第66条及以下）以及收容于精神病院（《刑法典》第63条）或者收容于戒除瘾癖的机构（《刑法典》第64条），再者就是针对有特别严重情节的犯罪集团的头目和其他成员的条款（《刑法典》第129条），以及整个对抗恐怖组织的刑法规范[②]（《刑法典》第129条a、b）；此外还有法律上的刑法规范。这些规范旨在（授权）追踪那些严重威胁国家的暴力行为的准备。[③]除了这些情形，还有大量的案件，其即将发生的不法让刑法可以对之提早介入，而不需要猜测行为人是否已经在一定程度上持续地违背法律或法律的部分。总之，敌人刑法的涉及面相当广泛，行为人仅仅在一个情形下没有提供认知上的保障，任何情况下，

（接上页注②）［参见多尼尼《刑法和“敌人”》（*Strafrecht und der Feind*），2009，第41页及以下］，却没有看见，我所运用的“非人格”概念虽然比较不中听，却同样涉及一个理想型，第38页及以下，第46页及以下，多处。

① 要让法权强制变得无害，见葛塞尔（Gössel）《再谈敌人刑法：论人、个体和法权人格》（“Widerrede zum Feindstrafrecht-über Menschen, Individuen und Rechtspersonen”），载霍耶尔等编《施罗德祝寿文集》（*FS Friedrich-Christian Schroeder*），2006，第33页及以下（第47页）。

② 佩夫根：《公民刑法、预防法以及敌人刑法？》（*Bürgerstrafrecht, Vorbeugerecht, Feindstrafrecht?*），第102页，他正确地理解这类犯罪的程序方面。Cancio Meliá：《论犯罪组织的不法：危险与意义》（“Zum Unrecht der kriminellen Vereinigung: Gefahr und Bedeutung”），载帕夫利克《刑法学理论》（“Strafrechtswissenschaftstheorie”），载于他编的《雅科布斯祝寿文集》（*FS. Jakobs*），2007，第27页及以下（第48页及以下），他尝试不是从行为人刑法，而是从行为刑法的角度来理解《刑法典》129条a和b，与此同时，为一种量刑幅度的裁减作辩护。

③ 对此参见齐白（Sieber）《刑法新杂志》（*NZtZ*），2009，第353页及以下，他在第354页重述了一个初步的理解。齐白认为，当一个惩罚不是基于行为人的危险性而施加（第356页），而是基于行为的危险性（但正如在犯罪未遂的情形中“根据行为人的计划”来确定一样）而施加的时候（第362页），刑法是合法的。齐白没有认识到，即便是犯罪未遂也已经是对规范的破坏［参见雅科布斯《国家的刑罚：意义和目的》（*Staatliche Strafe: Bedeutung und Zweck*），2004，25/21］，而在犯罪预备的情形中，规范的破坏还只是一种威胁：法益保护和敌人刑法（相反立场，参见齐白，第356页）并非对立之物。

涉及的都是——高度成问题的——安保法。以下是一些例子。

我认为对犯罪预备的处罚规则①（《刑法典》第30条）的刑罚过重，因而是不合法的——其量刑幅度达到了犯罪未遂的最低刑，比如谋杀罪的预备对应的自由刑幅度就是3年到15年（《刑法典》第211条第1款，第49条第1款第1项）。这个过大的刑罚威慑并非基于以下想法，这种想法猜测，行为人有一种深入骨髓的犯罪态度；因此它不是安保刑罚，而是对即将发生的不法予以刑事惩罚。在1876年的德意志帝国引进了一种对犯罪预备的刑事威慑达到5年的监禁（而不是劳改［Zuchthaus］），作为对俾斯麦的谋杀的准备的回应，这是一个对于现实不法的回应，这种现实的不法就是对公共安全的妨碍，而今天的量刑幅度则显然针对未来的行为（显然，法院不会或者顶多是例外地用尽这一幅度）。② 这个1943年引入的刑罚幅度的界限处在犯罪预备和未遂之间。③ 如果这样一种幅度设置在通行的文献中没有引起注意，则证明了一种理论空白，该空白可以与公民刑法－敌人刑法的混同相提并论。

可以作为另一个有关对未来不法加以处罚的例子的，大概是保险诈骗罪或者伪造文书罪。在保险诈骗罪中，光是出于诈骗的目的对一个投了保险的物件加以隐匿，即构成了既遂。④ 而对于伪造文书罪而言，《刑法典》自1943年即开始规定，只要是生产虚假的文书就足以构成既遂。⑤ 当职

① 对这一规则的发展的深入研究，参见J.－D.布什（J.－D. Busch）《未遂的参与的可罚性与〈刑法典〉49条a的历史》（*Die Strafbarkeit der erfolglosen Teilnahme und die Geschichte des* §49a StGB），1964。

② 雅科布斯：《法益侵害准备阶段的犯罪化》（“Kriminalisierung im Vorfeld einer Rechtsguts-veretzung”），载《整体刑法学杂志》（*ZStW*），1985，第752页及多处；他的《敌人刑法？——论法权本身的条件》，载《刑法类最高法院判决》（*HRRS*），2006，第47～48页；也参见多尼尼（Donini）《刑法和“敌人”》（*Strafrecht und der Feind*），2009，第95页。

③ 博恩克：《作为规范效力理论和人格理论的敌人刑法》（“Feindstrafrecht als Theorie der Normgeltung und der Person”），载《刑法类最高法院判决》（*HRRS*），2006，第64页；雅科布斯：《法益侵害准备阶段的犯罪化》（“Kriminalisierung im Vorfeld einer Rechtsgutsveret-zung”），载《整体刑法学杂志》（*ZStW*），1985，第752页。

④ 金德霍伊泽尔：《罪责与刑罚：论“敌人刑法”》，载霍耶尔等编《施罗德祝寿文集》（*FS Friedrich-Christian Schroeder*），2006，第95页，正确地评论道：这虽然有所提前，却不涉及狭义的敌人刑法。

⑤ 对此，参见雅科布斯《伪造文书罪：对诈骗罪的修正》（*Urkundenfälschung. Revision eines Täuschungsdelikts*），2000，第89页及以下。

业性或团伙性充当刑罚或刑罚加重的理由的时候，情况有所逆转：此时，深层次的易于犯罪的（人员）结构决定了不法，至少部分如此。就像职业性体现了公民刑法中的敌人刑法结晶（Einsprengsel）一样，在这种逆转中，敌人刑法保持由公民刑法来贯彻，比如通过不明确性的禁止（《基本法》第103条第2款）或者通过一个至少在很大程度上满足法治国原则的程序，在其中，比如监听或秘密调查在一种与公民刑法相抵牾的程序中不该被使用，但这并不意味着，这些措施不可用来对抗敌人。细节有待论述。

然而所有这些，就像不断地在对理想型的现实性作检验的情形，都是有一定不确定性的，甚至经常被指责为不正确。[①] 谁不能面对这种不确定性，理当转向规范逻辑：在这门学科里，至少存在一些明确的界限。以下声称则是更少被提出的：因为不确定性，存在着对不明确性禁令的违反；[②] 仅仅因为敌人符合了抽象的类型而随随便便对之作出反应，是不严谨的思考，正确的做法是，敌人的行为（顶多作为地域性的敌人行动）和反应必须在法律上得到规定。

值得重视的是（由我提前提出的）[③] 以下批评：在敌人刑法中，涉及的

---

① 霍尔勒：《“敌人刑法”概念的描述维度和规范维度》（*Deskriptive und normative Dimensionen des Begriffs* “*Feindstrafrecht*”），第95页；撒利格（Saliger）：《敌人刑法：批判性的或极权主义的刑法概念》（“Feindstrafrecht：Kritisches oder totalitäres Strafrechtskonzept”），载《法学家报》（*JZ*），2006，第756页及以下（第761页）；Ambos：《敌人刑法》（“Feindstrafrecht”），《瑞士刑法杂志》（*SchwZStr*）第124期，2006，第1页及以下（第15页及以下）；金德霍伊泽尔：《罪责与刑罚：论“敌人刑法”》，载霍耶尔等编《施罗德祝寿文集》（*FS Friedrich-Christian Schroeder*），2006，第95页；莫尔格：《敌人刑法：一个批判性分析》（*Feindstrafrecht-Eine kritische Analyse*），2009，第257页及以下，第272页及以下，有进一步的证据。

② 莫尔格：《敌人刑法：一个批判性分析》（*Feindstrafrecht-Eine kritische Analyse*），2009，第272页及以下，第278页；Conzález Cussac：《“敌人刑法”：在法治国母体中复活的专制思想》（“*Feindstrafrecht*”. *Die Widergeburt des autoritären Denkens im Schoβe des Rechtsstaates*），2007，第37页及以下，第40～41页。一个敌人或者一个公民受到惩罚，这是对一个现成的刑法情形，而不是对比如犯罪构成要件要素所作的解释。

③ 雅科布斯：《评在当今挑战下的刑法自我理解》（*Das Selbstverständnis der Strafrechtswissenschaft vor den Herausforderungen der Gegenwart. Kommentar*），第53页。

不是法权,[①] 因为法权是一种人际关系，并且不允许去人格化。然而，法权与去人格化的关系事实上并非如这种批评所理解那般。与法权相结合的强制旨在辅助以及贯彻法权，更重要的是，这种强制是对人格的外在管理，因而去人格化，更准确地说，即便强制的必然性由被强制的人所引发，也是成立的[参见上文一（一）]。对于刑事强制而言，我建议联想上文中已经被提及过的伤害补偿的形象：（有待）被强制的人应当重新被强制为与法权相兼容。那种旨在阻止未来行动的强制则与此不同：此处，比如在保安监督的情形下，涉及的不是法权关系的新秩序，而是涉及（通常而言部分的）排除（Exklusion）[②]，以及就情形与被排除的人相关而言，不涉及法权，而是关涉战争。[③]

然而，这并非意味着排除和法权无关：就前者（局部地、大概通过监禁）给被排除者提供一种程序（可能同时是一个复归社会的程序）而言，被排除者一直被包括在法权的领域之中，并且除此以外，法权存在于其他公民（他们一直受到约束）之间,[④] 以这种方式并且只以这种方式来处理（局部地）受到排除的人。[⑤]

排除之所以产生，在于行为人没有为未来的法权态度提供保障，也就是说，他的人格性没有在认知上得到足够的证明。排除对于行为人而言并非什么不公的命运，因为所有（具有价值指引功能）规范性的制度都是认

① Cancio Meliá:《敌人“刑法”?》,《整体刑法学杂志》(*ZStW*) 2005 年第 117 期，第 267 页及以下（第 267 页的标题，第 286 页的注脚 68，第 288 页）；Ambos:《敌人刑法》(“Feindstrafrecht”),《瑞士刑法杂志》(*SchwZStr*) 第 124 期，2006，第 26 页；博恩克:《作为规范效力理论和人格理论的敌人刑法》(*Feindstrafrecht als Theorie der Normgeltung und der Person*)，第 70 页；米西希（Müssig）:《作为秩序的例外状态：论“敌人刑法”的概念和观念》(“Ausnahmezustand als Ordnung: Zum Begriff und Konzept eines ‘Feindstrafrechts’”)，载《当代文献第 MMVII 期：克劳斯－迪特尔·贝克祝寿文集》(*Dona Scripta MMVII. FS Klaus-Dieter Becker*)，第 2 卷，2007，第 1033 页及以下（第 1050 页及多处）。

② 即把人排除出社会。——译者注

③ 雅科布斯:《评在当今挑战下的刑法自我理解》(*Das Selbstverständnis der Strafrechtswissenschaft vor den Herausforderungen der Gegenwart. Kommentar*)，第 53 页。

④ 作为“受约束的战争”的敌人刑法，参见雅科布斯《法权强制与人格性》(*Rechtszwang und Personalität*)，第 92 页；他的《敌人刑法？——论法权本身的条件》，第 44 页；相反的观点参见帕夫利克《恐怖分子及其法权：现代恐怖主义的法权地位》(*Der Terrorist und sein Recht. Zur rechtlichen Einordnung des mordernen Terorismus*)，第 40 页。

⑤ 有关法律的概念，参见哈特（H. L. A. Hart）《实证主义和法与道德的分离》(“Der Positivismus und die Trennung von Recht und Moral”)，载霍尔斯特（Hoerster）编《法与道德》(*Recht und Moral*)，1971，第 14 页及以下（第 50 ~ 51 页）。

知上可以得到证明的，不管是你、我还是他都有责任，[①] 在一定程度上显示出可信赖的品质，易言之，不可能让人期待，这些人会实施较严重的以及最严重的犯罪。不同于科勒（Köhler）最近在一篇有关保安监督的长文中所展示的那样，行为人不是被迫服从于一个让他不适合充当共同体主体（Mit-Subjekt）的"工具性的目的"，[②] 而是通过对责任（Obliegenheit）的损害，使自身变得不适应社会。

行为人有责任自我展示出值得信赖的品质。然而有学者把有关这种责任的设想当作极权主义来加以驳斥，其控诉如下："不但国家有责任保障公民的安全这项基本权利。甚至连个别的公民也有义务去解决安全问题。"[③] 然而，这种极权主义的危险大概毋宁是"从另一个侧面"才能找到的。当仅国家才有义务去关心人格性的可值信赖性的时候（如同康德在他的为"魔鬼民族"设计的公民共同体方案中建议的那样），[④] 监控必然密不透风，因而自由就不再可能了，尤其是鉴于监控者本身也必须受到监控。换言之，认识上的可信赖性是复归的条件，没有这种可信赖性，或者说让敌人复归社会，则社会不可能存续。这意味着，人格性既不是单纯的社会产品，也不是纯然的个体发展之产物，而是社会和个体两方构成的关系之产物。

四　结语

法权与强制权能一体两面；强制就其概念而言是一种外在的管理，是

① 更深入的研究参见雅科布斯《法权强制与人格性》(*Rechtszwang und Personalität*)，第 41 页及以下；更早的研究参见他的《作为法权人格的恐怖分子?》，《整体刑法学杂志》（*ZStW*）第 117 期，2005，第 839 页及以下（第 843 页）。

② 然而以下学者却持此观点，科勒《通过刑罚正义扬弃保安处分》（"Die Aufhebung der Sicherungsmaβregeln durch die Strafgerechtigkeit"），载帕夫利克《刑法学理论》（*Strafrechtswissenschaftstheorie*），第 273 页及以下（第 279 页）。科勒自身在"惯犯"（habitueller Delinquenz）问题上依靠罪责的提高因而就是刑罚的提高，而不是保安监督，第 289 页及多处；对此，参见雅科布斯《法权强制与人格性》(*Rechtszwang und Personalität*)，第 40 ~ 41 页。

③ 撒利格（Saliger）:《敌人刑法：批判性的或极权主义的刑法概念》（"Feindstrafrecht: Kritisches oder totalitäres Strafrechtskonzept"），《法学家报》（*JZ*），2006，第 762 页。

④ 康德:《论永久和平》，第 2 版，1796，引自魏施德尔版，第 7 卷，1964，第 686 页 [8，366]。关于魔鬼民族，参见帕夫利克《康德论魔鬼民族以及魔鬼国家》（"Kants Volk von Teufeln und sein Staat"），载伯德（Byrd）等编《法与伦理年刊》（*Jahrbuch für Recht und Ethik*）第 14 卷，2006，第 269 ~ 271 页（第 270 ~ 271 页）。

一种去人格化的活动。据此，法权与一种权能相结合，凭此权能，可以除却他人的人格。在基础性的情形中——刑法、强制执行以及醉酒管束（Ausnüchterung），人们有理由期待，强制结束以后，是全面的人格恢复。如果承认这种全面不受约束的人格性的期待实现的引领价值，则它必须首先在认识上得到论证。而如果缺少这种论证，则必须通过强制的方式建立起安全，我称其为：要像对待敌人一样来对待不值得信任的新兵（Kontonist）。一个没有能力挫败其敌人的社会，[①] 是走向毁灭的社会，并且当它不走向毁灭之时，则表明，它仍然有能力压制其敌人（即便它不敢这样称呼这一做法）。

在何种意义上必须践行上述对敌举措，取决于两个因素，即公民安保的需要以及不值得信任的人运用其暴力的潜在可能性。而这两个因素都有可能受社会、法律的执行者和国家的影响。即便如此，以下假设是不可能得到证成的，这种假设认为，人们可以直接过渡到完善的、可以持续而完全地容纳一切人的社会日常秩序中。毋宁说，法律若要发挥指引作用，则也要认识到例外情形，针对恐怖分子的形成，要有保安监督、严酷的刑罚，要有窃听措施、秘密调查以及针对此类例外的其他措施，因此，国家的这些措施不是针对公民的，而是为了让敌人变得无害。国家难道不应当采取这些措施吗？难道国家应当坐以待毙吗？[②] 如果答案是否定的，则它必须能

---

① 雅科布斯：《评在当今挑战下的刑法自我理解》（*Das Selbstverständnis der Strafrechtswissenschaft vor den Herausforderungen der Gegenwart. Kommentar*），第 53 页。

② 宁愿选择毁灭的有杨恩（Jahn）《国家紧急状态的刑法：刑法的正当化理由及其与当代宪法和国际法上的干涉的关系》（*Das Strafrecht des Staatsnotstandes. Die strafrechtlichen Rechtfertigungsgründe und ihr Verhältnis zu Eingriff und Intervention im Verfassungs-und Völkerrecht der Gegenwart*），2004，多处。对此参见雅科布斯《书评》（Bechsprechung），载《整体刑法学杂志》（*ZStW*）第 117 期，2007，第 418 页及以下［第 425 页］。博恩克：《作为规范效力理论和人格理论的敌人刑法》（*Feindstrafrecht als Theorie der Normgeltung und der Person*），第 70 页；基尔哈克：《法权领域中的对敌行动？批判所谓的敌人刑法，兼论雅科布斯的刑罚理论》（"Feindbehandlung im Recht? Eine Kritik des sogenannten Feindstrafrechts und zugleich eine Auseinandersetzung mit der Straftheorie Günther Jakobs"），第 361 页及其他页数。面对这一结论，莫尔格感到震惊：她虽然打算这样来理解《基本法》第 1 条第 1 款："原则上禁止一种刑法上较差的地位，这种地位奠立在内在于人格的危险性之基础上。"（莫尔格：《敌人刑法：一个批判性分析》，第 284 页）却以一个修辞式的用语"法益保护"（参见比如《刑法典》第 30 条，第 254 ~ 255 页）来对刑罚作漫无边际的辩护，但前提是在毁灭前能够找到保存国家的手段。伴随着存续和毁灭的对立，经常受到反复斟酌的问题也得到解决，即到（转下页注）

够现实地迎接敌人的挑战；抽象的法权形式和现实的法权恰恰不可同日而语。

(接上页注②) 底是选择被描述的东西还是概念上的合法性：着眼于自身实现条件的法只会对以下一类人提出不可解决的合法性问题，这类人偶尔选择让国家立刻毁灭。但是，只有当法治国成为假象的时候，毁灭才有可能出现。也有人认为，不可能系统地展示敌人刑法，对这种所谓的不可能性的解释参见 Gómez《敌人对决敌人刑法：有关敌人刑法的欧洲讨论及其对于英美对非法的敌人的法律地位之讨论的相关性》，第 546 页及以下；辛恩《现代的犯罪追诉：通向敌人刑法的道路》(*Moderne Verbrechensverfolgung-auf dem Weg zu einem Feindstrafrecht*)，第 114 页；米西希 (Müssig)《作为秩序的例外状态：论“敌人刑法”的概念和观念》(“Ausnahmezustand als Ordnung: Zum Begriff und Konzept eines ‘Feindstrafrechts’”)。我无法理解这类解释。在一种社会系统理论中，要对（特定的）排除进行解释，并不困难；参见卢曼 (Luhmann)《排除与整合》(“Exklusion und Inklusion”)，载他的《社会学的启蒙》(*Soziologische Aufklärung*)，第 6 卷，1995，第 237 页及以下；他的《社会的社会》(*Gesellschaft der Gesellschaft*)，第 2 卷，1997，第 618 页及以下；雅科布斯：《人格性与排除》(“Personalität und Exklusion”)，载库拉基斯 (Kourakis) 编《21 世纪的刑法学：斯皮内利祝寿文集》(*Die Strafrechtswissenschaften im 21. Jahrhundert. FS Spinellis*)，第 1 卷，2001，第 447 页及以下。以下宣称，“所有人任何时候的永恒而完整的人格性属于社会的自我描述”，与大量的法律制度并不相适，比如紧急防卫或保安处分。总之，它与所有非帮助性的法权强制不相适 [有关帮助性的法权强制，参见上文原始页码 169 结尾部分——译者注]。我不想研究一些较温和的反对论点，比如，敌人刑法“顶多是误导性的寓言”。参见许内曼《20 世纪末以后的德国刑法学》(“Die Deutsche Strafrechtswissenschaft nach der Jahrtausendende”)，载《歌特达玛刑事法档案》(*GA*)，2001，第 113 页。是“可有可无的过渡概念”[格力克 (Creco)，《论所谓的敌人刑法》(über das sogenannte Feindstrafrecht)，载《歌特达玛刑事法档案》(*GA*)，2006，第 96 页及以下（第 113 页）]，并非一个“科学的概念”[辛恩 (Sinn)，《现代的犯罪追诉：通向敌人刑法的道路》(*Moderne Verbrechensverfolgung-auf dem Weg zu einem Feindstrafrecht*)，第 127 页；类似的参见弗利许 (Frisch)《刑罚概念与欧洲刑法的发展》，载《歌特达玛刑事法档案》，2009，第 385 页及以下（第 397 页）][不值得“解决实质问题——但适合于标记发展状况”]；金德霍伊泽尔：《罪责与刑罚：论“敌人刑法”》，载霍耶尔等编《施罗德祝寿文集》(*FS Friedrich-Christian Schroeder*)，2006。有关这个概念的科学性，参见上方注释 13 及相应的文字。我必须感谢一些善意的提醒，这些提醒建议我悬崖勒马，劝诫我不该让辉煌的德国刑法学在国际上蒙羞 [许内曼：《敌人刑法不是刑法》(*Feindstrafrecht ist kein Strafrecht*)，第 220 ~ 221 页]，不要让德国刑法在拉丁美洲产生负面的影响 [Ambos：《敌人刑法》(*Feindstrafrecht*)，《瑞士刑法杂志》(*SchwZStr*) 第 124 期，2006，第 23 页]，除此以外，我应当让现实回归法治国的水平（基尔哈克：《法权领域中的对敌行动？批判所谓的敌人刑法，兼论雅科布斯的刑罚理论》，第 360 ~ 361 页），并且尤其在我谈论和写作理论之前，应当先慎重考虑其严重后果 [埃塞尔：《最后的观察》(“Schlussbetrachtung”)，载于他的《在千年转折点前对于德国刑法学的回顾与前瞻》(*Die Deutsche Strafrechtswissenschaft vor der Jahrtausendwende. Rückbesinnung und Ausblick*)，2000，第 443 页及以下] 换个角度来看便是声名狼藉的“徒劳”[许内曼：《20 世纪末以后的德国刑法学》(“Die Deutsche Strafrechtswissenschaft nach der Jahrtausendende”)，载《歌特达玛刑事法档案》(*GA*)，2001，第 211 页]。值得一提的是，在塞维利亚大学 (Universität Sevilla)，“敌人刑法”在四个月内以每周 2 小时的频率被当作选修课予以开设，安慰不可谓不大矣。

克劳斯·罗克辛教授访谈*

〔德〕托马斯·杜夫** 著

周子实*** 译

2006年1月，慕尼黑。在慕尼黑大学的法学院，克劳斯·罗克辛（Claus Roxin）坐在一间小办公室内，被书的高塔所包围：他的刑法学总论教科书第1卷的第4版刚刚出版。从这里出发，几十个样本将去往世界各地，从韩国到阿根廷的科尔多瓦，点缀着作者那个性化笔迹的题词。对于所有这一切，他都需要独自操劳，在这个被规定为"第三方中介房"的地方——这个房间属于他的教席继任者，他每周只能来使用一次；人们不禁会想，德国的大学没有真正认识到应当如何对待这些退休教授给它们带来的巨大资本。

当克劳斯·罗克辛站起身迎接进门的客人时，房间就显得更加简朴了。即使已经75岁，也无损他那伟岸的身姿。一代又一代的学生在课堂上认识他，那时他带着鼓励的目光，声音越过一排排座位，敦促着人们进行反思。之前人们将这样的人称为"讲台之星"。罗克辛的一堂课会让人终生难忘。

---

* 原文在2006年5月15日发表于在线电子期刊《法律史论坛》（*Forum Historiae Iuris*），访问地址为 http://www.forhistiur.de/en/2006-05-duve/?l=de。

** 被访问人是德国慕尼黑大学著名刑法学者克劳斯·罗克辛（Claus Roxin）教授，访问人托马斯·杜夫（Thomas Duve）教授当时为阿根廷天主教大学教授，现为德国马克斯·普朗克欧洲法律史研究所所长。

*** 周子实，湖南大学法学院助理教授，德国弗莱堡大学法学博士与马普刑法所博士后。

法学院附近阿德尔伯特大街上一家名为“马里奥”的比萨店是教授们与客人们聚会的场所，克劳斯·罗克辛在这里随和地表达了对这次对话的关心：根据他学术生涯的几个阶段，阐述了作品的时间历史环境。这次对话首要的任务是对20世纪刑法的历史做继续思考与继续工作的鼓励。重点之一是问国际影响，尤其是他的思想对拉丁美洲的辐射效果。因为尽管克劳斯·罗克辛一直都住在德国，但是他被西班牙的同行称为“历史上对西班牙-拉丁美洲最重要与最有影响力的刑法学者”①。14个荣誉博士头衔，这个名单从韩国到希腊、意大利、西班牙、葡萄牙，直到墨西哥、秘鲁、巴拉圭和阿根廷——大量的授奖，他的大量作品被翻译为各种语言，都是南欧与拉美对他崇敬的确实证据。②

即使他在近处欧洲与远处欧洲③法律文化圈取得的巨大成果，建立在这些地方长期移植德国刑法学思想的传统之上，④ 但是他的成果同样是可观的。这是如何发生的？刑法学思想与刑法学理论建构的产生语境与使用语境之间的差别是如何被搭上桥梁的？为什么这样的法律继受可以有效运行？鉴于法律移植现象的传染力，这些问题在全球化社会的当前尤为凸显，即使——正如法律史所展示的那样——“去时代化”（Entzeitung）与法律移植的现象绝不是新鲜事，反而曾是西方法律文化的组成部分。⑤ 由于这些主

① Enrique Gimbernat Ordeig，“Begegnungen eines Strafrechtswissenschaftlers der westlichen Hemisphäre mit Claus Roxin”，in：Bernd Schünemann（Hrsg.），*Claus Roxin. Person-Werk-Epoche*，Herbholzheim 2003，21－25，21.

② Eine aktuelle Bibliographie seiner Werke und der für ihn verfassten Ehrungen und Festschriften findet sich auf der homepage der Juristischen Fakultät der Universität München，http://www.jura.uni-muenchen.de/einrichtungen/ls/roxin/.

③ Vgl. zu der Nähe der Rechtskulturen zum Beispiel die-trotz ihrer zivilrechtlichen Perspektive das Gesamtphänomen beschreibenden-Ausführungen von Eugen Bucher，“Zu Europa gehört auch Lateinamerika!”，*ZEuP* 2004，515－547.

④ Einen überblick geben etwa Miguel Ontiveros Alonso/Mercedes Peláez Ferrusca（Hrsg.），*La influencia de la ciencia penal alemana en Iberoamérica. En homenaje a Claus Roxin*，Band I. Presentación de Rafael Macedo de la Concha，Mexico 2003. Historisch reichen die Einflüsse im Strafrecht weit zurück，vgl. dazu z. B. Thomas Duve，“Die Feuerbach-Rezeption in Lateinamerika”，in：Ralf Gröschner/Gerhard Haney（Hrsg.），*Die Bedeutung Paul Johann Anselm Feuerbachs für die Gegenwart. IVR-Tagung Jena 15. und 16. März 2002*. Stuttgart 2003（= ARSP Beiheft，87），145－158.

⑤ Siehe zur aktuellen Debatte die Beiträge in den Heften Rechtsgeschichte 7（2005）und 8（2006）.

题的范围过于广泛，访谈的形式当然只能作为一个初步的接近手段，一个为了进一步工作而做的对建议与邀请的汇集。同时，2006 年 5 月 15 日正是克劳斯·罗克辛教授的 75 岁生日，值此之际，本次访谈也为赞赏他的影响与作品做出一点小小的贡献。

这次访谈是在 2006 年 1 月 26 日举行的。事前一周将要问的问题提交给了克劳斯·罗克辛，他没加任何修改地接受了。这里呈现的文本是没有删改的原始形式。

问：罗克辛先生，您于 1931 年出生在汉堡，在那里您于 1950 年冬季学期开始了法学学习。在一个面向大学生的演讲中，您曾提到，您的父亲建议您学法学，因为学这个专业之后会有许多的可能性，然后发现——如您自己正是这一生动例子——“实践因理性而结合的婚姻，可以产生真爱”①。关于这一情景，我想问：这一过渡是否有一个显著的切口？有没有哪些特定的学术教师让这个理性的决定变成了爱？您的学术老师海因里希·亨克尔（Heinrich Henkel）在其中发挥了何种作用？

答：海因里希·亨克尔是一名宽厚又体贴的老师：他帮我打开了双眼，看到了法治国刑事诉讼法的重大意义。在埃伯哈德·施密特（Eberhard Schmidt）的论文之外，就数他的教科书对我之后的刑事诉讼法教学产生的影响强烈。我对刑事实体法的热情则是被汉斯·韦尔策尔（Hans Welzel）所唤起的，他的目的行为论在 50 年代刑法体系基础讨论中处于中心地位。我从事刑法学的研究，并深入研究了刑事实体法与刑事诉讼法，是要感谢这两位的。

问：回顾一下您刚开始大学生涯时的时代背景，《基本法》刚生效一年左右，联邦最高法院开始履行职务也才几周而已。您自己曾指出了，您属于必须为联邦共和国打下基础的一代法律人，并谈及了“历史最低点”②。您在法律史期刊上如此写道：“我们只有一次机会，在‘历史最低点’建立

① Claus Roxin, “Vom Beruf des Juristen und vom Studium des Rechts. Vortrag gehalten vor Stipendiaten der Stiftung der Deutschen Wirtschaft”, veröffentlicht unter, http://www.jurawelt.com/artikel/8691.

② Claus Roxin, “Die juristischen Highlights meines Lebens”, in: *Rechtshistorisches Journal* 19 (2000), 637 - 640, 637.

一个议会民主、一个社会的法治国以及法治国所需要的一部以维护基本权利与人权为义务的、合乎人道并同时‘功能运转良好’的刑法，这部刑法将把被那些可怕罪行所毁损的德国法与德国法学的名誉从国际上重新找回来。”您是什么时候发觉站在一个“历史最低点”上的？这是一个事后的判断，还是您年轻时候就已有了这一有意识的动机？

答： 当然存在这样一种危险，即人们将之后才获得的见解归因于自己年轻时候的见解。但是在这件事中，重新开始的意愿与认为其必要与可能的意识被回溯到一个具体的场景。1963 年在萨尔布吕肯举办的刑法教师会议，我是头一回参加，我被邀请去了韦纳·麦霍费尔（Werner Maihofer）的住所，和一群年轻且没有历史负担的刑法学者相聚。在那里，新刑法典的 1962 年“政府草案”被一致批评为落后与保守。在那个时候，就已经谈到了我们年轻人的任务是创建一部新的、法治国－自由的、建立在现代改革运动基础上的刑法。然后，在 1964 年，这一动议打动了来自瑞士的、当时在美因茨教书的同行诺尔（Noll）。他建议共同起草一部全新的刑法典。我们 1966 年关于刑法总则的“选择草案”正是由此而来。

问：“可怕的罪行”对于您发挥着什么样的作用，尤其是纳粹时代的刑法史？在学生与助理圈中会讨论这个问题吗？刑法“脆弱性”的历史经验对于您来说有多重要，即刑法文化的受危害性——正如沃尔夫冈·瑙克（Wolfgang Naucke）的论文集的题目所写的——对于您自己的道路来说有多重要？

答： 关于我在当助理时是否有讨论纳粹时代罪行的问题，要根据参照组区分地回答。在汉堡的时候，我们讨论了很多；因为我的一位助手同事赫伯特·耶格尔（Herbert Jäger）写的教授资格论文就是《极权统治下的犯罪》。

如果人们将我至今坚守的刑法理念作为纳粹时代的反差组进行理解，就会发现我自己的论文也讨论了这些罪行：行为刑法取代思想刑法，法益保护取代义务损害，个人保护取代系统保护，等等。

但是，我也曾研究过纳粹罪行及对其的刑事处理。我的博士论文一公布，就被报纸报道了，题目是“以色列可以判定艾希曼（Eichmann）有罪”。这里有着今天被激烈讨论的关于“组织权力机构下的正犯”的理念的卵细胞。我也在《新法学周刊》（*NJW*）上发文，强烈批判了辩护人拉滕塞尔（Laternser）关于奥斯维辛审判的一本书。我也在 1966 年加入了德国法学家大会常任理事会所召集的专家委员会，这个委员会批评德国法院对于纳粹暴力犯罪过于轻缓的判罚。我的教授资格论文中的正犯理论——甚至独立于我关于组织支配的理念——也受到了它的影响。

允许我回到您一开始提到的问题，从这些情况可以很明显地看出来，我从一开始就是将我刑法学者的工作理解为与过去的决裂，理解为一个新的开始。

问：您在 1957 年博士毕业之后，是否想过从事刑事法官的职业？或者说（意大利的同行特别喜欢将大学工作与法官职务结合起来），您是否被法庭中的工作所诱惑过？

答：我一直觉得法官和律师的职业很有吸引力。但是奇怪的是，我从来没有觉得要去尝试从事这类职业，尽管我可以获得一个兼职法官职位，尽管我可以像一些同行那样去当刑事辩护人。我觉得，原因可能是，我对于研究与教学——这两者是一样的——的兴趣是压倒性的，没有留任何空间给其他的法律职业。毕竟我的妻子是刑事辩护人，我们之间能够相互咨询，这使得我可以维持与实践的间接联系。

问：博士毕业之后，您于 1962 年获得了教授资格。您当时才 31 岁，这在当时也是一个非常年轻的年纪；今天那些教授资格论文写作者的平均年龄是 40 岁。汉堡大学给了您在刑法、刑诉法、法哲学专业上的授课资格，在法哲学这里我想加一句，您在 1962 年写的、产生于您教授资格讲座的论文《对目的行为论的批判》① 中，通过法律理论基本假设强力批判了目的主义。批判的重要出发点是以下核心信念，即刑法不允许与本体的既有事实进行连接。对于这一核心信念，即使是在“战后几年自然法复兴”结束后的所谓“波恩共和国”之中，以及直至今日仍接受目的主义要素的人那里，也不再有人真正提出质疑。您在之后建立了自己的功能的、目的理性的刑法体系，不是以本体的既有事实为导向，而是以特定的刑法的——也就是刑事政策的标准作为导向。对于刑法教义学，您通过这种方式已经解决了本体论论证的问题。那么法哲学家罗克辛又是如何解决的？您认为法的本

① Claus Roxin, “Zur Kritik der finalen Handlungslehre”, *ZStW* 74, 1962, 515 - 561.

体论论证的问题已经通过这种方式解决了么，或者它还是一个——如同康德在类似观点中所表达的那样——无可避免地“骚扰”着您的问题？

答：我的法律圣经一直都是《基本法》，它在我学习法学之前就进入了我的生命。人的尊严、人格的自由展开、平等原则、言论自由和其他法治国的基础，对于我来说永远都是公理，我虽然知道它们的哲学背景，但是我一直认为，它们不再需要我在法哲学上进行耕耘。

此外，我也研究过现代刑法的哲学与法学理论基础问题：启蒙法哲学家如贝卡里亚与霍梅尔，康德与黑格尔，新康德主义与新黑格尔主义，以及韦尔策尔的客观逻辑结构。我在哥廷根的时候，也主持过关于刑法启蒙与黑格尔法哲学的研讨课。

这所有的一切虽然没有出现在法哲学的出版物中，但是在我的刑法学作品中得以凝结。如同我的新版教科书所重点强调的那样，我将犯罪理解为法益侵害，这是建立在启蒙的社会损害理论（Sozialschadenslehre）之上的。我对罪责原则的坚定支持，是观念论的（idealistisch）思想结果。我引发了巨大共鸣的客观归属理论，如同我概念展开的方法——从抽象到具体——最终也是受到了黑格尔的启发。当然，我从来没有加入哪个特定学派，而是总是尝试走自己的路。

问：我能否再问一个关于法哲学基础的问题？当人们问您哪位法哲学家对您的思想特别重要时，您会提到谁？

答：除了前面提过的那些，就是我在慕尼黑的同事阿图尔·考夫曼（Arthur Kaufmann），我自与他商谈他的教授资格论文时起就与他建立了联系。

问：让我们再回到历史环境与您的学术履历上来。读大学、读博士、写教授资格论文，这些都处在关于刑法领域的基础性改革思考的时间段内：1954 年至 1959 年召开了大刑法委员会，并于 1962 年——也就是您获得教授资格的那年——公布了所谓“1962 年草案”，这是一部新刑法典的草案。这是在理论界与实务界的刑法领头人物的参与下产生的。

之后没多久，1964 年，也就是您得到了哥廷根大学的第一份教席之后的一年，刑法教师会议在您的家乡汉堡举行。我们今天看到，在这次会议中出现了联邦共和国刑法历史上的一次重要转折。威因弗雷德·哈色梅尔（Winfried Hassemer）写道：“我从未见过两个阵营（与世代）之间如此鲜明的区分。"[1] 您是否也这么觉得，您能否说说对那次会议的印象，到底发生了什么?

答: 在这次会议上，我们讨论了您所提到的"1962年草案"。许多老一辈同行参与了这个草案的起草工作，而几位年轻的教授在会议上就这一草案与他们发生了争辩。我的任务是，谈一谈该草案中关于错误的规定。我进行了很生动的批评，而韦尔策尔在我演讲之后，从口袋里掏出了一份他所撰写的反击批评的打字稿，完全没了解我的论述。这之后，在一场可能违背议程的协同报告中发生了生动的争论，结束时流传着这样的决议：显著比例的刑法教师与我的观点保持一致。

后来，我们当时的主席恩吉施（Engisch）阻止了决议的做出，他的理由是，刑法教师会议对报告举行投票还没有形成习惯。这是一个明智的行为。因为公开争议会维持对立，而这一对立并非不可调和的。加拉斯（Gallas），一位当时极有影响力的同行，也是"1962年草案"的起草者，在当天晚上邀请我去酒馆，和我兴奋地谈了很长时间；韦尔策尔在之后的岁月里也与我有着很好的关系。

问: 就在那一年，一个年轻刑法学人的队伍被组建起来了，其中包括关键人物克劳斯·罗克辛，这个队伍公布了从那时起直至今日的"选择草案"，对德国的刑事立法与学术讨论产生了重大影响。1969年的《第一次刑法改革法》与《第二次刑法改革法》重新调整了源自1871年的《帝国刑法典》总则部分，明显体现了年轻学者们对"选择草案"的影响。这一共同结果是怎么达成的，在巴特洪堡会议上有没有一个指导精神?

答: 对"选择草案"所做的工作，是前面提过的1963年萨尔布吕肯刑法教师会议的谈话与1964年汉堡会议关于"1962年草案"的争论的结果。根据我的记忆，正式建立工作组，是根据皮特·诺尔（Peter Noll）的动议；在撰写第一部也是最重要的一部关于总则的"选择性草案"时，14位编写者自始至终都在。一开始的几年，我们的会议还不在巴特洪堡，而是不断换着地方。

---

① Winfried Hassemer, "Strafrechtswissenschaft in der Bundesrepublik Deutschland", in: Dieter Simon (Hrsg.), *Rechtswissenschaft in der Bonner Republik. Studien zur Wissenschaftsgeschichte*, Frankfurt/Main 1994, 259-310, 276, Fussnote 53.

问： 您在《整体刑法学杂志》第 81 期（1969 年）发表了弗朗茨·李斯特与“选择草案”的刑事政策理念的文章，[①] 在这里新的方向显而易见。为什么您要提到李斯特，换句话说，为什么您要将改革的思考与历史的角度结合起来？

答： 这个历史的视角是外部原因给我带来的。《整体刑法学杂志》在 1969 年出版了李斯特去世 50 周年的特别刊，我作为该期刊的编辑之一也参与了这个特别刊，围绕这个写一个非常接近的主题。因为李斯特和他的学生拉德布鲁赫的特殊预防刑法理念对于“选择草案”以及我自己的刑事政策理念影响重大。这一影响至少与我之前提到的老一辈哲学家和启蒙法律政策家一样重大。

问： 1970 年 5 月 13 日，您在柏林的演讲“刑事政策与刑法体系”被视为刑事体系思考历史上的里程碑——也许我们可以为那些对德国刑法史还不是很熟悉的读者加上一段，人们大体可以将联邦共和国的刑法学历史分为五个时代：在宾丁与李斯特的体系中达到巅峰的自然主义，引发再规范化的新康德主义，导致非理性主义的整全观察法，来自韦尔策尔的目的主义，以及最后的功能目的理性主义。[②] 据说，您演讲选“刑事政策与刑法体系”这个主题时“犹豫不决”，[③] 实际上它的影响非常巨大。在国外也是，这场演讲当时被翻译成了 6 种语言——西班牙语、日语、英语、韩语、意大利语和葡萄牙语。您有没有想过您的演讲会取得如此大的关注？

答： 没有，我从来没想过，那个演讲中有部分还很简略，是某些方面尚未完全成熟的文本，是一种纲领式的构思。但是这个演讲和其他一些文章一样：反响远远超出了我的预期。

问： 如果我没记错，在同一年，也就是 1970 年，您第一次去了一个西班牙语国家：您在阿根廷布宜诺斯艾利斯的贝尔格拉诺大学举办了一次演

① Claus Roxin，“Franz von Liszt und die kriminalpolitische Konzeption des Alternativentwurfs”，*ZStW* 81（1969），613 – 649.

② Vgl. dazu den überblick von Bernd Schünemann，“Einführung in das strafrechtliche Systemdenken”，in：Bernd Schünemann（comp.），*Grundfragen des modernen Strafrechtssystems*，Berlin 1983，1 – 64.

③ Bernhard Haffke，“Gedanken zum wissenschaftlichen Werk und Stil Claus Roxins”，in：Bernd Schünemann，*Claus Roxin*，op. cit.，31 – 51，40.

讲。这次到访是如何实现的？您对这一次到访有何印象？之后与阿根廷的关系又是如何进展的？

答：正如我旧札记中摘录出来的，我第一次到访布宜诺斯艾利斯是1971年10月7日至15日。它是一场国际会议，一些重要的意大利同行——比如贝迪欧（Bettiol）与瓦萨里（Vassalli）——也都在场。德国人之中，除了我，韦尔策尔和阿明·考夫曼（Armin Kaufmann）也被邀请了。邀请者是巴奇加卢波（Bacigalupo）教授，我在哥廷根时他就已经拜访过我了；动因是《阿根廷刑法典》制定50年的庆典。大会的过程，我已经不太记得细节了。不过我和巴奇加卢波建立了学术关系与私人关系，他之后移民到了西班牙并在那里工作。

问：关于与拉丁美洲的关系，我想等下再问一些相关问题。但我们先看看您的时间年表：1971年，您拒绝了其他大学的教席邀请，去了慕尼黑大学。您是莱因哈德·毛拉赫（Reinhard Maurach）的继任者。我想请问一下，这次变动的主要动机是什么？

答：我从哥廷根转去慕尼黑，有着个人与学术的双重原因。个人原因首先是，我的妻子和我都是来自大城市的，也就是汉堡，所以随着时间的推移，哥廷根这地方对于我们来说太局促了，尽管大学提供了很好的工作条件。还有，慕尼黑在文化上和风景上都比下萨克森更有吸引力。此外还有学术上的原因：尽管哥廷根的法学院也有很重要的教授——比如我那时有弗朗茨·维亚克尔（Franz Wieacker）与韦纳·韦伯（Werner Weber）——但是慕尼黑大学的法学院还是属于顶尖法学院。首先我认为慕尼黑是一个大城市且具有国际吸引力，因此是一个辐射力很强的平台。高校政策也是我离开哥廷根的原因，尽管我一开始在那里过得很舒服。因为我在哥廷根的时候，学生动乱总是瘫痪我的教学与科研，相比之下，在慕尼黑时就像在乐园一样。

问：在慕尼黑，您开始享有一段长时间的外部稳定，并开展了紧张的科研与教学活动。同时，也出现了几十年的重要政治背景变化：在70年代，联邦德国内部有着严重的政治冲突——关键词是所谓的“1968者”，社会科学的兴旺对刑法学有着部分极端的要求，还有“冷战”和直到当时还没有察觉的恐怖主义袭击浪潮。在法律政策层面相应地强化了阵线，这尤其体现在关于诉讼法的讨论中。值得注意的是，在如此法律政策的气候下，您始终通过看似平衡调解，但实际上坚定以改革为导向的方式，致力于构建法治国－自由的刑事诉讼法。您从1969年至今的25版刑事诉讼法教科书是过去几十年这种连贯性的最佳表达。

这些事件——尤其是70年代与80年代初期关于对待恐怖主义的法律政策上的争论——在多大程度上影响了您的学术作品？

您有没有觉得类似于坐在“两张椅子中间”——既要做被很多人认为是国家镇压机器的刑法体系的一部分，但同时又要做自由－法治国刑事诉讼法的捍卫者？您还记得，目前关于所谓“敌人刑法”的讨论在那个时候是什么样子吗？

答：是的，自由主义者坐在右派政党与左派政党的椅子中间，这是对的。对于反恐带来的刑事诉讼上的限制，我一直都是抱怨的，尤其指责这一点：这些限制在德国的恐怖主义结束之后没有再被取消。当然，我对“西德共产主义联盟”（一个当时的左翼激进学生组织）也没有任何尊敬，我斥责他们是“披着羊皮的狼”。但是这并没有动摇我的信念。因为，无论是学生极左主义，还是国家对此的回应，都没有对我们的自由社会构成严重的威胁。

我没有看到与今天“敌人刑法”讨论类似的情况。因为在德国没有学术或政治上的派别在要求敌人刑法。这里涉及的是京特·雅科布斯（Günther Jakobs）创建的概念，它被压倒性地拒绝，而我也不觉得有用，尽管我对这位同行表示非常尊重。在我最新的教科书（2006年第4版第1卷）中，我做了更详尽的表达。

问：我们看看80年代末到90年代，在历史的维度上说，那几年国家重新统一，国内法秩序与国际环境背景的捆绑越来越紧。同时，刑法学也致力于这一问题：人们面对新的挑战，比如工业社会中的风险，应如何做才正确。在这里，我也想问与您的工作相关的历史问题。

我们首先看看国家重新统一。这当然抛出了大量的刑法问题，您的贡献是解决这些问题的基础——人们想到德国境内边界上的枪杀问题，想到消除民主德国《边界法》中的正当化事由的论据。对这一切的讨论太广泛了。因此只问一个最关键的问题：从您的角度看，重新统一——根据对这些具体问题的看法——对于刑法学有影响吗？

在这种情况下，我还想问：您在柏林墙案之前是否有联系过东德的刑法学者?

答：没有，如果不去管民主德国的体制犯罪问题，重新统一对于刑法学没有任何影响。因为民主德国的刑法没有一点存留下来，那里曾经的教授也都很快丢了职位，就我所见，他们的公职也没能保留太久。因此，东德无法产生任何学术上的冲击。

在柏林墙案之前，我与东德刑法人几乎没有联系。我曾有一次被邀请前往民主德国做演讲——我不再记得是谁在何种情况下邀请了我——但是在出发之前又被他们取消了。很明显，对于西德学者而言，去民主德国进行演讲几乎是不可能的，除非他成为一名路线忠诚的共产党人。相比之下，去苏联演讲是完全可能的。苏联的同行们对此也有着合理的理由。

就我个人而言，在统一之前，我认识唯一一名东德的刑法人：东柏林洪堡大学的霍斯特·路德（Horst Luther）。我们在制定“选择草案”部分内容时请他来当同事。一起工作是完全没问题的。但是就路德的贡献来看，他在这个圈里并没发挥什么重要作用。

问：第二个方面是国内法以及刑法的国际化，这尤其体现在过去的10年中。这在被您称为“国际刑法规则进一步工作的重要出发点”的凯·阿姆博斯（Kay Ambos）的教授资格论文《国际刑法概论——教义学化路径》(2002年）——其西班牙译文已于数月前出现在了布宜诺斯艾利斯——那里也非常明显。您自己在2000年谈到一个“今天已经相对同质的世界刑法文化”和一个“为这一法领域增加全新维度的刑法国际化”。①

对此我当然有很多问题。我想挑出两个来问。

您在2000年谈及一个“今天已经相对同质化的世界刑法文化”，您在2006年还是坚持这一观点吗？您怎么看待这种“世界刑法文化”的扩散与这一“世界刑法文化”的基本原则在国际恐怖主义领域有被移开的趋势之间的关系？

我们还是停在“世界刑法文化”上。您如何看待德国刑法学在国际化进程中的作用？您的学生和慕尼黑的同事贝恩德·许乃曼（Bernd Schünemann）

① Roxin, *Rechtshistorisches Journal*, op. cit., 640.

10年前就表达了对德国刑法教义学未来重要性的怀疑，近来他又在重要的地方——也就是克劳斯·罗克辛的2001年纪念文集中——明确地抱怨德国法教义学“过于精细化”。[①] 您是否赞同关于德国刑法教义学未来的这种观点?

答：尽管美国在反恐斗争上误入歧途，但是我还是相信世界刑法文化的继续发展，正如人们今天常说的，一个跨文化的刑法。在这里，我绝没有忽视相反的趋势，如在关塔那摩或者在新的刑讯争论中所展现的那样。在美国遭受恐怖袭击之前，在托莱多会议（2000年）上，我在终场报告中强调，“可怕地重新陷入野蛮”是无法驳斥“国内刑法秩序向法治国标准日趋靠拢”的。“因为历史的发展不是直线的，而是辩证的，要不断与挫折做斗争。”至于目前的“恐怖主义危机”，在我看来有一个令人鼓舞的迹象，那就是我们在关塔那摩和其他美国海外基地的美国朋友的行为遭到了全球一致批判，这一起始于反恐的刑讯实践也因为美国国内的反对运动而被禁止了。这里有一些国际认可的共同规则，尽管它们并非总是被遵守。

对德国刑法教义学“过于精细化”的批判，我无法苟同。比如，我的刑法学总论教科书超过了2000页，但是没人指责它“过于精细化”。正确的只是，在刑法教义学领域——如同其他所有领域一样——有着不少的出版物，它们迷失在了过度的区分之中，并没有什么更进一步的思想在里面。但是，这样的作品很快坠入了被遗忘的深渊，它们无法抹黑德国教义学向前发展的成就。人们不能忘记，并非德国出版什么，外国就会全部吸收；它们只吸收相对较小的一部分出版物，也就是那些被评估为对它们的法学有重要意义的出版物。

问：近几年，您投入了大量精力到犯罪政策与制裁政策的问题上。您说，要更多思考其他形式的制裁，来取代古典的自由刑与罚金刑。[②] 您首先呼吁，在目前刑罚与处分的双轨制体系中建立“第三条轨道”，即强化考虑对被害人的损害恢复（Wiedergutmachung）。因此，您推倒了一些学科边界的根基，比如民法与刑法之间的边界，或刑法与其他形式的社会政治控制

① Bernd Schünemann, “Strafrechtsdogmatik als Wissenschaft”, in: Bernd Schünemann et al. (Hrsg.), *Festschrift für Claus Roxin zum 70. Geburtstag am 15.* Mai 2001, Berlin 2001, 1－32.

② Insbesondere Claus Roxin, “Hat das Strafrecht eine Zukunft?” in: Karl Heinz Gössel et al. (Hrsg.), *Gedächtnisschrift für Heinz Zipf*, Heidelberg 1999, 135－151.

要素之间的边界。对此，我有两个问题。

您是否赞同这样的印象：通过这种方式推倒若干学科边界的根基，即使刑法作为“必要之恶”仍有着未来，它在明天的学科样式会与今天有所不同吗？

在您的作品传记方面，人们是否可以将您对制裁的研究视为一个连贯的工作计划的贯彻：从法律理论的基本问题（比如追问法的本体可论证性），到以体系的视角调整教义学（您工作的绝对重心），一直到检验法律后果的体系？

答：关于您的第一个问题，我之前在将损害恢复纳入刑事制裁体系时就曾说过：“刑法与民法之间清晰的概念区分是19世纪的巨大法学成就。……我们今天必须看到，这一严格的界分是一条歧途……让刑法与民法重新接近是必要的。”否则刑法就必须不断植入越来越多的制裁，这些制裁都是与刑罚相似的，比如社区服务。

关于您的第二个问题，我这样回答，实际上，从事刑法理论基础问题研究（比如我批判目的行为论）是发展我自己以刑事政策为基础的体系的前提。从事刑事制裁研究，尽管是与这个刑事政策部分相关联的，但是从我开始工作时就已经相伴相随了。您只要想想我们1966年的“选择草案”，它带着深远的影响废除了劳役刑与短期自由刑！当然，我之后又作为先驱从事制裁体系新发展的研究，比如已经提及的损害恢复。

问：在第二部分，我还想再说说建立在之前所谈内容之上的若干对于伊比利亚美洲世界①非常重要的方面。关于您第一次到访阿根廷的事，我们刚才已经说了。

但是我们再来说说更具有一般性的事情：德国刑法学在伊比利亚美洲世界的巨大影响力众所周知，并有着很悠久的传统，比如《阿根廷刑法典》最重要草案的编者是卡洛斯·特赫多尔（Carlos Tejedor），他在草案的前言中写道，他“主要”依据的是1813年《巴伐利亚刑法典》。从此以后与德国刑法学的关系就无法斩断了——这里当然有特别提及李斯特和他的国际

① 伊比利亚美洲，包括拉丁美洲的西语国家与葡语国家，广义上也包括西班牙与葡萄牙。——译者注

刑事协会（IKV）、吉蒙内兹·德·阿苏亚（Jiménez de Asúa）和德国20世纪的刑法学的作用。现在则主要是罗克辛和雅科布斯的作品被特别多地阅读。

在我看来，20世纪里的巨大影响尤其引人注目。因为我们在这段时间——也就是在德国法学被世界广泛认可的“法学世纪”19世纪之后——没有发现伊比利亚美洲以德国的民法或公法为相应导向。

答：在西班牙语国家，雅科布斯和我的作品被阅读得特别多，原因可能是，我们两个都发展出了特别独立的体系理念，它们在宏大的教科书中被非常详细地精心编写。在德国文献中，虽然也有其他体系化的原创方案，但是它们目前还没有获得足够的反响来获取国际关注。此外，这里仍有一些其他的德国刑法学者——大约十几个——在国外非常有名。

为什么德国刑法对伊比利亚美洲的影响要远远超过民法或公法，我也不能说得很清楚，因为我对于这些领域的国际合作的种类与程度知道得不够充分。但我想，也许是在于刑法自身特别适合国际化，因为在现代工业国家，犯罪行为的表现形式都是一样的，那么就能够发展与讨论以适当处理同一基础上的此类现象为目的的理念。

问：在您看来，什么是重要的历史连接线——是通过西班牙，还是很早就已经直接连接了拉丁美洲国家与德国？

您认为二战之前的历史连接线有多重要？那时候有一些德国刑法学者与西班牙刑法学者的关系非常紧密，因此从西班牙方面，直到70年代末连贯地保持这一传统线路绝对是没有问题的。

答：德国刑法与拉美刑法之间的历史连接线主要是通过将德语文献翻译成西班牙语而形成的，至于是西班牙还是南美在做翻译，那是无所谓的。但是这里一直有直接的私人关系存在。我在很早以前就已经结识了巴奇加卢波、胡里奥·迈尔（Julio Meier）或者智利刑法学者雅内兹（Yañez）。

二战之前的这一连接线在二战之后在西班牙语文献中继续发挥作用。当时比较老的同行，他们在20年代经常来德国学习，也将这一联系继续维持了下去。当然，我认为它在今天已经不再发挥作用了。即使是对于韦尔策尔及其目的行为论的兴趣——拉丁美洲曾广泛地移植，在今天也只是更多地被认为是历史悠久的老火车。

问：我们从历史的视角来到体系的思考。

您的同行弗兰西斯科·穆诺兹·孔德（Francisco Muñoz Conde）观察得出，德国刑法教义学在这些国家取得很大的成果，首要的原因是政治威权制度和传统力量（比如天主教会）很强，如西班牙、葡萄牙、意大利以及大多数南美国家。① 您的作品则认为，这种观点并不中肯。但是在这一观察中，您是否看到了解释德国刑法被大量移植的现象因素的出发点？

答：我朋友穆诺兹·孔德的观点无法说服我。因为 1871 年德国刑法典避免了天主教会的影响，根据当时的标准，很难被形容为威权主义。1877 年的刑事诉讼法接受了 1848 年之前的改革要求，完全符合法治国的要求；它今天仍在适用。当时德国有影响力的学者如李斯特、宾丁、贝林、马克斯·恩斯特·梅耶（Max Ernst Meyer）、弗兰克（Frank），尽管有着不同的政治取向，但是他们的作品基于自己的学术表达力直至今日仍旧“活着”，他们的国际影响力也是归功于这些作品。

关于我的作品所取得的国际影响力，刑事政策的因素肯定发挥了作用。因为在南欧国家——从希腊到葡萄牙——一股自由化进程在过去的几十年中展开，这同样在拉美——如果不是在所有的政府那里，那么也是在很多的专业法律人那里——产生了很大的反响。在此制造的改革气候对于我的刑事政策理念是有利的。但是在我看来，我的影响力的重点还是在法教义学的创新力上，即建立在刑事政策上的刑法体系的方案，客观归属理论的发展，建立一个广泛的正犯理论，以及若干其他的理念。

问：即使大量移植的现象众所周知，但它仍然是惊人的：这里还有一个问题，当涉及如此复杂的教义学，如德国的刑法学，不同国家与文化之间的法律继受——比如德国与拉丁美洲之间进行的——究竟如何能有效实现？

在您的刑法学总论教科书中，您引用了西班牙同行吉姆博马特·欧尔维特（Gimbernat Ordeig）的观点，即越是（法治国）发展落后的国家，就

① Francisco Muñoz Conde, “Conversación con Francisco Muñoz Conde”, *Revista Electrónica de Ciencia Penal y Criminología*-RECPC 04 - c2 (2002).

越需要一个细致的教义学和体系，因为它们可以给市民带来自由。[①]

但是，您是否观察到了相反的事物：一个高度细致化的刑法体系正是在那些学术群体与法治国制度很弱势的地方失灵的。

答：我认为吉姆博马特是对的。一个细致的教义学，通过在内容上说服的方式精确地设定了可罚性的前提，比起那些没有被发展的、带有很大裁量空间的教义学，它能够为市民提供更多的自由与安全。即使是一个不可靠的法官，也不得不因此花费很大的力气进行论述，而不是将确切的判决标准留着不写。诚然，因为有腐败的警察与法官，优良的法律与发达的研究也只能取得有限的成果。但是，从中并不能得出反对细致的教义学的结论，而是应当要求制度上的改革。

问：正是在这种情况下，关于文化相对性的问题体现得非常明显。因为您一直从宪法中推导法益概念——您写道，它“被托名于刑法立法者，但实际上从未离开过宪法”[②] ——并同时强调了它的历史性与可变性，因此每一个刑法人看您的书时都必须配上一本《基本法》的评注书。但这很少能被做到。对此我有三个问题。

您所提出的这个目的解释体系不是应当很难被移植的吗？因此您同时也谈“世界刑法文化”？

但是，您如何看待传授对于适当移植有必要的相关背景知识（比如新康德主义法哲学）？

您与很多来自拉丁美洲的客人接触时，有感受到移植障碍吗？

答：我理解您的顾虑，但是并不认可它。比如，联邦宪法法院依据《基本法》，从人的尊严中推导出了罪责原则，从社会国原则中推导出了特殊预防的必要性，从法治国原则中推导出了对一般预防有效的、运转可靠的刑事司法制度。但是，我们刑法的这三大支柱，就算不追溯到《基本法》，在全世界同样可以通过刑事政策的论据被令人信服地论证；许多国家的宪法基础也与我们的《基本法》很相似。同样，刑法的任务是法益保护这一论点，我也在我的教科书最新版中细致撰写，比以往要深入得多，我

① Enrique Gimbernat Ordeig, *ZStW* 82 (1970), 405f., zit. von Claus Roxin, *Strafrecht-Allgemeiner Teil*, I, 4. Auflage München 2006, § 7 IV.

② Roxin, AT I, § 2 Rn. 9.

从社会契约的思维模式中毫不费力地将这一论点推导了出来，而社会契约思维模式正是所有民主国家宪法的基础。因此，在我看来，我的刑法理念的基础是能在全球形成共识的，我的影响力也正是部分建立在此之上。

您所提到的相关背景知识，比如关于新康德主义的法哲学或者关于德国刑法教义学的发展阶段，对于外国科研者而言经常是重要的，他们习得的知识也是许多研究的对象。但是，对于理解我的理论，这并非绝对不可或缺。我写的讯息总是试图让人们能够无需任何前提就能理解。比如，我的两卷刑法总论教科书同样想面向那些刚刚愿意学习刑法的读者。除了语言上的困难之外，外国人要花的精力并不比德国人多。

近些年我有一些拉丁美洲来的客人，我没有察觉到任何移植上的障碍。他们中的两位，阿根廷科尔多瓦的佩列兹·巴尔贝拉（Pérez Barbéra）先生与里约热内卢的格列柯（Greco）先生，都已是国际上刑法教义学的专家，他们都能够在我们重要的《整体刑法学杂志》上发表一篇广博的论文。格列柯甚至在许乃曼教授那里获得了一个助理职位；我也曾多年有一个葡萄牙助手与一个希腊助手。当然，我不是说就没有学者可能感受到移植困难并谨慎地隐瞒着我。对此我还不了解。

问：我想再提一个文化相对性的问题：除了您的作品，在拉丁美洲传播最广的作者是您波恩的同行京特·雅科布斯。当然，我们在这里不能也不愿具体地谈及他的作品。但是，他的规范－功能主义方法能够取得巨大的成功，正是因为这一方法——如同一位批评者夸张的描述——“将刑法教义学瓦解于刑事政策中”，① 并最终可以服务于任何刑事政策，是这样吗？他的方法是在结构上更不具有文化依赖性以及更适合被移植吗？

答：雅科布斯的系统理论功能主义事实上正如他自己所强调的，“没有确定为一种特定模式……那些只知道社会是被功能地组织着的人，对于它的具体形态一无所知”。对于他来说，这都只是归结于系统的“自我维持力”。刑罚与教义学的功能不依赖于任何实质的预先设定，而可以无差别地连接于自由主义、集体主义或者极权主义的社会系统。它们之中的任何一

① Bernd Schünemann, “Kritische Anmerkungen zur geistigen Situation der deutschen Strafrechtswissenschaft”, *Goltdammer's Archiv* 1995, 201－221, 221.

个都可以被刑法所稳定，虽然是通过各种不同的方式。

这当然是一个可普遍使用并很容易用来移植的体系。这正好适用于有着许多国家、政治结构各不相同的拉丁美洲。我想知道的是，这一从所有经验与实质预先设定中抽象出来的体系，是否就是这些国家所需要的。我所关注的是，将一个人性的、以民主与人权为导向的刑事政策贯彻于体系与教义学类型之中。我已经说过，我坚信这一理念的国际可能性。但是，雅科布斯对于刑事政策的先决条件毫无兴趣，他认为从事于刑事政策是非学术性的。总之，在拉丁美洲，两种如此不同的功能主义形式在相互竞争，这也许也是很有成就的吧。

问：您自己多次将刑法学的国际化形容为对您职业生涯的特殊丰富。您回想一下您与来自伊比利亚美洲的刑法学人的交往：他们在法律文化上与德国是亲近的，您在与他们的交往中是否有着特定的建议和经验，这些建议与经验是否最终也可以用于其他的法律文化?

答：我们在各个“选择草案”中附加了法律比较的部分，在其中我们汇报在外国立法与文献中被使用了的建议。所有的“选择草案”几乎都是在国际改革讨论的基础上起草的。

但是，除此之外，我自己很少从事法律比较研究。我的学生和我所称与所宣传的“国际刑法教义学”则是另外一件事：关于刑法教义学问题在同一水平上进行的讨论，是与讨论者的国籍无关的。比如，我 70 岁生日时的论文集中共 87 篇文章，其中 33 篇文章来自 11 个不同的国家。这些外国论文从头到尾都不是讨论本国的主题，而是讨论我们大家都在研究的问题。因此，我也能把它们吸收入我的教科书中，如同其他德国作者的论文一样。此外我还将外语写作的作者接纳入我的教科书，不是关于外国法的信息，而是为了有问题导向地讨论刑法当前的问题。我对待外国的建议与对待德国的没什么两样。之所以德国的始终占主导，一方面是因为德国刑法学有非常透彻的阐述，另一方面是因为我有限的知识视野。无论如何，在我的新版教科书中有一些观点是以我最后几位来自阿根廷、墨西哥、巴西与希腊的奖学金获得者的著作为基础的。

问：最后，我想请您再对未来做一个小小的展望。您认为刑法学将有哪些特别的机遇与风险？最主要的挑战在哪里？如果您今天必须让一个来自南美的博士生踏上轨道，您会给他什么建议？

答： 1999年，我在弗莱堡的马普刑法所的一个国际会议上做了“面向未来任务的刑法学”的主题报告，我今天就不重复了。① 就刑法研究的未来领域，我提几个关键词：国际刑法、体制犯罪、犯罪的跨境形式、危险化刑法。此外，教义学的基本问题、刑罚目的理论以及实质的犯罪概念都是正在进行研究的对象，因为它们为专门化的工作提供基础。

我让我的外国博士生研究各种各样的题目，只要它们看起来符合博士论文的要求。我只提一下最后的四篇论文。一个哥斯达黎加人写对刑事诉讼思想的批判，一个中国人写对刑事诉讼基本权利干预的法律救济，② 一个希腊人写集体法益保护的犯罪类型，一个巴西人写关于费尔巴哈的论文。所有这些博士生，都不是凑合着、因得到包容而毕业的，而是有着教授气质的学术人。如果现在来了一位新的南美博士生，而且能力很强——通过他的硕士论文可以得以证明——那么我将回忆起我们之间的谈话，问他是否敢于写跨文化刑法的可能性与前提条件。因为关于这个主题我们也许明年将在阿根廷举办一个会议，对此已经有了一个工作的基础。

问： 非常感谢这次对话！

---

① Claus Roxin, “Die Strafrechtswissenschaft vor den Aufgaben der Zukunft”, in: Eser, Albin u. a. (Hrsg.), *Die deutsche Strafrechtswissenschaft vor der Jahrtausendwende-Rückbesinnung und Ausblick*, München 2000, 369 – 395.

② 指的是台湾的林钰雄教授。——译者注

专题研究

以刑制罪的法理与规范分析*

冯文杰**

【摘　要】以刑制罪是从刑罚角度考虑犯罪问题的理论。结果导向主义、形式合理性与实质合理性的辩证统一原理、追问目的的法律解释学理论以及罪刑关系的符号学理论可以在法理上支撑其存在之正当性与合理性。其隐性的适用范围存在于所有刑事裁判领域，只要司法裁判者需要定罪量刑，则必然需要考虑以刑制罪理念，将其作为一个检验刑法处罚是否妥当的标准；其显性的适用范围主要存在于四个领域：罪刑设置明显失衡、罪刑设置具有模糊性、罪刑设置具有相似性以及罪刑设置具有滞后性。根据以刑制罪逻辑得出的结论必须经受规范目的与规范文义的双重检验，实现在契合罪刑法定原则的形式侧面的前提下，达到罪刑法定的实质侧面的追求目标。

【关键词】以刑制罪；法理分析；规范适用

* 本文系国家社会科学基金重大项目“我国刑法修正的理论模型与制度实践研究”（16ZDA060）成果；江苏高校哲学社会科学重点研究基地资助成果，同时为教育部人文社会科学研究规划基金项目“刑法出罪机制问题研究”（15YJA820015）暨江苏省第四期“333工程”培养资金资助项目的阶段性成果。

** 冯文杰，东南大学法学院博士研究生，研究方向为中外刑法学、量刑论。

一　问题的由来

晚近以降，我国刑法学界越来越重视对罪刑关系问题的研究。在传统的“由罪及刑”（或“以罪制刑”）观念之外，茁生出“由刑及罪”这一逆向思索罪刑关系之观念。当前学界对于这一观念的称谓不一，出现了“以刑定罪”[①]“以刑制罪”[②]“量刑反制定罪”[③]“以刑释罪”[④]“量刑调节定罪”[⑤]“以刑议罪”[⑥]“逆向定罪机制”[⑦]“刑罚反制”[⑧]等言说。这些不同乃至相同的称谓，一方面显示了学者之间对于逆向罪刑关系理念的适用功能、原则及范围有一些认知差异，[⑨]另一方面提示了逆向罪刑关系理念具有进一步研讨的必要性。无论使用何种称谓，只要认为应当逆向思考罪刑关系，

① 冯亚东：《罪刑关系的反思与重构——兼论罚金刑在我国现阶段之适用》，《中国社会科学》2006 年第 5 期。

② 裘霞、李佑喜：《以刑制罪：一种定罪的司法逻辑》，《河南社会科学》2004 年第 6 期；梁根林：《现代法治语境中的刑事政策》，《国家检察官学院学报》2008 年第 4 期；劳东燕：《刑事政策与刑法解释中的价值判断——兼论解释论上的“以刑制罪”现象》，《政法论坛》2012 年第 4 期；石经海、熊亚文：《何以“以刑制罪”：罪、责、刑相适应原则的定罪意义》，《社会科学战线》2015 年第 2 期；王华伟：《误读与纠偏：“以刑制罪”的合理存在空间》，《环球法律评论》2015 年第 4 期；付立庆：《以刑制罪观念的展开、补充与回应——兼与叶良芳教授等否定论者商榷》，《东南大学学报》（哲学社会科学版）2018 年第 4 期。

③ 高艳东：《量刑与定罪互动论：为了量刑公正可变换罪名》，《现代法学》2009 年第 5 期；郑延谱：《量刑反制定罪否定论》，《政法论坛》2014 年第 6 期；叶良芳：《量刑反制定罪：实践和理论的双重批判》，《东南大学学报》（哲学社会科学版）2018 年第 1 期。

④ 徐松林：《以刑释罪：一种可行的实质解释方法——以对“组织卖淫罪”的解释为例》，《法商研究》2014 年第 6 期。

⑤ 曹坚：《“以量刑调节定罪”现象当杜绝》，《检察日报》2009 年 12 月 31 日，第 3 版。

⑥ 余文唐：《化解罪刑失衡之解释学路径综合型“以刑议罪”探微》，《法律适用》2011 年第 6 期。

⑦ 任彦君：《论逆向定罪机制在刑事疑难案件审判中的适用》，《法商研究》2013 年第 5 期。

⑧ 张永红、吴茵：《“刑罚反制”初论》，《湖南大学学报》（社会科学版）2011 年第 5 期。

⑨ 比如，冯亚东教授认为，入罪、出罪难以抉择时，基于是否具处罚必要性、处罚必要性的大小以及可能性效果而逆向性、互动性的考虑，就是“以刑定罪”。参见冯亚东《罪刑关系的反思与重构——兼论罚金刑在我国现阶段之适用》，《中国社会科学》2006 年第 5 期。裘霞教授等人所谓的“以刑定罪”是指，法定刑反向影响、制约构成要件的解释。参见裘霞、李佑喜《以刑制罪：一种定罪的司法逻辑》，《河南社会科学》2004 年第 6 期。劳东燕教授所谓的“以刑制罪”是指，刑罚的严厉程度反过来制约构成要件的解释，其只能作为适用于解释论层面的刑法解释的指导准则而存在。参见劳东燕《刑事政策与刑法解释中的价值判断——兼论解释论上的“以刑制罪”现象》，《政法论坛》2012 年第 4 期。（转下页注）

必然认同刑罚影响罪名认定这一观点。或许，比称谓更重要的是理念本身的妥当性与可操作性。循此认知，本文姑且以当前学界普遍使用的“以刑制罪”这一称谓，来界定逆向研讨罪刑关系的观点。顾名思义，“以刑制罪是从刑罚角度考虑犯罪问题”，[①]诸如行为是否构成犯罪、构成此罪还是彼罪、构成轻罪还是重罪及是否需要采取刑法处罚措施等问题，都应当归属于这一领域。

不得不说，“由刑及罪”这一逆向罪刑关系理念（即本文特指的以刑制罪理念）领域有一些“剪不断，理还乱”的问题，这时刻威胁着刑法处罚公正化及合理化的实现。

其一，关于以刑制罪理念的法理依据问题。以刑制罪理念为什么应当存在，即其法理依据何在？这是论及以刑制罪理念首先需要解决的问题。以往，以刑制罪的法理依据问题容易被学界忽视。当前学界虽不乏对这一问题做出有价值解答之文献，但也有一些值得商榷之处。总体而言，结果导向主义、形式合理性与实质合理性的辩证统一原理、追问目的的法律解释学理论以及罪刑关系的符号学解读可以在法理上支撑其存在之正当性与合理性。

其二，关于以刑制罪是否为刑法理论合理化与司法实践公正化所需要的问题。在以往（传统）的“由罪及刑”的罪刑关系认定路径之外，以刑制罪是否为刑法理论与司法实践所需要，是探讨逆向罪刑关系理念所必须回应的问题。诚然，在追求实质合理性的同时，必须守卫形式合理性。但

（接上页注⑨）高艳东教授所谓的“量刑反制定罪”是指，为量刑公正可以变换罪名，其适用范围原则上应限于同类犯罪（同宗同源或具有法条竞合关系、危害后果或行为方式具有相似性），而对于行为方式与危害后果迥异的不同类犯罪，在变换罪名时应当极为谨慎，以免造成刑法基本观念的混乱。参见高艳东《量刑与定罪互动论：为了量刑公正可变换罪名》，《现代法学》2009 年第 5 期。赵运峰教授所谓的“以刑制罪”是指，从量刑的妥当性的基点出发，反向思考定罪，其适用范围限于疑难案件（法律规范滞后、法律规范模糊、法律规范牵连）。参见赵运峰《以刑制罪基本问题研究》，法律出版社，2017，第 220～223 页。付立庆教授所谓的“以刑制罪”是指，一种在定罪或量刑过程中的司法逻辑和解释规则，也可谓“刑罚后果对构成要件解释的反向制约”。参见付立庆《以刑制罪观念的展开、补充与回应——兼与叶良芳教授等否定论者商榷》，《东南大学学报》（哲学社会科学版）2018 年第 4 期。

① 赵运峰：《以刑制罪基本问题研究》，法律出版社，2017，第 196 页。

绝对不能够僵化地理解形式合理性与实质合理性的关系，务实的路径是将对实质合理性的追求落实到对形式合理性的实质解释之中。由主体（目的）所创造的客体（手段）往往会形成一种“异化”，即“反客为主”。[①] 换言之，人们往往容易忘记“初心”（目的），而将手段奉为圭臬。从根本上而言，这是舍本逐末之举。实现公正而合理的惩罚是人们将某种行为视为“犯罪”的根本目的，此罪与彼罪的界定及划分在根本意义上仅仅具有手段价值。尽管一再有学者反对“以刑制罪”，但面对刑法规范的罪刑设置不均衡性、模糊性、滞后性及竞合性等问题，以刑制罪理念已经在司法实践中被一再适用，且其解决了传统罪刑关系理念所难以解决的诸多问题，试问人们凭什么将以刑制罪彻底逐出刑法领域呢？在思索罪刑关系时，目光不应当仅仅局限于“由罪及刑”，将视野扩展到“由刑及罪”，并进一步思考逆向罪刑关系理念的缘起、功能及法理依据，具有不可磨灭的价值意义。

其三，关于以刑制罪理念的适用原则及范围问题。如果认同以刑制罪的价值，则需进一步思考以什么原则来指导以刑制罪理念的适用。尽管就普罗大众的朴素正义感而言，“解释法律的终极目的在于使案件得到公平合理的处理，而不在于使犯罪的要件符合我们的理解，也不在于使它以什么样的罪名受到处理”。[②] 但刑事法治至少要求，且需要法官在法条文字可能的语义范围内涵摄案件事实，从而择定相应的罪名及其法定刑。否则，如果行为人被判定的罪名与其客观行为和主观罪过根本连相似性都不具备，即使其得到了一个合理而公正的刑法惩罚结果，也不能认同这一方式。唯有适当限缩以刑制罪的“显性”适用范围，并且遵照实质罪刑法定原则的具体要求，才能够阻断恣意的以刑制罪理念的适用可能性。如此一来，反对论的批判则可以被消解。

① 正如费尔巴哈在研究宗教问题时所指出的“宗教和上帝是人的异化”，上帝是作为主体的人所创造出来的客体，这个客体却反过来控制作为主体的人本身，被人所信仰，客体就具有了本体化意义，这就是“上帝的本体化”。“异化”一词原为哲学概念，一般认为，在哲学领域首先明确使用“异化”一词的是黑格尔，他指出异化是“单一的东西的分裂为二的过程或者树立对立面的双重化过程”，用来说明主体与客体的分裂、对立，其基本含义是，主体创造了客体，而客体反过来控制了主体本身，这种状态即为“异化”。参见黑格尔《精神现象学》（上卷），贺麟、王玖兴译，商务印书馆，1979，第11页。

② 阮齐林：《绑架罪的法定刑对绑架罪认定的制约》，《法学研究》2002年第2期。

总之，刑法理论的理性化和刑事司法实践的公正化需要认真对待以刑制罪理念。诸多刑法规范已然认可了以刑制罪理念的正当性与合理性，典型的如《刑法》第269条规定的转化型抢劫罪，此条整体考量了客观意义上的盗窃等不法行为与“为窝藏赃物、抗拒抓捕或者毁灭罪证而当场使用暴力或者以暴力相威胁”的结合意义，受制于单纯以盗窃罪等罪名论处难以符合罪刑均衡原则，故而直接以抢劫罪论处，从而为应当受到合理惩罚的行为择定合法而合理的罪名。这种“转化”蕴含了以刑制罪的功能。人们需要、能够且应当利用各种有利于实现公正而合理的惩罚的方式去实现公正而合理的惩罚，没有必要非要一概排斥以刑制罪理念，需要排斥的仅仅是突破罪刑法定原则之必要束缚的以刑制罪理念。上述问题事关法益保护与人权保障的合理平衡，有必要予以澄清及解决，本文特就此展开研究。

二　以刑制罪的法理分析

公正而合理的惩罚之实现既是一个历时性问题，也是一个共时性问题。尽管尚未取得一致的解决方案，但基本上都认为，惩罚不仅仅需要考虑报应，也应当考虑预防。[①] 换言之，在量刑上，法官应当在坚持消极的责任主义的前提下，追求更有利于实现预防目的的量刑结果。既然量刑的公正、合理是刑事司法追求的目标，而普罗大众几乎一致以刑之轻重，作为衡量法院判案是否公正而合理的绝对标准，则对于以刑制罪理念的法理分析势在必行。

（一）结果导向主义

在19世纪末及20世纪初，德国学者韦伯认为：“现代的法官是自动售货机，投进去的是诉状和诉讼费，吐出来的是判决和从法典上抄下的理由。”[②] 彼时，正是分析实证主义“如日中天”之时，法条主义滥觞于司法

① 参见林山田《刑罚学》，台湾商务印书馆，1983，第47页；邱兴隆《刑罚理性泛论——刑罚的正当性展开》，中国检察出版社，2018，第240页。

② 〔德〕韦伯：《论经济与社会中的法律》，张乃根译，中国大百科全书出版社，1998，第62页。

实践之中。以利益法学、批判法学以及社会法学等法学流派的勃兴为代表，强调后果考量、利益权衡、司法能动、社会经验、社会需求等现实要素的现实主义法学迅速在法学界站稳脚跟，并逐渐取得显学之地位。随着逻辑至上和规则导向的形式裁判无力解决新的社会问题，且多有违背公众朴素法感情的裁判出现，结果导向主义进入司法裁判之中。“我们有理由认为，在处理案件时，法官理应对摆在其面前的各种可供选择的裁判规则所可能造成的后果予以审慎考量，以权衡利弊。”① 继而“使得能动的法律解释观念得以形成，而这样一种解释理念又以实用主义刑法观作为其终极”。②

刑法处罚的妥当性（合理而公正）是一种司法裁判需要考量的重要结果。如果量刑结果不妥当，则势必影响司法的公信与威严，且实质正义亦被牺牲。为了避免上述不当结果的出现，必须重视法定刑对犯罪构成要件认定的反制功能，目的解释方法则是实现上述功能的主要手段。重视结果导向主义并非意味着完全否定逻辑的作用，而是意在寻求一种与结果相关而不是仅仅遵循先例的逻辑，其考虑各种可能性。这不是对确定结论进行的简单演绎推理；这是一种探求知识，并“从大地深处扯出来”③ 智慧的方式；这能矫正那种不断割裂当下社会现实和法律原则的古板做法的缺陷。④定罪量刑结论的合理性不仅仅来源于法律条文本身，还来源于公众对裁判结果的可接受性，运用这种思维方式在客观上有助于疑难案件的解决。而“结果导向思维下的案件处理结论能够与民众、媒体保持良好互动，也有利于解决纠纷，和谐司法”。⑤

（二）形式合理性与实质合理性的辩证统一原理

以规则的抽象性、理性的系统性、逻辑的可阐述性及理智的可控制性

① 〔英〕麦考密克：《法律推理与法律理论》，姜峰译，法律出版社，2005，第125页。

② 吴丙新：《能动的刑法解释与实用主义刑法观——重温“梁丽案”》，《山东大学学报》2013年第1期。

③ 〔法〕福柯：《疯癫与文明》（修订译本），刘北成、杨远婴译，生活·读书·新知三联书店，2012，第23页。

④ 参见王华伟《误读与纠偏：“以刑制罪”的合理存在空间》，《环球法律评论》2015年第4期。

⑤ 任彦君：《刑事疑难案件中结果导向思维的运用》，《法学评论》2012年第2期。

为主要特征的法律的形式合理性形塑了刑事法治国的基本原则，而法律的实质合理性往往内含现实主义法学流派所追求的后果考量以及社会需求等价值观念。[①]“法律的形式合理性侧重于形式化的、意义明确的法律条文的规定以及法律原则的体系的构成和概念逻辑的阐释，它讲究的是法律的可操作性；而实质合理性侧重于对法律的内在品质诸如正义、公平、善良等价值观的追求，它本身恰恰是抽象的、并非明确无误的，并且缺乏可操作性。”[②] 无论是多么追求实质正义的刑法学者，一般都不会为了所谓的实质正义，而将解释结论突破法条文字可能的语义范围。换言之，一般而言，应当在形式合理性前提之下追求实质合理性。当然，“以背弃人类理性，漠视人的尊严、践踏人的权利为特征的法都是法下之法，法下之法是恶法，恶法非法也”。[③] 从这个意义上而言，法律的实质合理性对于形式合理性的实现具有重大意义。

在刑法领域，既然人们既要追求法律的形式合理性，又要追求实质正义（法律的实质合理性），务实的且可操作的方式是在区分立法与司法这两个层面的前提下予以推进。在刑法立法领域中，应当不断以法定刑配置是否公正而合理等合理目的为手段，检视立法弊端，从而不断修正必须修正的刑法条文。具体而言，应当将值得刑罚处罚而尚未被犯罪化的行为进行犯罪化，以严密刑事法网；将不值得刑罚处罚而已被犯罪化的行为进行出罪化，以实现刑罚处罚范围的妥当性；将罪刑设置失衡的相关罪名的法定刑予以均衡性改变，以实现刑法立法意义上的罪刑均衡。在刑事司法领域中，应当在坚持形式合理性的前提下，通过对构成要件及其要素的实质解释，最大限度实现实质正义。从某种意义上而言，对每个罪名的构成要件及其要素的解释都是一种实质解释，因为“解释者不可能完全按照国民的语言习惯解释刑法分则概念，而应穿梭于普通用语与规范概念之间，在罪刑法定原则指导下，从生活事实中发现分则概念的真实含义”。[④] 刑法条文的修正与解释能够、应当且需要并行不悖的存在，唯有“双管齐下”，

---

① 参见〔德〕韦伯《经济与社会》，林荣远译，商务印书馆，1997，第 17 ~ 25 页。

② 刘艳红：《实质刑法观》，中国人民大学出版社，2009，第 42 页。

③ 〔德〕拉德布鲁赫：《法律智慧警句集》，舒国滢译，中国法制出版社，2001，第 26 页。

④ 张明楷：《罪刑法定与刑法解释》，北京大学出版社，2009，第 6 页。

才能够从根本上及现实上解决阻碍正义实现的条文本身的问题。

（三）追问目的的现代法解释学

近代法解释学注重对法条中的概念、术语、语句及法典结构体系进行逻辑分析。这种法律解释就是运用概念分析方法对有争议的法条进行阐释，从而得出明确的解释结论，其关注的是法的稳定性、安定性与可预期性。但在变动不居的社会事实面前，尤其是在20世纪的社会变迁以惊人的速度进行之时，强调概念分析与逻辑推演的概念法学，往往以符合法律规定的方式造成了诸多实质上不正义的判决。为了解决这一问题，在美国，现实主义法学流派勃兴，在德国，自由法运动勃兴，二者可谓殊途同归：它们都反对将法律解释仅限于形式逻辑的判断与推理，都认为成文法存在诸多需要通过法律解释予以完善的漏洞，法官应当是具有价值判断、利益衡量、正义考量、目的追问能力的能动司法者，都提倡法的合理性、恰当性与妥当性价值。法的本质是实现目的，这个目的在德国学者耶林看来，即保护我们每个人都能愉快地生活的社会生活条件。① 刑法中的目的解释就是一种以最适当的形式保护法益的实质解释，解释者在采用各种解释理由、使用不同解释技巧之前，就必须有一个目的预判，这种预判源于司法经验、法意识、正义感等。② 刑事政策要对刑法解释产生影响，必须以在方法论上实现从概念法学到利益法学及评价法学的转变为前提，它借助目的管道进入刑法体系，通过作用于作为规范保护目的的法益的范畴，来影响与形塑刑法条文的解释。③

目的解释是为了实现更加符合正义、公平、合理性要求的解释结论，从这个意义上而言，其实际上是一种结果导向主义的具体实践方式；而结果导向主义注重结果的实质合理性，其实际上也在追寻一种目的，从这个意义上而言，其是一种目的解释的具体践行方式。角度的不同决定了对目的解释和结果导向主义之间关系界定的不同。但是，无论如何，追寻法的正义、公平、合理性是目的解释和结果导向主义都赞同的，也是它们积极

① 参见〔德〕耶林《为权利而斗争》，郑永流译，法律出版社，2007，第3页。

② 参见张明楷《刑法学》（第5版），法律出版社，2016，第39页。

③ 参见劳东燕《功能主义刑法解释论的方法与立场》，《政法论坛》2018年第2期。

达到的目的或结果。从规范刑法学的基本构造而言，刑法规范既是裁判规范，也是行为规范，规范保护目的必然是法益保护；唯有通过法益保护才能预防犯罪，唯有通过公正而合理的保护法益，才能更好地预防犯罪。“实质的犯罪论认为，对某种行为成立犯罪的判断不可避免地含有实质的内容，应该从处罚必要性和合理性的角度甄别值得处罚的法益侵害行为，相应的，对刑罚法规和构成要件的解释也应该从这种角度进行。”① 刑法规范一经制定，它背后的立法原意已经不能作为指导构成要件及其要素的解释依据，解释者必须在文本的含义范围内实质化地解释文本的含义，即在文本所表述的含义范围内目的性地阐明文本的意义。刑法处罚的妥当性要求法官在解释法条语义时，必须注重公正而合理地保护法益，进而需要探索将值得刑法惩罚的行为惩罚到何种程度，这便凸显了以刑制罪理念的适用需要。

（四）“罪”与“刑”关系辨析的符号学进路

“符号系统的理论，由于其普遍性、有效性和全面适用性，成了打开特殊的人类世界——人类文化世界大门的开门秘诀!”② 换言之，符号学为人们理性地认知事物提供了一个新的视角。符号学认为，一个完整的符号系统由能指与所指构成，前者代表音响形象，而后者则代表概念。③ 符号本身具有任意性特点，且人们往往无法改变这一特性，因为任何语言的构建必须使用大量的符号，而语言系统却是极其复杂的，很难轻易改变或重构另外一套语言系统，公众的集体惰性也抗拒着一切语言的创新。④ 语言符号能指与所指含义具有相对不变的稳定性（继承性），即使某些词语的含义发生变动，也无法撼动整体语言符号的稳定性。语言符号又具有一定的局限性，

① 刘艳红：《刑法的目的与犯罪论的实质化——“中国特色”罪刑法定原则的出罪机制》，《环球法律评论》2008 年第 1 期。

② 〔德〕卡西尔：《人论》，甘阳译，上海译文出版社，2004，第 45 页。

③ 人们常常以一个词语表达意愿或意思（概念），因而认为这个词语便是一个符号，却忘了“桌子”之所以被称为符号，只是因为它带有“桌子”的概念（内涵），结果让感觉部分的观念包含了整体的观念。参见〔瑞士〕索绪尔《普通语言学教程》，高名凯等译，商务印书馆，1980，第 102 页。

④ 参见〔瑞士〕索绪尔《普通语言学教程》，高名凯等译，商务印书馆，1980，第 110 页。

总有一些“只可意会，不可言传”之意，无法以文字形式被恰当地表述出来。符号本身是人与人之间以及人与事物之间交往的工具，即手段，但从某种程度上而言，其已异变为目的，即“反客为主”。

刑法是规定对实施的何种行为科以何种刑罚或（以及）何种非刑罚处罚措施的法律。鉴于人们以“犯罪”这个符号指代应受刑罚惩罚的行为，故而刑法又可谓规定犯罪与刑罚及二者关系的法律。[①]“（尽管）不是惩罚造成了犯罪，但犯罪只是由于惩罚才明显地暴露于我们的眼前。”[②]换言之，“施用刑罚的观念产生在对犯罪进行立法和定义之前”[③]，而“在经验世界里，人们都是通过刑来认识罪的，因为刑罚是一种易感触的力量”[④]。由此可见，如要明白何为犯罪，必须先明白何为惩罚。人们对于刑罚处罚妥当性的追求蕴含了对实质合理性的追求，这个实质合理性的实现依赖于一定的罪刑规范，而罪刑规范中罪名确立、分类、构成要件要素及法定刑设置的表述体现了一种形式合理性。从这个角度而言，越是追求实质合理性就越是需要形式合理性辅助。从外在形式上而言，“应受刑罚惩罚的行为”与“犯罪行为”这两个符号可以被相互指代，因为“应受刑罚惩罚性”是界定某一行为是否为犯罪行为的形式标志。“刑罚”与“应受刑罚惩罚的行为”之间存在一个连接二者的符号，即“罪名”。我国古代刑法中的“以刑统罪”反映了一种朴素的正义观，不太注重罪名的细密化，总体呈现粗糙的样貌；现代刑法学追求犯罪构成要件及其要素的精致化与体系化，基于此，在“罪名”的符号系统下设置了许多“具体罪名”符号，而“具体罪名”的符号概念在不同国家往往有着不尽相同的内涵。[⑤]罪刑规范是由语言所表达出的，而语言建构的普遍性往往具有一些无法从表面克服甚至暂时无法克服的弊端，比如，罪刑规范有时无法包含值得刑法处罚的行为，而有时

① 参见〔日〕西原春夫《刑法的根基与哲学》，法律出版社，2004，第3页。

② 〔法〕迪尔凯姆：《社会学方法的准则》，狄玉明译，商务印书馆，1995，第61页。

③ 王牧：《犯罪学与刑法学的科际界限》，《中国法学》2004年第1期。

④ 周光权：《论刑法的公众认同》，《中国法学》2003年第1期。

⑤ 挪用公款在此国被称为非法侵占财产，而在他国则可能被称为盗窃。强奸罪和法定强奸罪是根本不同的两种侵害行为，却因其有某种大致的相似性被法律归入一类。这种人为的“拉郎配”，在刑法中极为普遍。参见〔英〕马林诺夫斯基、〔美〕塞林《犯罪：社会与文化》，许章润、么志龙译，广西师范大学出版社，2003，第112页。

又包含了不值得刑法处罚的行为。从根本上而言，某个事物或概念往往无法自己将自己解释清楚，必须借助相应的外在符号，方能够使人们理解某个事物或概念的内涵与外延。对于罪与刑关系而言，罪名本身相对于刑法处罚的妥当性，只代表一种形式手段，即罪名本身体现一种形式合理性；刑法处罚的妥当性相对于罪名而言是一种目的，即刑法处罚的妥当性体现一种实质合理性。对于如何处理二者之间的关系，是论证以刑制罪理念正当化与合理化所需要解决的重要问题。罪刑法定原则、刑事法治国立场等理念或原则大体上都从最初的绝对主义走向了相对主义，其中蕴含的哲理便是，对于公正等实质合理性有效实现的追求，启发着人们应该怎么缓解规范与事实、普遍与个别、一般与特殊的张力。传统罪刑关系观的基本立场在应对疑难案件以及个罪刑罚配置不公的缺陷时，往往显得“力不从心”。由此可见，不宜将视野局限于传统罪刑关系观，必须寻求新的解决方式。

有学者认为：“判断刑事责任是刑法的核心，这绝不能因预设的犯罪构成而让步。相反，犯罪构成的形式内容，是方便人们以符号方式进行认知的需要，为实现实质公正，其界限均可突破。……如果根据犯罪构成判断出的罪名会使量刑明显失衡，就应适度变换罪名以实现量刑公正，让罪名为公正的刑事责任让路，不能把准确判断罪名作为优于量刑的司法重心。”① 论者的观点虽然不乏值得借鉴之处，但也有一些值得商榷之处。论者的总体思路是：首先，只有发现量刑过重时才能变换罪名，这有别于类推；其次，由于是解决量刑过重的问题，因此，变换罪名主要是将重罪罪名变换为轻罪罪名，而不能相反——即使变换成重罪罪名后量刑较轻；最后，变换罪名应以罪名间具有相似性为前提。大致而言，为量刑公正而变换罪名的范围，原则上应限于同类犯罪；而对于行为方式与危害后果迥异的不同类犯罪，在变换罪名时应当极为谨慎，以免造成刑法基本观念的混乱。② 诚然，罪名的设置是司法裁判者在遵守罪刑法定原则包含的“无罪无刑”原则的前提下判案的需要，但这种需要的满足其实无需罪名的设置。“罪”乃

① 高艳东：《从盗窃到侵占：许霆案的法理与规范分析》，《中外法学》2008 年第 3 期。

② 参见高艳东《量刑与定罪互动论：为了量刑公正可变换罪名》，《现代法学》2009 年第 5 期。

人们对于某种应受刑罚惩罚的行为的外在称谓，完全可以以“张三杀人行为”指代某种“罪”。精练而浓缩的刑法规范必须使用简练而概括的语言文字作为立法目的与刑事政策的诉求载体，刑事立法对事物进行的抽象与规范概括不仅仅需要保持语言文字内涵的相对精确性与稳定性，还意味着其筛选相关事物的主要信息并突出其主要信息，不可避免地忽视或屏蔽与刑事立法目的无关的次要信息。[①] 故而，刑事立法的建构具有抽象性与规范性，不可能完全包含案件事实所有细枝末节。罪名建构体系本身是一种指代应受刑罚惩罚的行为的符号体系，即使无罪名体系的建构，亦可以通过不厌其烦地个别认定应受刑罚惩罚的行为类型，实现应受刑罚惩罚的行为体系与刑罚之间的均衡。基于此，罪名的建构体系旨在为获得这种均衡效果，而提供专业术语以及司法实践处理上的便宜性。目的往往必须受到手段的限制，即实质合理性必须受到形式合理性的限制。故而，人们在追求刑罚处罚的妥当性时，必须依托于具体的罪名与案件事实间的对应性。

刑法学者基于公众对不同行为的法益侵害性程度的评判，运用专业技术与术语，将反映不同法益侵害性程度之行为分门别类地纳入刑事法律中，构建符合罪刑均衡原则的罪刑关系规范，祈求刑罚配置与量刑结果公正的实现。无论如何，以刑制罪的批判者不会反对，罪刑关系的规范建构之最初理想是为了实现结果意义上的量刑公正。罪名体系的建构，只是作为实现量刑公正（目的）的手段。常识告诫人们，不应当舍弃目的的实现而追求手段，亦不能为了实现目的而不要手段。传统罪刑关系的建构思路不至于在大多数案件中违背量刑公正要求，这个在一定范围内能够实现量刑公正的手段必须被坚持及完善。具体而言，刑事法共同体仍然应当在立法上，精确设计类罪与个罪的犯罪构成要件及其要素，以达到罪刑均衡原则的建构要求；在学理上对其进行精确解释，以满足实质罪刑法定原则蕴含的人权保障要求；在司法上对其进行精确判断，以达到量刑公正原则的正义要求。以刑制罪是对传统罪刑关系观暨形式意义上的罪刑关系观的补充和发展，当应用传统罪刑关系观无法满足量刑公正的实质正义要求时，作为实

① 参见李永升、冯文杰《嫖宿幼女罪存废争鸣的反思与启示》，载赵秉志主编《刑法论丛》第44卷，法律出版社，2015，第390页。

质意义上的罪刑关系观的以刑制罪，应当通过对案件事实抽象化、规范化乃至正义化处理，满足罪名与刑罚配置均衡的形式要求，实现罪刑关系的规范建构之最初理想。为了量刑结果的公正，应当合理判断罪名，这不仅不违背罪刑法定原则和刑事法治原则，反而是对后两者的补充与发展。

三　以刑制罪：批判与反批判

“法律不是嘲笑的对象”①，对法律的嘲笑往往显示了嘲笑者法律解释能力的稚嫩。在刑法不断被修订的网络时代，虽然立法学的地位得到了一定程度的提升，但刑法学的主体仍然不是立法学，而是解释学。立法学在刑法领域不是可有可无的事物，应在坚持解释学主体地位的同时，审慎评判刑法立法的不足与完善方案。以刑制罪不会轻视乃至嘲笑刑事法律，对刑法立法缺陷的合理修复仍旧是在敬畏法典的前提下进行。有学者认为，刑法教义学指引教义学者在维护刑法秩序（刑法条文）的前提下，对刑法条文的合理性进行刑法框架内的解释（运用多种学科的成果），以达到解释、指导与完善现行刑法的目的。② 也有学者认为：“刑法教义学要用实在法的智慧去守护法规范的意义，要为法共同体每个成员亟盼的目标寻找到实现它的法律资源。”③ 若仅仅通过刑法解释方法对犯罪构成要件进行合理的解释，便可弥补刑事立法的缺陷以及消除疑难案件中的矛盾现象，则可奉合理的刑法解释为圭臬。但即便是合理的刑法解释亦无法妥善解决这些问题，特别是其无法解决一些不合理的刑法条文所附带的重大问题，除非承认建立在逻辑混乱之上的非理性解释为正确的，则其可以将不合理、不正确变换为合理与正确。即便教义学渊源于宗教神学，或者说即便教义意为“根本的确信”④，刑法教义学并不是一种令“信徒”不假思索就完全相信的神学。在应然之视域下，刑事法学者有权利且有义务去批判、完善刑法教义学及作为其根基的刑事立法。有学者认为，法教义学应当努力使其确信的

① 张明楷：《刑法格言的展开》（第3版），北京大学出版社，2013，第3页。

② 参见董邦俊《教义学发展、功能与内涵之刑法学揭示》，《环球法律评论》2014年第4期。

③ 冯军：《刑法教义学的立场与方法》，《中外法学》2014年第1期。

④ 雷磊：《法教义学与法治：法教义学的治理意义》，《法学研究》2018年第5期。

规范获得最大限度上的可接受性，但这种可接受性的获得必须建立在理性论证的基础上。① 刑法教义学存在的前提是正确的实证性规范的存在，建立在错误的刑法规范上的刑法教义学不仅阻碍刑法规范的完善，也会造成因错误前提带来的错误解释对刑事实践的危害。② 在解释已经远远不能解决由非正当规范带来的问题时，对正当性刑法规范的完善便是“开放性”刑法教义学的任务。③ 有学者一方面认为刑法解释应当以刑法条文的明文规定为基础，其不能与刑法条文的明文规定相冲突；另一方面其又认为，即使刑法解释突破刑法条文文字用语的通常含义，但只要有利于刑法条文的内部和谐就是合理的。④ 这种解释并不符合罪刑法定原则的明确性要求，彻底的以刑制罪理念之所以受到学界的多维批判，大概源于持有此种立场。总之，如果说刑法教义学视刑法规范绝对不可修改，则以刑制罪理念的合理应用便违背了这一立场，但这是不可思议的。应当认为刑法教义学仍然主张需要修改通过解释无法弥补法条缺陷的刑法规范，这正是以刑制罪理念的合理应用所赞赏的观点。

批判论普遍认为，以刑制罪任意解释犯罪构成要件及其要素，违背了罪刑法定原则，其应当被否定。⑤ 批判论有将问题简单化之虞，毕竟不是所有标榜以刑制罪的学者都主张违背罪刑法定原则。正如罪刑法定原则一般，传统罪刑关系观重视犯罪构成认定的准确性，这是传统罪刑关系观的优点。在公正而合理的罪刑关系建构之前提下，追求定罪的准确性实质上是追求定性的准确性。若刑法立法本身出现不均衡的罪刑关系建构，且通过常规量刑情节的调节亦无法达到罪刑均衡，以刑制罪理念则必须被审慎考虑。一般而言，以刑制罪理念遵循犯罪构成要件解释的准确性要求。当罪刑设置明显不均衡时，法官有义务为了追求实质正义而运用以刑制罪理念，因此至少可以做有利于被告人方向的罪名调节。当罪刑设置具有模糊性，或

① 参见焦宝乾《法教义学的观念及其演变》，《法学研究》2006 年第 4 期。

② 参见贺剑《法教义学的巅峰：德国法律评注文化及其中国前景考察》，《中外法学》2017 年第 2 期。

③ 参见〔德〕弗里希《法教义学对刑法发展的意义》，赵书鸿译，《法学研究》2012 年第 1 期。

④ 参见冯军《刑法教义学的立场与方法》，《中外法学》2014 年第 1 期。

⑤ 参见叶良芳《量刑反制定罪：实践和理论的双重批判》，《东南大学学报》（哲学社会科学版）2018 年第 1 期。

相似性，或滞后性，法官更是有义务合理解释犯罪构成要件，以取得符合正义的解决方案。当人们将刑法规范与案件事实相互拉近以及确定对应与否时，即使在一般情形下，法定刑轻重也影响、制约对相应犯罪构成要件的解释。因为“法定刑首先反映出国家对犯罪行为的否定评价和对犯罪人的谴责态度……解释者必须善于联系法定刑的轻重解释犯罪的构成要件，将轻微行为排除在重法定刑的犯罪构成之外，使严重行为纳入重法定刑的犯罪构成之内”[①]，以此实现刑罚处罚的妥当性。

对罪数判断标准选择的不同必然影响着一罪类型的理论建构。[②] 当前通说坚持以犯罪构成标准说作为罪数判断标准，即应当以犯罪构成为标准，行为具备一个犯罪构成的，是一罪；行为具备数个犯罪构成的，是数罪。张明楷先生认为，原则上可以采取犯罪构成标准说；但在具体判断时，需要综合考虑法益侵害、行为数量等具体事实（个别化说的运用），并且注意刑法规定的特殊性。这种对于通说的改造系对其一贯的法益侵害的实质解释立场的贯彻，虽具有相当启发意义，但仍未解决罪数理论的问题。换言之，人们无法得知，究竟凭什么可以从价值判断上判定行为构成数罪还是一罪，又凭什么可以在科刑意义上判定行为人应被以一罪处罚还是被以数罪并罚。对于一罪类型的理论建构，表面上解决了一些阻碍实现公正、合理的惩罚的问题；事实上，上述问题在疑难案件的司法裁判过程中若隐若现，似乎很容易被放到“普罗克拉斯提斯之床”上。当前学界关于一罪的类型理论，虽不乏一些真知灼见，但皆有值得商榷之处。比如，《刑法》第263 条规定了抢劫罪的八种加重量刑情节，当前通说认为，一般应从重处罚连续犯。[③] 多次抢劫可能构成连续犯，将立法的具体规定作为处罚标准，似乎省去了连续犯处罚原则之学理研究，但这仅仅是一种循环论证的显现。比如刑法规定的抢夺罪等罪刑规范中不包含“多次”等加重量刑情节，司法实践既可能只将其作为一个犯罪予以处罚（比如对于多次贪污行为的刑法规制），亦可能仅将其作为一个从重量刑情节（比如对于多次抢夺的刑法

① 张明楷：《许霆案的刑法学分析》，《中外法学》2009 年第 1 期。

② 参见张明楷《刑法学》（第 5 版），法律出版社，2016，第 483 页。

③ 参见高铭暄、马克昌《刑法学》（第 7 版），北京大学出版社、高等教育出版社，2016，第193 页。

规制）。但刑法学者不应当无视这种差异，这种差异化设置的正当理由为何？从条文本身根本无法得出结论，这种差异化设置并不具有充分的正当性，违背了法治原则，因为“法治也包括这样的准则，即对类似的案件用类似的方法处理”[①]。有必要通过以刑制罪理念的适用实现刑法处罚的妥当性。

以刑制罪理念并未任意解释犯罪构成要件要素。从形式上而言，或许以刑制罪理念的司法适用否定了案件事实；从实质上而言，以刑制罪理念的司法适用没有否定案件事实。首先，案件事实的价值在于，它成为对行为定罪量刑的基本依据；其次，规范判断不能单纯从存在论视角考察案件事实，应当从价值论视角考量案件事实；最后，量刑合理的根本依据包含了由案件事实折射出的行为人的责任轻重与案外事实折射出的行为人的预防必要性大小。如此一来，在合理甄别案件事实的法益侵害程度后，通过以刑制罪理念的适用，比如通过针对犯罪构成要件的转化解释，将存在论意义上的案件事实转换为价值论意义上的案件事实，可以择定合法而合理的罪名予以定罪量刑，实现合理量刑与量刑合理。

启蒙意义上的罪刑法定原则是一种价值偏一的原则，其被提出的目的是抵制罪刑擅断，进而保障人权。[②] 刑法法治实现的基本标志是罪刑法定原则的确立与执行，基于此，罪刑法定原则显得无比珍贵。“法无明文规定不为罪，法无明文规定不处罚”，这是罪刑法定原则最为通俗的表称。但是，要使罪刑法定原则这一宏大原则从理念层面落实到实践层面，却困难重重。这不仅有实践本身的问题，更有理念上的问题。当前学界通常忽视了“罪”与“刑”的背后意义。“罪”是什么，“刑”又是什么？这看似简单的问题，实则远非只字片语可以解释清楚。就罪刑法定原则而言，西原春夫先生精辟地指出，“不仅是指对刑法中没有规定要科以刑罚的行为不能处罚，还意味着判定的刑罚不能超越刑法所规定的刑罚限度”。[③] 由上文所展开的罪刑关系的符号学研究得知，“罪”是对应受刑罚惩罚的行为的统称符号，“刑”是对犯罪行为的惩罚的统称符号。罪刑法定原则从仅仅具有形式侧

---

① 〔美〕罗尔斯：《正义论》，谢延光译，上海译文出版社，1991，第259页。

② 参见劳东燕《罪刑法定本土化的法治叙事》，北京大学出版社，2010，第118页。

③ 〔日〕西原春夫：《刑法的根基与哲学》，顾肖荣译，法律出版社，2004，第4页。

面，茁生出兼具形式侧面与实质侧面。实质侧面是指，禁止制定不明确的法律和禁止规定罪刑失衡的刑事立法。我国刑法不乏罪刑显著失衡的罪刑规范设置，这为贯彻罪刑法定原则的实质侧面提供了契机。比如，《刑法》第183条规定之职务侵占罪与第382条规定之贪污罪中的交叉条款的法定刑设置并不相似，这殊为不当，体现了一种不平等保护公共利益与个人利益的不当立场；再比如，《刑法》第398条规定之故意泄露国家秘密罪与过失泄露国家秘密罪适用了相同的法定刑，这殊为不当，体现了一种等同对待故意与过失所折射的可非难性程度的不当立场。[①] 上述问题的实然化迫使学界回答这一问题：应当以何种方式规避不当立场。事实上，以刑制罪与罪刑法定原则的实质侧面蕴含了相似目的，且二者都不会突破刑法用语可能具有的含义，除非在应当做出有利于被告人的类推解释时，才能够突破这一限制。

总之，应然意义上的以刑制罪以刑法处罚的妥当性为目的，其实现的方法并不是任意解释犯罪构成要件及其要素，也并未违背罪刑法定原则的具体要求。从实现量刑的结果公正与合理而言，以刑制罪理念的司法适用，意在从应然论与实然论、普遍性与特殊性及价值论与存在论的双向互动立场解释罪刑规范的罪与刑，以实现刑法处罚妥当性。

四　以刑制罪的规范适用

以刑制罪主要具有四个方面的法理支撑，即结果导向主义、形式合理性与实质合理性的辩证统一原理、追问目的的法律解释学理论、罪刑关系的符号学解读理论。尽管在法理上，本文或许已经澄清了学界对于以刑制罪的种种误解，但该种理念如何在现实社会中被规范化适用，仍值得审慎分析，毕竟刑事理念作用于刑事实践只能以规范的方式进行。

当前学界一般认为，“在案件事实清楚、刑法条文明确且不存在适用困难时，根据从犯罪到刑罚的思维逻辑，司法机关一般可以比较准确、公正地处理司法个案。但是，在一些疑难案件中，仅靠单向的罪刑制约模式裁

① 参见张智辉《刑法理性论》，北京大学出版社，2006，第220页。

决案件就会遇到困难，更有甚者，可能对犯罪行为不能作出准确的司法认定”。[①] 在疑难案件中确实存在适用以刑制罪的必要性，但是将以刑制罪理念的适用范围仅仅局限于疑难案件中，显然值得商榷。“不仅法律语词的经常性的模糊和歧义需要法官从事阐明大前提的工作，而且在疑难情况下要区分大小前提的作用是很困难的。寻找事实和寻找前提往往交织在一起；法官审理证据并决定事实，而且任何关于制定法律条文的范围和可适用性的疑问，都依据可能来自事实的看法来解决。”[②] 有学者亦认为，以刑制罪的适用范围不宜人为限定。因为，以罪制刑和以刑制罪都以罪刑关系为理论源头，从理想的罪刑关系理论范式及实践样态而言，当以社会危害性为基础进行考察时，报应主要设定以罪制刑的公正性标准；当以人身危险性为基础进行考察时，预防主要设定以刑制罪的功利性标准。这是罪刑关系内在的公正性标准与功利性标准的有机统一，服务于刑罚处罚的妥当性这一终极目标。基于此，从理论源头看，以罪制刑和以刑制罪作为罪刑关系的实践适用模式，应当同时具有适用范围的普遍性和功能上的互补性，以维持完整的罪刑关系及其实践模型。否则，以刑制罪的教义化将寸步难行，甚至导致罪刑关系研究范式与体系的内部结构缺乏完整性和对称性。[③] 诚然，以刑制罪的适用范围并不局限于疑难案件中，在一般案件中，以刑制罪的适用并不明显，人们也不易察觉。但论者的理由显然值得斟酌，报应主要设定以罪制刑的公正性标准，但并非预防主要设定以刑制罪的功利性标准，将二者进行统一并非以刑制罪的合理性与正当性根据。总体而言，以刑制罪的合理性与正当性，仍旧是因为其本身体现了刑法处罚的合理性与妥当性，且不违背罪刑法定原则。

在一般案件（常规案件）的规范适用过程中，解释者的先前理解或前见会使解释者形成一定预判，“法官有这些判断或理解，并不必对其责难，因为所有的理解都是从一个先前理解开始，只是我们必须把它——这是法

① 赵运峰：《以刑制罪基本问题研究》，法律出版社，2017，第73页。

② 张继成：《从案件事实之“是”到当事人之“应当”——法律推理机制及其正当理由的逻辑研究》，《法学研究》2003年第1期。

③ 参见孙道萃《以刑制罪的知识巡思与教义延拓》，《法学评论》2016年第2期。

官们所未作的——开放、反思、带进论证中，而且随时准备作修正”。[1] 实质解释要求“在刑法有明文规定的情况下，必须使构成要件说明犯罪本质、使犯罪构成整体说明行为的社会危害性达到了应当追究刑事责任的程度”。[2] 在这一判断过程中，刑罚处罚的妥当性无疑将起到重要的作用。在普通案件（常规案件）中，只要认为必须运用实质解释方法，则必然会运用以刑制罪理念，只不过其适用较为隐蔽，不易被发觉，且通常只是一种哲理上的观照。换言之，在罪刑设置较为均衡、案件事实简单清晰明了的前提下，由罪及刑的认定通常不会出现大的问题，只不过在其适用当中仍然存在“前法定化时期”以刑制罪理念的适用。罪刑法定原则的实质侧面要求禁止处罚不当罚的行为。“犯罪构成要件的明确性，不意味着处罚范围的合理性……刑罚法规只能将具有处罚根据或者说值得科处刑罚的行为规定为犯罪。”[3] “通常被认为仅存在于疑难案件定罪裁判中的‘逆向型’定罪思维或逻辑即以刑定罪，事实上并非疑难案件刑事裁判中的‘独门武器’或‘专利方法’。它在常规案件的定罪裁判中也为刑事法官们所采纳和运用。只不过，相比于在疑难案件中其较高的占比（67%）而言，在常规案件中，相关数值要小 25 个百分点。”[4] 对于常规案件中的以刑制罪适用，本文暂时并不做深层次探究，不仅是本文篇幅结构使然，更在于其在常规案件中的适用一般较为隐蔽，量刑结果也较为公正，且通常不会引起注意。本文主要分析以刑制罪在普通案件（常规案件）之外的案件中的规范适用问题。

（一）以刑制罪的适用范围

1. 罪刑设置明显失衡

罪刑法定原则的实质侧面要求禁止不均衡的、残虐的刑罚。“犯罪对公共利益的危害越大，促使人们犯罪的力量越强，制止人们犯罪的手段就应

① 〔德〕考夫曼：《法律哲学》，刘幸义等译，五南图书出版公司，2000，第 58 页。

② 张明楷：《法益初论》（修订版），中国政法大学出版社，2003，第 262 页。

③ 张明楷：《罪刑法定与刑法解释》，北京大学出版社，2009，第 51 页。

④ 周建达：《“以刑定罪”的实践样态及其分析——以 Y 市法院的实证考察为基础》，《环球法律评论》2015 年第 1 期。

当越强有力。这就需要刑罚与犯罪相对称。"[①] 尽管贝卡里亚所设想的"精确的、普遍的犯罪与刑罚的阶梯"[②]，在目前尚无法实现，但其无疑为人们指明了罪刑均衡的标准。罪刑均衡原则"所要求的并不是某一犯罪和对这种犯罪的惩罚之间的那种完美适应的关系。而是对不同犯罪的惩罚应当在罚和罪的标度或标准上'相当'于相应的犯罪的恶或严重性。尽管我们不能说某种犯罪有多大的恶，但或许我们能说某种犯罪比另外一种犯罪更恶，而且我们应当以相应的惩罚标度来表明这种依次的关系"。[③] "法治也包括这样的准则，即对类似的案件用类似的方法处理。"[④] 由此可见，应当将严厉的刑罚分配给严重的犯罪，将中等程度的刑罚分配给中等程度的犯罪，将轻微的刑罚分配给轻微的犯罪，从而实现基本的公正与正义。法定刑之间的均衡仅仅是一种刑法立法意义上的罪刑均衡；在司法阶段，量刑结果的均衡性仍旧是罪刑均衡原则所考量的。尽管责任刑与预防刑的辩证统一关系，要求我们对于量刑结果的公正不能仅看刑法立法上的罪刑设置，但法官在综合案件事实并分析经过计算得出定罪后的量刑结果后，仍旧觉得量刑明显失衡时，则对于相关构成要件的解释必然更加严格，这就是一种践行以刑制罪理念的表现。若最后通过以刑制罪无法得出合理的量刑结果，则需求助于酌定减刑程序。

第一，法定刑配置过重。法定刑配置过重通常源于刑法立法者高估了某种行为的法益侵害程度，以致形成"刑罚过剩"，最显著的表现就是某一幅度内法定最低刑起点过高或法定最高刑过高。比如，就非法组织卖血罪、强迫卖血罪与故意伤害罪这三个在法律上具有内在逻辑关系的罪名而言，《刑法》第333条第1款规定，非法组织他人卖血的，处5年以下有期徒刑，并处罚金；以暴力、威胁方式强迫他人卖血的，处5年以上10年以下有期徒刑，并处罚金。《刑法》第333条第2款又规定，有前款行为对他人造成伤害的，依照本法故意伤害罪定罪处罚。故意伤害罪的基本法定刑为3年以下有期徒刑、拘役或管制；造成重伤结果的处3年以上10年以下有

---

① 〔意〕贝卡里亚：《论犯罪与刑罚》，黄风译，北京大学出版社，2008，第17页。

② 〔意〕贝卡里亚：《论犯罪与刑罚》，黄风译，中国大百科全书出版社，1993，第65页。

③ 〔英〕哈特：《惩罚与责任》，王勇等译，华夏出版社，1989，第155页。

④ 〔美〕罗尔斯：《正义论》，谢延光译，上海译文出版社，1991，第259页。

期徒刑。循此逻辑，强迫他人卖血没有造成重伤结果的，在 5 年到 10 年有期徒刑之间量刑，而造成重伤的则在 3 年到 10 年有期徒刑内选择适用。由此可见，这样的罪刑设置明显不均衡，或许立法者过高地估计了强迫卖血行为的法益侵害程度，以致规定的未造成重伤结果的强迫卖血罪的法定刑明显过重。

第二，法定刑配置过轻。同法定刑配置过重的理由相似，或许是由于刑法立法者低估了某种行为的法益侵害性程度，从而对其配置了明显过轻的法定刑。比如，刑法规范中的保险诈骗罪与诈骗罪为特别法条与一般法条的关系，这两个罪名都设置了三个量刑情节，即“数额较大”“数额巨大或者有其他严重情节”“数额特别巨大或者有其他特别严重情节”。在“数额较大”和“数额巨大或者有其他严重情节”这两种情况下，保险诈骗罪的刑罚配置重于诈骗罪，但是在“数额特别巨大或者有其他特别严重情节”下，保险诈骗罪的法定最高刑明显低于诈骗罪。保险诈骗罪的法定最高刑为 15 年有期徒刑，而诈骗罪的最高法定刑为无期徒刑，与保险诈骗罪属同一章节的其他金融诈骗类犯罪的最高法定刑同样为无期徒刑，合同诈骗罪的法定最高刑也是无期徒刑。显而易见，保险诈骗罪的法定最高刑在诈骗类犯罪中是最低的，并且与无期徒刑之间的差异相当大。“性质、类别相同或相近的犯罪由于侵害客体基本相似、社会危害性程度大致相当，所以在刑罚配置的差异性上不应相去甚远，而从横向比较，保险诈骗罪法定最高刑的设置显然对此有所违背。”① 还比如，招摇撞骗罪与诈骗罪同是特别法条与一般法条的关系，二者之间最大的区别在于行为方式的不同，即行为人冒充国家机关工作人员行骗。招摇撞骗罪对社会管理秩序和财产权造成双重侵犯，照理说，其法益侵害程度应重于仅对财产权造成侵害的诈骗罪。但是，招摇撞骗罪的最高法定刑为 10 年有期徒刑，而诈骗罪的最高法定刑为无期徒刑。行为人冒充国家机关工作人员骗取他人数额巨大财物的行为与行为人采取一般手段骗取他人数额巨大财物的行为，二者分别可能被判处 10 年有期徒刑与无期徒刑，这明显出现了罪刑的不均衡，刑罚处罚的不

① 杨俊：《关于完善保险诈骗罪刑罚设置的几个问题》，《云南大学学报》（法学版）2015 年第 4 期。

妥当性与不合理性凸显。再比如，一些过失犯罪之间的法定刑配置也存在失衡的状况。比如，过失致人死亡罪的法定最高刑为7年有期徒刑，而过失以危险方法危害公共安全罪的法定最高刑同为7年有期徒刑。虽同为过失犯罪，但过失致人死亡罪针对的是特定个人的生命安全，而过失以危险方法危害公共安全罪危害的是不特定多数人的生命或财产安全，存在后者的危害结果重于前者的情形，但二者的法定最高刑相同，过失以危险方法危害公共安全罪的法定刑配置明显偏轻。

第三，法定刑配置轻重颠倒。法定刑配置轻重颠倒主要是指，相近犯罪中相对较轻的犯罪配置了较重的法定刑，相对较重的犯罪配置了较轻的法定刑。比如《刑法》第128条第1款规定的非法持有、私藏枪支、弹药罪和《刑法》第130条规定的非法携带枪支、弹药、管制刀具、危险物品危及公共安全罪，前者的法定刑分为两档，一为3年以下有期徒刑、拘役或者管制，二为情节严重的，处3年以上7年以下有期徒刑；而后者的法定刑只有一档，即情节严重的，处3年以下有期徒刑、拘役或者管制。既然非法携带枪支、弹药，并进入公共场所或者公共交通工具危及公共安全行为的法益侵害程度明显要重于单纯的非法持有枪支、弹药的行为，则非法携带枪支、弹药、管制刀具、危险物品危及公共安全罪的法定刑配置应当重于非法持有、私藏枪支、弹药罪的法定刑配置。但《刑法》第128条第1款规定的非法持有、私藏枪支、弹药罪的法定刑配置相对过高，而《刑法》第130条规定的非法携带枪支、弹药、管制刀具、危险物品危及公共安全罪的法定刑配置则相对过低。

2. 罪刑设置具有模糊性

"法律规范模糊，是指或者是出于立法技术考虑，或者是立法不足所致，刑法条款不明确，立法主体或司法主体也未及时对该模糊条款细化，致使司法主体适用存在困难。"① "为了尽量缓解刑法规范的有限性和社会生活的无穷性之间的矛盾，刑法立法者总会设法采用多种立法技术，但是，不管立法者采用何种高明的立法技术，刑法规范供给不足的问题都不可能

① 赵运峰：《以刑制罪基本问题研究》，法律出版社，2017，第222页。

得到彻底解决。”[①] 应当尽量通过各种解释方法增加刑法规范的有效供给，同时，不利于行为人的当然解释最终必须还原为扩大解释才能获得认可。[②] “在人类生活中没有任何东西是静止不动的，这就注定不可能用什么高明的知识，打算颁布一项简单的法规去永远处理每一件事情。”[③] 一个能够有助于实现法的正义的模糊性构成要件语言当然要比会推导出反正义结论的精确性用语更符合法治原则。[④] 精确性的另一半是模糊性，[⑤] 语言具有空缺结构的特征，每一个字、词组和命题在其“核心范围”内具有明确无疑的意思，但随着由核心向边缘的扩展，语言会变得越来越不确定，在一些“边缘地带”，语言则根本是不确定的。[⑥] 为了实现刑法处罚的妥当性，以目的解释作为自身内核的以刑制罪必然应当透过模糊的刑法规范，揭示出模糊的精确含义，从而实现案件事实与刑法规范的对应，最终实现以合理的罪名择定合理的惩罚。

3. 罪刑设置具有相似性

罪名之间具有相似性，这便为以刑制罪理念的适用提供了一个平台。在相似的罪名之间，必然需要根据法益保护目的去择取案件事实，进而对其配置公正而合理的刑法处罚措施。

有学者认为，具体而言，罪名相似性有几种情况。

一是同宗同源或具有法条竞合关系的罪名。某些罪名在行为方式和危害后果上具有同质性，例如，集资诈骗罪、合同诈骗罪等就是从传统的诈骗罪中分立出来的，这些罪名的基本构造相同，无须严格区分。

二是危害后果具有相似性的罪名。例如，盗窃罪、侵占罪、诈骗罪等本质上都是对财产所有（占有）权的侵犯，具有可比性，它们之间的界限，总存在争议，没有必要过于精确区分。

① 付立庆：《刑法规范的供给不足及其应对》，《中国人民大学学报》2014 年第 2 期。

② 参见付立庆《刑法规范的供给不足及其应对》，《中国人民大学学报》2014 年第 2 期。

③ 《西方法律思想史资料选编》，北京大学出版社，1983，第 16 页。

④ 参见刘艳红《刑事立法技术与罪刑法定原则之实践——兼论罪刑法定原则实施中的观念误差》，《法学》2003 年第 8 期。

⑤ 参见刘应明、任平《模糊性——精确性的另一半》，清华大学出版社、暨南大学出版社，2000，第 18 页。

⑥ 参见〔英〕哈特《法律的概念》，张文显等译，中国大百科全书出版社，1996，第 97 页。

三是行为方式具有相似性的罪名。某些罪名的行为方式具有共同点，行为阶段具有一脉相承性，例如，非法拘禁罪和绑架罪，往往都采用了剥夺人身自由的方式，其犯罪构成具有交叉、重合之处，可灵活评价。在这几种情况下变换罪名，仍保持了罪名体系的大局稳定，国民也容易接受。反之，如果罪名间根本无相似性，危害后果和行为方式无可比性，就不能变换罪名。[①]

本文认为，这种对罪名相似性的界定值得借鉴。当然，必须在坚持罪刑法定原则和目的解释的前提下进行借鉴。实质上，具有法条竞合关系时，以刑制罪必然被考虑；行为方式或危害后果具有相似性的罪名，应当进行严格区分，但变换罪名主要是将重罪罪名变换为轻罪罪名，如果以重罪罪名进行处罚明显不公，则可以从有利于被告角度以轻罪罪名进行处罚。

比如，抢劫罪是侵犯公民财产权利的犯罪，寻衅滋事罪是妨害社会管理秩序的犯罪。就行为方式而言，两罪存在相似性，都属于强拿硬要型，抢劫罪中的暴力要求达到足以压制被害人反抗的地步，寻衅滋事罪中的暴力多为轻微暴力。“无论是通过法益的内容、行为的客观方面还是主观方面的限定，都只是对多数情况下两罪区别的一种描述，而无法形成明确的标准。”[②] 若行为人出于非法占有的目的，使用轻微暴力劫取少量财物该如何定性呢？从“寇平案”的处理结果而言，法官明显运用了以刑制罪理念。寇平因在列车上向被害人索要香烟未果，便使用轻微暴力打了被害人一巴掌，并从被害人口袋中搜出香烟并带走人民币 17 元。被告人寇平具有非法占有他人香烟的目的，这一行为从整体上看既符合抢劫罪的罪过形态，又可以被认定为符合寻衅滋事罪或抢劫罪的行为方式要求，如若认定为抢劫罪，则因为属于“在交通工具上抢劫”，被告人至少应当承受 10 年有期徒刑，从普罗大众的情感上而言，这明显过重，没有实现刑法处罚的妥当性。但是，如果按照寻衅滋事罪进行定罪量刑，则被告人至多应当承受 5 年有期徒刑，这不仅可以实现刑罚处罚的妥当性与合理性，也便于获得公众的情感认同。

---

① 参见高艳东《量刑与定罪互动论：为了量刑公正可变换罪名》，《现代法学》2009 年第 5 期。

② 付立庆：《论抢劫罪与强拿硬要型寻衅滋事罪之间的关系——以孙某寻衅滋事案为切入点》，《法学》2015 年第 4 期。

罪名的相似性不同于法条竞合，其外延大于法条竞合。“法条竞合是指一个行为同时符合刑法分则的数个规定，在裁判上只能适用其中的某一罪名，从而排斥其他法条适用的情形。”① 对于法条竞合的处理，必须坚持以刑制罪的理念，才可以实现刑法处罚的妥当性。“在法条之间存在交叉关系时，仅适用一个法条要么不能全面保护法益（两个法条的保护法益不同），要么不能全面评价行为的不法内容（虽然侵害相同法益，但不法内容存在区别），故不应当认定为法条竞合，而应认定为想象竞……在符合法益同一性标准的场合，只有当适应一个法条也能充分、全面评价行为的不法内容，且法条之间具有包容关系时，才应认定为法条竞合。”② 以上文提到的诈骗罪与保险诈骗罪为例，诈骗罪的法定最高刑为无期徒刑，与保险诈骗罪同属同一节的其他金融诈骗罪的最高法定刑也是无期徒刑，在保险诈骗罪的法定最高刑为 15 年有期徒刑这一罪刑明显失衡的情况下，数额特别巨大、情节特别严重的保险诈骗行为能否按普通诈骗罪定罪以判处更高的刑罚呢？虽然《刑法》第 266 条明文规定“本法另有规定的，依照规定”，但这仅仅是对于法条竞合而言的，在此种情形下，依然可以为了实现罪刑均衡的目的，将某些情形解释为构成想象竞合，以普通诈骗罪定罪处罚。“如若行为人保险诈骗数额特别巨大，那么，此时保险诈骗罪与普通诈骗罪便是想象竞合……不能充分、全面评价对数额特别巨大财产的不法侵害内容，所以，必须认定为想象竞合，认定同时触犯两罪，并按重罪（普通诈骗）的法定刑处罚。”③ 这里之所以认定为想象竞合，以刑制罪理念起到了决定性作用。如果将其认定为法条竞合，则无法以重罪论处，不能实现刑法处罚的妥当性。如果将其认定为法条竞合，仍以重罪论处，则违背了罪刑法定原则，罪刑法定原则是法治国的基本原则，是法治社会的底线，在任何时候都不得与之抵触，罪刑均衡原则必须始终坚持以罪刑法定原则为前提。如果刑法规范明确规定了特殊情形的某个罪名必须以明文规定的罪名进行论处，则不能以实现罪刑均衡为由选择性地以他罪进行论处。

---

① 周光权：《法条竞合的特别关系研究——兼与张明楷教授商榷》，《中国法学》2010 年第 3 期。

② 张明楷：《刑法学》（第 5 版），法律出版社，2016，第 486 页。

③ 张明楷：《刑法分则的解释原理·上》（第 2 版），中国人民大学出版社，2011，第 255 页。

4. 罪刑设置具有滞后性

"法律规范滞后，是指刑法规范落后于社会需要，立法主体没有及时做补充完善，直接适用该条款可能会殃及实质正义。"[①] 司法裁判者应当既维护刑法条文的至上性，又保证判决结果的可接受性。刑法滞后可分为自始滞后和继后滞后。前者是指刑法在制定颁布实行时，就落后于现实社会要求，不能满足实际需要而发生滞后。这种情况在现实生活中比较少见，因为立法当时，刑法一般能够满足现实需要。后者是指刑法因现实生活的发展，而使自身原先包含的内容因不能满足实际需要而发生滞后，也即由原先的适应需要变成滞后。这种情况在现实生活中大量存在。[②] 对于原来属于刑法规定的犯罪行为，因后来客观实际的变化，而逐渐丧失其法益侵害性甚至变成社会希望、需要的有利行为，如何评价非常重要。典型的如1979年刑法所严厉打击的投机倒把罪，彼时一些所谓的投机倒把行为现在已经成为国家所鼓励的有利于市场经济发展的合法行为。罪与非罪的评价标准，只能是看该种行为在变化了的客观实际中是否具有实质的法益侵害性，绝不能再以原先滞后的刑法规范来加以评价和认定。否则，将会导致相反且错误的结论，侵犯人权保障原则。"尤其当社会体制或价值规范落后于社会生活的时候，作为违反社会体制或价值规范的所谓犯罪往往成为社会变革的先声，从而促使社会变革的发生，以其独特的形式推进社会的发展，最终引起犯罪观念的变化，并将自身从法律规范意义上的犯罪桎梏中解脱出来，完成从罪到非罪的历史性飞跃。"[③]

（二）以刑制罪的适用原则

以刑制罪的司法适用除了必须坚持诸如罪刑法定原则等刑法基本原则之外，尚需坚持一些有助于实现刑法处罚妥当性的原则，尤为重要者，即为公众认同原则与以量刑合理为导向原则。以下就这两个重要原则做出分析。

---

① 赵运峰：《以刑制罪基本问题研究》，法律出版社，2017，第221页。

② 参见陈正云《刑法的缺陷及其解决》，《法学研究》1996年第3期。

③ 高铭暄、陈兴良：《挑战与机遇：面对市场经济的刑法学研究》，《中国法学》1993年第6期。

1. 公众认同原则

“法律本于人情，本属天经地义。”① 无法获得公众认同的裁判结论通常是不公正的判决结果，法官在适用以刑制罪理念时必须牢记这一颠扑不破的真理。法律商谈模式的引入，可以作为实现公众认同的重要路径。司法判决不应当是法官的独断性裁判，应当综合考量各方诉讼参与人的证据以及诉求，注重以说理信服于他人。“这种反思的交往形式，就是要求每个参与者采纳每个其他人之视角的论辩实践。”② 应当以协商论证作为沟通静止的法律规则与动态的案件事实的桥梁，从而实现公正的审判。“要使法律程序之道德实践意义上的合理内核显示出来，首先必须分析，规范论证和有约束力之规则的运用中的公平性观念，是怎么能够在现行法律、立法程序和司法程序之间确立起建构性联系的。这个公平性观念构成了实践理性的核心。……所有可能的相关者都能够作为自由和平等的人参加一种合作的真理追求过程，在这个过程中发挥作用的应该只是更好论据的强制力量。”③ 对于法律规范的解释而言，必须以契合公众认同为导向予以解释，因为“发生变化的并不是文本的含义，而是文本的意义”。④ 只有以公众认同为导向进行解释，才能够将法律规范合理适用于不断变化的社会情势，因为“文本的含义是确定的、可以复制的，而对文本的意义可以依据时代的不同作出不同的阐发”。⑤ 迦达默尔强调“视域融合”，这实际上是一种解释的态度。其认为，“解释”是解释者和文本之间的对话，且应以读者的解读为中心。有人反驳道：“如果文本的原初含义尚未被理解之时，这样一种融合何以会发生呢？迦达默尔无法回答的基本问题实际就是：人何以能断言文本的原初含义对我们来说是不可及的？”⑥ 事实上，文本的原初含义因为文本

① 梁根林：《刑事政策：立场与范畴》，法律出版社，2005，第36页。

② 〔德〕哈贝马斯：《在事实与规范之间——关于法律和民主法治国的商谈理论》，董世骏译，生活·读书·新知三联书店，2003，第274页。

③ 〔德〕哈贝马斯：《在事实与规范之间——关于法律和民主法治国的商谈理论》，董世骏译，生活·读书·新知三联书店，2003，第581页。

④ 〔美〕赫施：《解释的有效性》，王才勇译，生活·读书·新知三联书店，1991，第294页。

⑤ 〔美〕赫施：《客观阐释》，载胡经之、张首映主编《西方二十世纪文论选》（第3集），中国社会科学出版社，1989，第412页。

⑥ Terry Eagleton, *Literary Theory: An Introduction*, Minneapolis: University of Minnesota Press, 1983, p. 58.

本身的历久性以及作者本人的难觅性，往往无法获得；即使能够获得文本的原初含义，读者一样可以从文本中读出不同的含义，恰如每个人眼中都有自己所理解的红楼梦之意境。并且，对于法律文本而言，应当采取客观解释，因为“文本的语言含义并非一经发表就静止不动，它是活动的、是有生命力的，社会历史的发展会使它不断被赋予新的含义”。[①]

“对犯罪的认定，必须考虑一个社会的实用，考虑国民的规范意识或刑法认同感，以寻求结论的合理性。要求刑法的理论与实践充分考虑公众的认同感，就是要考虑哪些判决结论或理论解释是一般的国民可以接受的，符合一般国民的规范意识。从而肯定国民的经验、情理、感受的合理性。肯定生活利益的重要性。”[②] 应当使人与人之间交往的过程变成主体间平等沟通以及相互理解的过程。[③] 只有在这种充分注重协商的前提下，尽量避免“无效交往”以及“伪交往”，才能够达成基本共识，进而取得更多共识。也只有在取得共识的前提下，法官的裁判结论才能够实现公众认同，彰显司法的理性与权威。在实现公众认同的过程中，并非需要一概排斥成见，因为“成见并非必然是不正确的或者错误的，并非不可避免地会歪曲真题。事实上，我们存在的历史性包括着从词义上说的成见，他为我们整个的经验能力构造了最初的方向性。成见就是我们对世界开放的倾向性”。[④] 换言之，已有的成见是解释的前提，即使这种成见被证明是一种错误的知识，也是理解开始的依据和必要条件。对于法官而言，关键在于应当尽量在共识的基础上抛弃成见，实现裁判理由的合理化。

2. 以量刑合理为导向原则

“按照传统的罪刑关系实现模型，刑罚裁量往往具有被动性和结果性，定罪的唯一性和必然性导致刑罚处罚妥当性与合理性的调整空间明显受限，更遑论事前对定罪的有效制约作用。根据犯罪构成确立的罪名具有形式的严肃性、慎重性，甚至唯一性，不容随意违背法定的逻辑流程加以更改和调整。这是单向性思维被长期固化后的产物，本质上根源于过分重视司法

① 徐松林：《以刑释罪：一种刑法实质解释方法》，法律出版社，2015，第42页。
② 周光权：《论刑法的公众认同》，《中国法学》2003年第1期。
③ 参见〔德〕哈贝马斯《交往和社会进化》，张博树译，重庆出版社，1994，第210页。
④ 〔德〕迦达默尔：《哲学解释学》，夏镇平译，上海译文出版社，2004，第9页。

过程中罪名确定的形式判断及意义，忽视刑事责任的实质判断及意义所致。”[①] 换言之，定罪的手段意义被过分重视，量刑结果的实质公正意义被忽视。诚然，定罪的准确性通常意味着量刑结果的合理性，但并不尽然，且在普通案件的裁判中，以刑制罪理念已然在被法官潜移默化地适用。在疑难案件、罪刑设置模糊、罪刑设置滞后及罪刑设置明显失衡等案件中，法官必须适用以刑制罪理念，才能够实现合理择取案件事实，继而择定合法且合理的罪名予以定罪量刑，实现刑法处罚的妥当化，即量刑结果的合理化。

就当前学界而言，犯罪论的精致化反衬出刑罚论的粗糙化。就司法实践而言，其与学界一样，“重定罪，轻量刑”的思维久久挥之不去；即便在我国推行量刑规范化的背景下，量刑这一本应受到重视的过程却一直处于神秘化之中，其始终受到学界与公众的质疑。况且，我国相关量刑规范化指导意见没有合理厘定责任刑与预防刑的应然关系，即没有认识到量刑只能在首先确定责任刑的前提下，才能够考虑预防刑的裁量，[②] 而相关指导意见却违背了这一基本的量刑教义。量刑是对行为、行为人因素以及其他事实因素作用及其程度的综合评判，再怎么精致的犯罪论也无法全然解决量刑难点与疑点，何况犯罪论中的诸多问题仍旧达不成共识。[③] 应当坚持定罪与量刑并重原则，对于构成要件要素的解释应当坚持以量刑合理为导向原则。“感知正义是通过刑罚来实现的，只有罚当其罪、罪刑相称，人们才会觉得对犯罪人的判决是正义的。”[④] 基于对于罪刑法定原则的坚持，正义的判决不仅需要在量刑结果上获得公众认同，且需要在罪名认定上符合刑法教义学的基本规则。但是，无论如何，以量刑合理为导向原则必须得到遵守，且在这个舆论迸发的时代显得弥足珍贵。

五　结论

以刑制罪是从刑罚角度考虑犯罪问题的理念。其主要具有四个方面的

① 孙道萃：《以刑制罪的知识巡思与教义延拓》，《法学评论》2016 年第 2 期。
② 参见张明楷《责任刑与预防刑》，北京大学出版社，2015，第 33 页。
③ 参见王利荣《量刑说理机制》，中国人民公安大学出版社，2012，第 23 页。
④ 郝艳兵：《从决定论到互动论：罪刑关系模式的反思与调整》，《海峡法学》2015 年第 6 期。

法理依据：结果导向主义、形式合理性与实质合理性的辩证统一原理、追问目的的法律解释学理论以及罪刑关系的符号学解读理论。以刑制罪隐性地适用于所有刑事裁判领域。换言之，只要司法裁判者需要定罪量刑，则必然需要考虑以刑制罪理念，将其作为一个检验刑法处罚是否妥当的标准。以刑制罪的显性适用范围主要存在于四个领域：罪刑设置明显失衡、罪刑设置具有模糊性、罪刑设置具有相似性以及罪刑设置具有滞后性。司法裁判者在适用以刑制罪理念时，除了刑法基本原则之外，尤为需要坚持公众认同原则以及以量刑合理为导向原则。目光应当在案件事实与刑法规范之间循环往复，获得合法的便是合理的裁判结果。应当以刑罚处罚的妥当性为视角，厘定值得刑罚处罚的行为值得多重的刑罚处罚，从而兼顾构成要件的实质解释。总之，根据以刑制罪逻辑得出的结论必须经受规范目的与规范文义的双重检验，实现在契合罪刑法定原则的形式侧面的前提下，达到罪刑法定的实质侧面的追求目标。

刑事“案多人少”的司法困境与刑法破解

李婉楠*

【摘　要】面对日益严重的刑事司法“案多人少”困境，实务中以增加人员或提高效率思路为指导的应对之策忽视了“案多”这一真正问题，因而无法长久起效。针对我国刑事案件持续高攀的背后存在的刑法观念、刑罚结构、刑法适用等因素，需要通过谦抑理念、犯罪概念、刑法适用的价值和方法重述予以破解。在实践层面，必须明确各诉讼阶段的刑事法律适用，严守案件入口关、发挥刑事诉讼程序的过滤功能、提升审判质量，以减少刑事案件数量。

【关键字】案多人少；破解之法；刑法适用；刑法谦抑；刑事程序

当前，以审判为中心的刑事司法改革对案件质量提出更高要求，但严重的“案多人少”困境使程序公正和实体公正均大打折扣。为有效解决“案多人少”问题，理论与实务界纷纷提供应对之策，但目前该问题并未得到实质性解决。最高人民法院工作报告显示，2014 年各级人民法院审结一

* 李婉楠，广州市人民检察院检察官助理，法学硕士。

审刑事案件 102.3 万件，而 2017 年这一数字攀升到 548.9 万件，增长了 4.36 倍！如此巨幅的案件增长，难道真的仅仅是社会转型所致吗？当下应对之策与现实存在何种错位？刑法又在其中扮演了什么样的角色？应当如何破解？本文试对此进行研究，以期对刑事司法“案多人少”困境的破解提供新的思路。

一 刑事司法“案多人少”的当下应对之策评析

由于我国幅员辽阔，各地区发展不均衡、社会环境相差甚大，司法工作量也悬殊，所以尽管我国刑事法官人均办案数量不高，刑事司法中的“案多人少”困境却十分严重，北上广、珠三角、东部沿海地区尤为突出，这是当前刑事理论与实务的普遍共识。目前，如何有效解决“案多人少”困境已成为刑事司法的核心议题之一。

（一）刑事司法“案多人少”困境的应对方案

针对“案多人少”困境，各界纷纷献言献策，各类方案的核心可以归结为增加人员和提高效率两种思路。具体方案有如下几种。

1. 增加办案人员

该方案最初是呼吁增加法官、检察官编制和人数，员额制改革落实之后逐渐消弭，取而代之的是向办案量多的地方倾斜员额比例、增强一线办案力量。例如广东在坚持不突破中央确定的整体员额比 39% 的前提下，对案件量较少的粤东、西、北地区，核定法官员额低于 30%，对案件量大的珠三角核心 5 市，核定法官员额占全省总额的 46%。① 同时，通过购买社会服务等方式增加司法辅助人员，减少法官、检察官的事务性工作，从而提升办案量。

2. 优化内部管理

该方案认为资源的扩充并不能被简单等同于法官人数的大量增加，还

① 参见赵杨《化解“案多人少”广东改革见效》，《南方日报》2016 年 8 月 18 日，第 A03 版。

包括通过将办案业务和行政事务的结构进行重组优化，以更好地应对更多案件的处理需要。[①] 要深挖内潜，向管理要效益，减少无谓的人力资源消耗，合理分布工作量，提高人力资源集约化水平等。[②] 在具体操作上，主张内设机构改革，精简综合管理部门，确保主要资源配置给业务部门；减少内部审批流程，去行政化，使法官、检察官集中力量办案；建立内部案件流程监控机制，督促及时结案；等等。

3. 借助智慧工具

该方案认为传统的案件办理过程中存在大量耗时长、效率低的办案环节，通过开展“智慧检务”“智慧法院”等方式可以有效破解这一难题。如建设远程视频提审、视频审判系统，缓解用警压力，减少空间距离造成的资源浪费；如研究类型化的法律文书自动生成等办案软件，节约司法成本；运用大数据分析系统进行智能辅助，使审判结果偏离度为零或在合理数值区间内，保证“同案同判”。[③]

4. 繁简分流制度

繁简分流是指根据案件难易程度等因素，适用不同的诉讼程序，以实现司法资源的合理配置。这是当前理论和实务最为认同的方案，简易程序、刑事速裁、认罪认罚从宽制度是其主要体现。刑事简易程序的立法演变紧随刑事司法“案多人少”问题的发展而展开。司法机关重建之初，全国刑事案件数量总共仅 12 万余件[④]，所以 1979 年刑事诉讼法中未见简易程序相关内容。1996 年，全国一审刑事案件审结数已达 616676 件[⑤]，遂设立刑事简易程序。1998 年至 2002 年，全国法院共审结一审刑事案件 283 万件，比之前 5 年上升 16%[⑥]，故确立了“普通程序简化审”程序。案件负担的增长

① 参见尤陈俊《“案多人少”的应对之道：清代、民国和当代的比较研究》，《法商研究》2013 年第 3 期。

② 参见邹碧华《“案多人少”的管理学解读》，《中国审判新闻月刊》2014 年第 96 期。

③ 参见李哲《大数据破解“案多人少”难题》，《经济日报》2017 年 8 月 16 日，第 5 版。

④ 参见朱景文《中国法律发展报告：数据库与指标体系》，中国人民大学出版社，2007，第 6 页。

⑤ 数据来源于《中国法律年鉴（1987 - 1997）》，中国法律年鉴出版社，1997，第 874 页。

⑥ 数据来源于 2003 年《最高人民法院工作报告》。

将同时导致法院体系的扩大和简化，后者即指审判程序的简化。① 为应对轻微刑事案件的激增和逐渐增大的办案压力，刑事速裁程序应运而生，针对轻微刑事案件进行更为细致的繁简分流，尽可能保障案件的快速审理，竭力实现“速裁”之目的。在此基础上，考虑到传统的对抗式诉讼格局会消耗大量司法资源，体现非对抗式诉讼格局的认罪认罚从宽处理制度，一定程度上消解了控辩之间的对抗性，进一步推动了案件繁简分流，统筹并协调普通、简易、速裁等多元程序的分别适用②，大量的简单轻微刑事案件被拉入“快车道”，节省的司法资源不可估量。

（二）当前方案应对“案多人少”的现实困境

上述四种应对之策基于不同的着眼点，提出的各种具体方案在理论上均具有一定的可能性，但也存在相当的问题。

增加办案人员不具有现实性。一方面，办案人数的增加，意味着从事行政管理事务的岗位必须增加，而根据帕金森定律，官僚会制造更多的官僚③，司法机构的膨胀和臃肿会带来财政、人事、效率、公正等诸多问题。另一方面，办案人数不可能与案件数量同倍增长，尤其是员额制对法官、检察官的数量设定了“天花板”，即便是将员额数向案多地区倾斜，较于庞大的刑事案件数量，无异于杯水车薪。优化内部管理方式具有时代局限性。该方案针对司法机关以往存在的行政业务不分家、人浮于事、效率低下等历史遗留问题对症下药，但深挖内潜不可能无限扩容，当现代化管理方式替代传统机制之后，该方案便很难再起作用。借助智慧工具的策略缺乏针对性。该方案有助于办案效率的提升，但远程提审、远程审判等所解决的实践问题从来也不是产生“案多人少”司法困境的主要原因，而大数据智能分析保证判决结果偏离度为零的做法是否有助于个案公正有待论证。

前三种对策的问题较为明显，因而也不被作为应对“案多人少”的主

---

① 参见〔美〕波纳斯《联邦法院：挑战与改革》，邓海平译，中国政法大学出版社，2002，第186页。

② 参见陈卫东《认罪认罚从宽制度研究》，《中国法学》2016年第2期。

③ 参见〔英〕帕金森《官场病（帕金森定律）》，陈休征译，生活·读书·新知三联书店，1982，第1~12页。

力军，需要详细说明的是被寄予厚望的刑事案件繁简分流机制。繁简分流的实践效果是立竿见影的，但从长期的角度看，在应对“案多人少”困境上却未能持续高效。

其一，“案多人少”现象反复出现。1996 年刑事诉讼法为应对“案多人少”问题增设简易程序；不到 5 年，“案多人少”现象益发严重，实务中展开了普通程序简化审的探索；2006 年，“案多人少”问题再次凸显，轻刑快审机制被启动；2012 年对简易程序进行完善之后，一时间“案多人少”问题似乎得到解决，但刑事速裁、量刑协商制度的提出表明该现象的解决依然任重道远。过去 20 年在应对“案多人少”问题上存在着循环往复的奇怪现象——通过程序分流、简化来缓解“案多人少”现象，而当“案多人少”问题再次严重时，就进一步继续程序分流和简化，这种做法本质上是在提升程序的容纳能力，程序越简化，其容纳度越高。然而，程序的容纳能力毕竟有限，在刑事案件数量持续增加的前提下，程序究竟要简化到何种程度呢？从普通程序到刑事速裁，程序的简化空间究竟还剩几何？

其二，“案多人少”现象从宏观转向微观。从表面上看，程序简化使大量刑事案件得以被快速处理，“案多人少”现象的解决在宏观上表现为刑事司法积案减少，刑事诉讼效率提高。但在微观上，这意味着单位时间内法官处理的刑事案件数量大为增加，在目前司法改革强调法官、检察官办案终身责任制的背景下，个体精力、办案质量要求与案件数量之间的矛盾更加尖锐，办案压力不减反增，“案多人少”的困境在个体层面反而更加严重。另外，程序简化的同时，办案期限也在缩短，个案被快速处理意味着个案的司法资源被压缩，案件数量与司法资源之间的矛盾并未缓解。

其三，刑事审判程序流于形式。且不论刑事程序过度简化是否有碍形式正义的实现，刑事司法中大量存在的“刑期倒挂”现象就表明实质正义已经受到影响。所谓“刑期倒挂”，就是“关多久判多久”，根据被告人先前羁押的时间来确定最终的宣告刑。实践中，案件数量过多导致逮捕审查形式化，逮捕适用普遍，而一旦逮捕将会产生后续程序压力，这种压力往往会通过提起公诉转嫁给法院。同样面临“案多人少”压力的法官，即便有时认为被告人刑事责任很轻微，甚至行为不应当被作为犯罪处理，作为案件审结出口的法院也不得不通过量刑结果的倒挂、倒推来维持国家刑事司法的形式合法。[①] 如此做法将被告人刑事责任的轻重裁量与审前羁押挂钩，本质上抛弃了“审判中心主义”的诉讼法则，是将审判作为“流水线”工程的后续作业给侦查活动盖上合法的印章。[②]

（三）重新界定破解“案多人少”的逻辑起点

上述诸多方案不能起到长久作用的根源在于它们均属于“应对”之策，而非“破解”之法。“应对”，《辞海》中的解释是“言语之间的对答”，本意是指对交谈对方言语的回应，现在多用于采取措施、对策以应付出现的情况的语境。可见，该词语的内涵是对问题造成的困难局面的解决，对问题出现本身报以接受或无法拒绝态度，而不是避免问题的出现。按照事物不断发展的哲学原理，当问题逐渐严重或演变成新的问题，旧的应对之策不能予以有效回应，则或加大回应力度，或另求应对路径，直至新的应对之策再次失效，如此循环往复。而“破解”，具有解除、分析解释之意。它关注的不是问题带来的不利局面该如何面对，而是问题本身，通过分析解释问题产生的原因，解除导致问题产生的各种因素，从本源上避免问题的出现。应对之策并非无用，相反，它能够解决眼前紧迫的困难，解决当下最主要的矛盾，对于突发、偶发问题，往往效果奇佳。但针对反复、长期存在的问题，仅仅依赖应对之策，便好似扬汤止沸，必须结合破解之法的釜底抽薪，才能由表及里，找准问题的关键，从根源上解决问题。

毫无疑问，“案多人少”司法困境是我国刑事司法长期存在且反复出现的困境，其解决不能离开“破解”之法，而破解则需找准“问题”所在。办案人员的相对增多、案件种类的持续分流、司法程序的逐步精简、内部管理的不断优化，都没能阻挡“案多人少”困境的出现，这从反面印证了“人少”“效率低”不是至少不是现阶段“案多人少”困境的真正问题。一个必须要承认的逻辑前提是，如果没有刑事案件数量过多的事实，便也不

① 这种情况常见于轻微刑事犯罪中，这类犯罪中有相当部分处于法官认为的“可判可不判”之间，但出于案件量过大、被告人已被逮捕等情况，不得不做出有罪判决，适用刑期折抵制度，在预留出必要的程序办理时间后，根据先行羁押期限判处相应刑罚，使被告人尽快结束羁押状态。这是一种妥协下的公正。

② 参见闵春雷《以审判为中心：内涵解读及实现路径》，《法律科学》2015 年第 3 期。

存在“案多人少”的司法困境。“案多”（且案件持续增多）才是“案多人少”困境的问题所在，这一问题本身具有长期性、继发性，因此单纯依靠应对之策只能起一时之效。换言之，“案多人少”的司法困境需要在“案多”上寻找破解之道。上述方案五花八门，不外乎增加人数或提高效率两种思路，是在接受案件数量持续增多现实的前提下的回应性对策，而正因为案件数量在持续上升，这些方案才无法长久生效，困境总是卷土重来。在同样存在严重“案多人少”困境的民事司法领域，早有学者对回应性的应对之策产生怀疑，并主张缓解民事司法“案多人少”的困境，应当扩充公民诉求表达途径、畅通政治表达渠道，将司法归位于非诉讼性的、政治性纠纷解决渠道不足的弥补地位，防止权利意识导致法院诉案增加。① 但在刑事司法领域，几乎没有观点提出要通过某种方式减少刑事案件数量。这并不是研究者们没有意识到“案多”是关键，而是绝大多数的研究者认为这是一个需要被回应的问题，而不是需要被破解的问题，即它本身不是一个真正的问题，或者因不可避免而应当予以接受。那么探讨我国刑事案件数量多且持续增多的现实是不是一个真正的问题，便是破解刑事司法“案多人少”困境的逻辑起点。

在当前关于刑事司法“案多人少”问题的探讨中，理论界与实务界往往认为刑事案件数量的增多是我国当前社会经济迅速发展、社会转型时期犯罪增加的必然结果，只能寻求政治转型、社会治理、犯罪预防的途径，刑事司法似乎无可作为，只能照单全收。然而，与基于自由意志的民事案件所具有的天然性不同，刑事案件的基石是罪刑法定，其存在是以人定的法律规范的符合性评价为基础的，这决定了刑事案件天生比民事案件更具有人的可控性。不过，民事司法的“不诉不理”原则、民事案件的多种替代性纠纷处理机制，是公权力强制介入的刑事案件②所无法比拟的，即刑事案件一律强制纳入刑事司法。这意味着一旦刑事案件的评价基础出现问题，就可能出现非刑事案件进入刑事司法的情况。此时，“案多”就不是纯粹的客观事实，而成为一个需破解的问题。近年来，我国刑事案件数量呈激增

① 参见姜峰《法院“案多人少”与国家治道变革——转型时期中国的政治与司法忧思》，《政法论坛》2015 年第 3 期。

② 鉴于实践中刑事自诉案件数量较少，本文仅讨论刑事公诉案件。

之势。以 2014 年为例，当年全国法院审理刑事案件给予刑事处罚的人数共 1164531 人，其中判处 3 年以下有期徒刑及以下刑罚的总共 980056 人，占 84.16%。[①] 可见，轻微刑事案件[②]占我国刑事案件的绝大部分，是当前刑事司法“案多人少”困境的主要压力来源。这些案件理论上处于行政违法与严重的刑事犯罪之间，但“从行为性质层面来讲，不论是在国内还是国外，对犯罪与行政违法行为的界限划分都是一个非常困难的问题”[③]，导致实践中相当数量的所谓的“刑事案件”突破了罪刑法定的边线，将触角伸向了行政违法领域。这样的“案多”已然成为一个与刑事规范相关的刑事司法问题，必须厘清导致问题产生的因素，从根本上、源头上减少刑事案件数量。

二　刑事司法“案多人少”困境的刑法因素

上已论证，“案多人少”司法困境的核心问题在于“案多”，而当前我国不断增多的刑事案件中夹杂了大量的非刑事案件，成为“案多人少”的主要压力来源。如此情况，是刑法观念、刑罚结构、刑法适用等多方因素综合作用的结果。

（一）导致“案多”的刑法观念因素

改革开放 40 多年来，民众在对待刑法的态度上，出现从谈之色变、避之不及到主动寻求刑法介入的转变。理论上讲，社会转型必然引发纠纷增加，但社会变革下传统解决机制在陌生人社会失灵，人们因此更多转向司法。[④] 当民众自身利益遭受侵害，尤其是损失较大时，侵害人的恶性在受侵

---

① 数据来源于《中国法律年鉴 2015》，中国法律年鉴出版社，2015，第 1014 页。

② 轻微刑事案件在我国本身更具有程序法属性概念，是某类特定程序展开或诉讼行为发生的前提条件。但在该类案件具体范围的界定上，应从实体法角度明确：所谓轻微刑事案件，即根据行为的危害程度和刑法规定，是指最高可能判处 3 年或 3 年以下有期徒刑、拘役、管制或者单处罚金的案件。参见潘金贵《轻微刑事案件快速办理机制研究》，中国检察出版社，2015，第 1 ~ 14 页。

③ 敦宁：《刑事处罚与行政处罚的方法界限——兼论犯罪与行政违法的范围划定问题》，载赵秉志主编《刑法论丛》第 1 卷，法律出版社，2015，第 169 页。

④ 参见苏力《审判管理与社会管理——法院如何有效回应“案多人少”》，《中国法学》2010 年第 6 期。

害人这里被过分放大，受个体复仇心理的驱动，加之维权成本的考量，受侵害人常常不满足单纯的民事赔偿，而期待国家能够动用刑罚权予以严惩，甚至在遭受拒绝的情况下采用上访、信访、闹事等方式。

与此同时，刑法工具主义的重新抬头给予了民众有效回应。中国历来将刑法作为社会管理的主要倚仗，产生了“法即刑”的传统法律文化，即便是调整民事、家事方面内容，也依然以刑事责任为法律后果，如“诸居父母及夫丧而嫁娶者，徒三年”[①] 等。以国家利益和社会秩序稳定作为社会最高价值的理念被渗透到包括部分私人事务的社会绝大部分领域中[②]，从而“法治”异变为“刑治”。出于稳定和秩序的需要，刑法作为保障社会最强有力的规范成为社会治理的最便宜选择，在民意潮流的不断推动下，顺势令刑法拓展在市民生活中的范畴。如在以中国金融刑法为代表的立法领域中，存在为达到安抚社会公众情绪之目的而形式立法的情况。[③] 在顶层设计上，面对新兴行业暴露出的失范情状和市场经济体制下一系列问题的应对和治理，刑法的功效被过分突出。犯罪化的立法成为转型期社会治理的重要手段，甚至某些道德范畴的失范行为也被纳入刑法规制，如背信行为入罪等。司法层面则更为明显，在有些情况下，刑法被简单化为镇压犯罪、保障秩序的主要工具，人为降低犯罪门槛导致大量非刑事案件进入刑事司法。如此种种，导致“国家可能无处不在，其触角可能伸到每一个角落和缝隙”[④]。这种刑法万能主义和刑法工具主义的观念导致了刑事案件的不必要增多，是导致当前刑事司法“案多人少”现象的刑法观念因素。

（二）导致“案多”的刑法结构因素

刑法结构，是刑法作为一个系统，作为组成因素的罪与刑在数量上的组合配置。其中罪的数量是犯罪圈的大小，体现为刑事法网的严密程度；刑的数量是刑罚的轻重，体现为法定刑罚的苛厉程度。[⑤] 当前我国刑法结构

---

① 《唐律·户婚》。

② 参见张中秋《中西法律文化比较研究》，南京大学出版社，1991，第97页。

③ 参见魏昌东《新刑法工具主义批判与矫正》，《法学》2016年第2期。

④ 〔美〕约瑟夫·凯米莱里、吉米·福尔克：《主权的终结？日趋“缩小”和“碎片化”的世界政治》，李东燕译，浙江人民出版社，2011，第251页。

⑤ 参见储槐植《刑事一体化论要》，北京大学出版社，2007，第54页。

正从“厉而不严”向“严而不厉”转变，这在客观上导致了刑事案件数量的增多。

“严打”政策实施前，我国共设有140个罪名，1997年《刑法》将罪名增加至412个，1997年至今，新增犯罪63个，废除原有罪名3个，罪名总数上升到469个。犯罪圈的扩大化是我国刑事立法自始至今的总体走向，社会发展过程中涌现的新领域不断被纳入刑法范畴，知识产权、生态保护、网络安全等相继成为刑法保护的重要法益。同时，刑法规制内容也更为细化。以破坏社会主义市场经济秩序罪为例，1979年《刑法》第三章仅有15个条文，却涵盖了走私、投机倒把、偷税、伪造货币及有价证券、侵犯商标、破坏资源环境等罪名。如今，该章有刑法条文102条，下设生产、销售伪劣商品罪等八节，每一节下又分门别类、加以细化，充分体现了刑事法网的逐渐细化和严密。不仅如此，法益保护的前置化导致犯罪门槛降低。刑法在划定规制行为的范围问题上，经历了从重视行为造成严重的现实危害结果，到重视行为本身的严重社会危害性，再到对犯罪先在行为和前危险行为加以重视的递进过程。从行为的发生过程来看，刑法介入阶段从结果发生后的事后追责一步一步提前到对潜在危险的事前防控，如抽象危险犯的犯罪构成要件可以对保护的法益进行周延和提前的风险控制，是对法益的前置化保护措施①，实质上是降低了犯罪门槛。

此外，刑事立法之初，自由刑和生命刑是我国刑罚结构的中心，而如今，死刑比重不断下降，管制、拘役、罚金刑大大增加，刑罚结构向以自由刑和罚金刑为中心转变。以罚金刑为例，20世纪80年代，我国刑法配置罚金刑的犯罪个数仅有20个，占总数的14.3%，《刑法修正案（九）》颁布后，这一数字上升至212个，占总数的45%。② 同时，社区矫正、禁止令、从业禁止等非刑罚处罚方式进入刑罚体系，体现了刑罚方式与非刑罚处罚方式的衔接和过渡，非刑罚方式、罚金刑及短期自由刑成为以刑罚治理犯罪的主要力量，重刑主义导致的犯罪高门槛格局被打破。在罪责刑相适应

① 参见谢杰《抽象危险犯的反思性审视与优化展望——基于风险社会的刑法保护》，《政治与法律》2011年第2期。

② 参见苏永生《变动中的刑罚结构——由〈刑法修正案（九）〉引发的思考》，《法学论坛》2015年第5期。

原则的反向调控下，部分社会危害性较低的行为得以被纳入刑法的规制范围。例如，劳动教养制度废除后，原有的治安管理处罚、劳动教养、刑罚的三级违法犯罪制裁体系变为治安处罚、刑罚的二元结构模式，刑法承担起部分劳动教养的合理功能，通过犯罪门槛的下调将部分行政违法行为归入刑法范畴。刑罚的轻缓化使刑法具有较低强度的刑罚配置，是“轻罪入刑”得以实现的必要条件。如此轻罪扩容，本质是降低了原有犯罪认定的“量”的标准，而结果就是刑罚轻缓化下的轻微刑事案件激增。

（三）导致“案多”的刑法适用因素

刑法，静态地看乃一法典文本，动态地看乃一司法过程①，刑法的边界在司法实践的具体适用中才得以清晰明确。刑法适用失当则会导致刑法越位和扩张，造成刑事案件数量的人为增多。

其一，忽视认定犯罪的司法标准。《刑法》对犯罪的规定是抽象化、类型化的，刑事司法针对具体行为是否成立犯罪的判断却要求具体化、精细化标准。以抽象危险犯为例，由于立法定性定量模式下抽象危险在犯罪构成要件中的预设，往往认为其危险蕴含于行为之中，行为之实施表明危险之存在，故行为一经着手即告犯罪成立。在这种思路的指导下，实践中该类犯罪几乎是“一律入罪”，对行为的现实危险、严重程度等统统不加考虑，导致此类刑案数量极大。例如有观点认为在刑事立法已然兼顾总则规定的刑法体系下，应当坚持刑事司法中的“醉驾”一律入刑②，实践中甚至将一些因食物药物中含有酒精导致含量超标的、在地下车库或停车场醉酒发动车辆的情形也作为犯罪处理。再如，有观点主张扒窃型盗窃犯罪之成立不应有犯罪数额之要求限定③，而刑事司法也出现了扒窃 1.5 元以盗窃罪处以 6 个月有期徒刑的荒唐判决④。

其二，人为降低认定犯罪的司法标准。《刑法》中存在大量的“数额犯”

---

① 参见〔美〕庞德《通过法律的社会控制》，沈宗灵译，商务印书馆，2010，第 24 页。

② 参见陈伟《醉驾：“一律入刑”还是“区别对待”》，《法制与社会发展》2012 年第 1 期。

③ 参见肖中华、孙利国《“扒窃”犯罪成立要素的合理界定——侧重于行为无价值论的基本立场》，《政治与法律》2012 年第 9 期。

④ 参见梁根林《但书、罪量与扒窃入罪》，《法学研究》2013 年第 2 期。

"情节犯"，刑事司法解释对此进行了一系列的量化，这成为实务办案的直接标准。然而，司法解释对"数额""情节"所做的规定只是相关犯罪成立的某一要素的具体化，不是认定犯罪的全部依据。但实践中唯数额论、情节论的情况并不少见，只要行为涉及的数额、情节符合司法解释规定，就"一刀切"地认定为犯罪，这无疑忽视了个罪成立的其他方面要求。此外，司法实践中存在大量的对严重的违法行为予以"定性现行，量刑调整"的刑事处理①，反映了在认定犯罪的司法标准上的人为降低，由此产生的刑事案件不符合罪刑法定的原则要求。

其三，片面理解和孤立适用分则罪状。刑法分则罪状是对犯罪的不完整描述，且多是从行为的客观外在表征进行抽象化类型概括，犯罪构成所要求的犯罪主体、犯罪主观方面、犯罪客体并不是分则罪状条文的必备要素。如果仅以分则罪状作为定罪的依据，势必会将犯罪的外延大大扩展，将不属于刑法规制的行为也按照犯罪处理。以生产、销售假（劣）药罪为例，实践中，对于从香港、澳门等境外"代购"当地药品的情形，由于一些药品不具备我国境内药品管理的生产批号，或者属于应当依法批准或检验进口的，一般会被按假药、劣药处理，进而此种"代购"药品的行为在形式上就符合销售假药罪或销售劣药罪的构成要件，被按照相关犯罪处理。然而，透过"陆勇案"②"倪海清案"③等案件折射出的法与正义之冲突，这些药品本身对相关病症确有疗效，并无侵犯人体健康之虞，销售此种药品的行为除违背药品管理监督制度之外，存在何种严重的社会危害性以至

① 即将常见多发的严重违法行为在性质上评价为犯罪，再予以轻刑处置，以发挥刑法的教育和治理功能。参见于同志《刑法扩张下的审判立场》，《人民法院报》2016 年 4 月 20 日，第 6 版。

② 患有慢粒性白血病的陆勇因无力负担价格高昂的正规抗癌药"格列卫"，转而从印度购买价格低廉的同类抗癌产品，通过病友的传播和 QQ 群等途径，越来越多的患者向其寻求帮助，该药品价格也因"团购"从一盒 4000 元降至数百元。为方便资金流转，陆勇购买了 3 张信用卡，并将其中一张交给印度公司作为收款账户。后案发，陆勇以"妨碍信用卡管理罪"和"销售假药罪"被提起诉讼，最终被不予起诉。

③ 江湖郎中倪海清偶然间获得了别人的家传秘方，在其基础上研制出一种治疗癌症晚期的中草药秘方，拯救了数百位癌症晚期病人，并于 2009 年成立了海清民间草药研究所，后获得肿瘤内服中草药片剂国家发明专利，但该片剂并无生产许可证及药品管理部门的批准文号，在法律上被认定为"假药"，因而其被以涉嫌生产、销售假药罪起诉，一审被判处有期徒刑 10 年，二审改判为有期徒刑 7 年。

于要动用刑法呢？刑法当真是要违背公义、剥夺个体绝望之中自救的希望吗？显然不是，如此做法是对分则条文的机械遵守，缺乏对犯罪本质的正确认识。再如，实践中对于盗窃井盖、电缆等案件（未达到普通盗窃数额标准）存在不考虑具体环境情况、不加区分地以破坏交通设置、破坏电力设备等罪定性的情况，同样是对罪状的片面理解所致。诸如此类的情形在刑法分则的适用中比比皆是，由于立法技术本身的疏漏缺陷、罪状自身的不周延和司法适用上对其理解简单机械化，实践中存在大量看似符合刑法规定，实质不满足犯罪构成的行为被予以定罪，这类案件数量相当大。

三　破解“案多人少”司法困境的刑法路径基础

种种情形表明，我国刑事案件数量过多的问题背后存在一定的刑法因素，这导致很多非刑事案件进入刑事诉讼，既造成了“案多人少”困境，又影响了刑事司法公正。因此，有必要从刑法视角出发，重塑司法对刑法的正确理解和适用。

（一）坚守刑法谦抑是破解“案多人少”的根本准则

刑法基于国家刑罚权而存在，刑罚是国家权力和意志的集中表达，是任何政治形态下治理国家的必备手段。它以国家强制力为后盾，其暴力性质起到有效的震慑作用，以实现秩序维护之目的。国家产生于人们自愿让渡的部分自由，国家作为保存者和管理者，必须保卫它不受侵犯，并由此产生刑罚。国家权力仅限于人们自愿让渡的那部分自由，而不能侵犯人们剩下的那份自由，“这一份份最少量自由的结晶形成惩罚权，一切额外的东西都是擅权，而非公正”①。现代国家理念中民主、自由、人权思想的发展，以及政治国家与市民社会的二元独立，都要求体现国家意志的刑法尽可能少地侵入私人生活领域。而与犯罪长期斗争的经验也表明，犯罪作为现象的产生具有复杂的原因，单一的刑罚工具不足以遏制，且刑罚作用机制的

① 〔意〕贝卡里亚：《论犯罪与刑罚》，黄风译，北京大学出版社，2008，第9页。

间接性导致其预防犯罪的局限性。[①] 同时，刑罚具有高于其他法律后果的威慑力，公民对其寄予处置重大违法行为的期望，由此产生了刑罚的信用，处处适用刑罚就会降低其信用，并过大地限制公民的自由，“造成国民的激愤”。[②] 不论是出于秩序还是正义，刑法谦抑都是必须坚守的准则。

基于我国古代法律“以刑为主，诸法合体”的体系特点，“以礼入刑”“出乎礼则入于刑”，刑罚是我国古代社会秩序维护的单一化制裁手段。与之相伴而生的，则是众所周知的中华法系刑罚的严酷性。而重刑之下，如若刑法又极尽网罗天下之事，百姓生活细微之处亦不放过，势必使民动辄得罪、无所适从，最终群起而攻之，动摇乃至颠覆统治。如此便形成了我国法制史上“法不责众”的治世经验和刑法传统。通过此种方式实现对重刑弊端的补救，缩小打击面，在罪刑结构关系上呈“厉而不严”局面。这种刑罚结构蕴含着一定的刑法谦抑精神，体现为“罪之谦抑”，即克制刑法干预的事项，划定较小的犯罪圈。随着社会文明的发展，现代刑法理念中人道主义精神对严苛残酷的重刑主义予以批判，刑罚轻缓化成为全球提倡的刑法时代精神。同时，经济发展带动了社会关系的复杂化，实现国家法治必然不可避免地扩大刑法的调整范围。刑罚结构上开始从“厉而不严”到“严而不厉”的转变，本质上是刑法谦抑的表达重点从“罪”到“刑”的转变。事实上，刑法谦抑既包括罪之谦抑，也包括刑之谦抑。罪之谦抑是对刑法干预社会生活的审慎、克制的理性态度；刑之谦抑是国家刑罚权的力度不能过猛，强调刑罚量的适度，二者不可偏废。在“案多人少”问题上，必须坚守刑法谦抑理念，尤其是罪之谦抑，不仅是立法上，更是在司法上，因为谦抑的司法能动可以补救不完美的立法谦抑。当然，作为一种理念，刑法谦抑的坚守必然是贯彻于立法与司法的。

在立法层面上，要时刻认识到刑事法律的严厉性，理性而审慎地确定刑法的边界。需说明的是，经济发展带来的社会关系复杂化以及全球一体化背景都必然会导致刑法关注事项的客观扩大，但这与刑法谦抑理念并不相悖。事实上，刑法谦抑理念中的紧缩、缩减乃一个相对概念，要求在刑

① 参见张永红《我国刑法第 13 条但书研究》，法律出版社，2004，第 20 ~ 23 页。

② 参见张明楷《刑法格言的展开》，北京大学出版社，2013，第 171 页。

法的扩张性和必要性之间寻求理性、合理的平衡，而非绝对的压制之义，它更强调一种谨慎的态度。司法层面上，定罪量刑无不充斥着价值判断，因而必须坚守刑法谦抑。事实上，一定的刑事立法下，刑法谦抑的常态应体现为司法上的谦抑，包括罪之谦抑和刑之谦抑。在“案多人少”问题上，更要强调罪与非罪的司法认定须秉持刑法谦抑理念。刑法规范的抽象性决定了刑法的司法适用不可避免地要面临解释的问题，而对犯罪的规范构成要素的解释是满足主体需要的价值判断。基于不同的价值理念，刑法解释的立场亦会有所不同，进而对司法中犯罪圈的具体划定产生影响，尤其是当行为介于罪与非罪的边缘时，司法裁判者的价值判断关乎刑法实际的扩张或限缩。这不仅涉及一定的价值取向，还涵盖了多种价值诉求如何平衡的问题，而刑法谦抑理念以人权保障为出发点的价值整合功能恰恰与罪与非罪的司法价值判断需要相契合。[①] 面对具体的危害行为，刑事司法应当基于刑法谦抑理念对行为社会危害性予以考量，对该行为是否应当动用刑罚加以科处进行价值评判，在刑法规范的选择和解释上秉持谦抑理念科学调整犯罪辐射的范围。

（二）正确理解犯罪是破解“案多人少”的核心工具

犯罪概念是对“犯罪”区别于其他事物的内在属性的客观描述，根据认识角度的不同，有形式概念、实质概念和混合型概念之分。犯罪的形式概念，是从犯罪的法律表现形式上给犯罪下定义，强调犯罪对刑事规范的违反，将犯罪的认定限定在刑事立法规范的外在、具体、直观的表述中，而不揭示立法将其规定为犯罪的背后原因。犯罪的实质概念，是从内在、抽象的角度解释行为为什么被规定为犯罪，如权利侵害说、法益侵害说、规范违反说、社会危害性说等。混合型犯罪概念兼采形式与实质。我国《刑法》第 13 条前半部分强调犯罪对刑法规范的违反，后半部分的“危害”界定及“但书”规定表明犯罪有严重社会危害性，是典型的混合型犯罪概念。有观点认为，混合型犯罪概念使犯罪变得混乱，主张分解为指导立法政策工作的实质部分和防止司法擅断的形式部分，各司其职以保障刑法的

① 参见李占州《罪与非罪定论》，中国人民公安大学出版社，2011，第 52 页。

内在价值。然而，任何事物都既有外在的、具象的、可观感的形式，又有内在的、抽象的、难以感知的实质，形式是实质的外在表现，实质是形式的内在支撑。混合型犯罪概念绝非形式与实质的简单叠加，而是辩证统一的。囿于立法语言的抽象性，“形式”往往不能直观、精准地反映“实质”内涵，如果机械遵守“形式”，忽视“实质”的内在限制，就会导致刑法扩大适用。刑事司法在认定犯罪时，不仅应重视规范的文义，也需实质理解刑法内涵，通过实质解释将不当罚的行为排除在犯罪之外，防止因对刑法条文的片面理解导致司法上犯罪圈的实际扩大。

进一步来看，社会危害性、刑事违法性和应受刑罚惩罚性是我国犯罪概念的三大基本特征，理论上关于何者为犯罪的本质特征的争论持续不休。有观点认为，犯罪的核心和前提是行为具有社会危害性和刑事违法性，应受刑罚惩罚性则是由此衍生的法律后果。这将三大基本特征的并列地位打破，使其呈现梯度关系，即社会危害性和刑事违法性是第一顺位的，应受刑罚惩罚性则是第二顺位。该观点在逻辑上不能自圆其说，因为根据犯罪概念，犯罪是同时符合三大基本特征的行为，若将“应受刑罚惩罚性”视作犯罪的法律后果，无疑承认行为在符合这一特征之前就构成犯罪，逻辑上难以自洽。其实，从犯罪本质来讲，既然只有同时符合三大基本特征的行为才能构成犯罪，那么单独的任一基本特征都不能够涵盖犯罪的全部，只有这三大基本特征的有机统一体才能真实反映犯罪本质。在内在关系上，三大基本特征紧密联系、不可分割：缺乏社会危害性，刑事违法性就违背了罪刑法定实质侧面之要求；没有刑事违法性，应受刑罚惩罚性也就无从谈起；而没有应受刑罚惩罚性，社会危害性就会沦为一个空泛虚无的概念。

“并非惩罚造就了犯罪，但由于惩罚，犯罪才明显地暴露在我们眼前”①，由犯罪引起的区别于民事、行政责任的刑事责任的承担使犯罪与其他危害行为的区别显而易见。而应受刑罚惩罚性不仅反映了犯罪具有危害社会的本质，还体现了犯罪特有的内部联系——社会危害性达到一定程度，从而将犯罪与其他危害行为区分开来。② 通过突出应受刑罚惩罚的性质，可以彰

① 参见〔法〕迪尔凯姆《社会学方法的总则》，狄玉明译，商务印书馆，1995，第 87 页。

② 参见陈忠林《应受刑罚惩罚性是犯罪的本质特征》，《现代法学》1986 年第 2 期。

显刑事法律义务及后果的特有内涵，方能从刑法规范在行为与裁判的二重功能上说明犯罪人因何受到谴责以及受到何种谴责。[①] 由于人类认识的有限性、法律规范的不明确以及各种非理性因素的影响，犯罪的社会危害性和刑事违法性在某些情况下可能出现错位：部分具有严重社会危害性的行为未被犯罪化，或者某些行为虽符合刑法规定，却不具有严重的社会危害性。这时，应受刑罚惩罚性就体现出其作为“尺度”居间调节的巨大作用：对于前者，在立法上考量该类型行为的社会危害性是否达到需动用刑罚的地步，进而决定是否需将其纳入犯罪圈，体现罪刑法定的实质侧面要求；对于后者，将应受刑罚惩罚性作为犯罪成立的总要求，把那些社会危害程度不足以动用刑罚惩罚的行为排除在刑法规制之外，发挥罪刑法定限定司法权的功能。此外，一般认为犯罪构成是认定犯罪的唯一根据。然而，犯罪构成是抽象层面对犯罪行为的类型化规定，是基于社会危害性的刑事违法性之体现，却不等同于犯罪。社会危害性和刑事违法性更多的是直接作用于抽象之罪，应受刑罚惩罚性则直接作用于实践中的具体犯罪，因为只有对具体行为才能考量其是否已严重危害社会达到应当动用刑罚惩罚的程度。作为立法的“量”的反映，“但书”是其内涵的具体化呈现。如故意造成他人轻微伤的行为符合故意伤害罪的犯罪构成四要件，但通过应受刑罚惩罚性的过滤调整，实践中将造成轻伤以下结果的故意伤害行为不作为犯罪处理。所以，应受刑罚惩罚性是具体行为构成犯罪的把关性的总条件，刑事司法认定犯罪时应予以重视，防止因刑法尺度过宽导致刑事案件认定错误。

（三）体系适用刑法是破解“案多人少”的基本方法

定罪的过程乃是以法律准绳对被证据所证实的案件事实做出判断和评价的过程。只有行为符合刑法关于犯罪的所有规定，且不具备排除犯罪性的事由，即具备“法律符合性”的行为方能认定构成犯罪，而不仅仅是只要求符合分则罪状之规定。诚然，分则罪状是与刑事案件联系最直接的法律规范，但其只是对犯罪局部行为特征的描述，而非对犯罪构成的整体性

---

① 参见万志鹏、张异《应受刑罚惩罚性：我国刑法中刑事责任的本质——兼论德、日刑法中的责任观》，《湖南大学学报》（社会科学版）2011 年第 3 期。

涵盖。我国按照单个犯罪主体既遂模式进行罪状的立法规定，除单位犯罪情形，一般默认犯罪主体是单个自然人而在罪状中不表；犯罪主观方面的内容也只有在过失情形下才出现在罪状中，一般都默认为故意犯罪。正如特拉伊宁所言，就单个犯罪的犯罪构成来看，罪状中没有包含其全部因素，因而罪状比犯罪构成窄。[①] 如果仅把罪状作为定罪的法律依据，无疑是挂一漏万，忽视了其他方面对犯罪成立的限制，显然会导致犯罪口径的极大扩大。

普遍认为，刑法总则与分则之间是一般与特殊、抽象与具体的关系。有观点主张，根据特别法优于一般法的基本原理，当刑法分则存在不同于总则的特别规定时，应优先适用分则规定，即“刑法分则对总则排除适用”[②]。可是，总则与分则俱为《刑法》一体，科学的立法强调法典体系的一致性、完整性，否则其司法将陷入手足无措之境，又怎能自我矛盾？实际上，出于简化立法的考量，将犯罪成立的一般性内容规定在刑法总则中，具体罪名典型性的、区别于他罪的特殊要件规定在分则罪状中，此种一般与特殊，并非互斥，实乃互补。例如，未明文规定的犯罪构成要件，如刑事责任年龄、犯罪故意等均需根据总则规定予以补充；总则关于犯罪概念的规定，“但书”所反映的对“罪量”的要求同样是对分则罪状的补充，需一并蕴含在定罪活动之中；等等。再者，刑法分则以单个犯罪主体的既遂状态为模式进行法律规定和刑罚匹配，但共犯、犯罪预备、中止、未遂等犯罪形态同样受到刑法规制，体现在刑法总则相关规定之中，为修正形态的犯罪成立提供依据。如此种种均表明，刑法作为司法法，对一国刑法法典的适用不可断章取义、肆意取舍，刑法规则的完整性适用是面向司法的刑法追求公正的当然要求。不过，体系适用刑法规则不是“唯规则论”。规则的高度抽象简化了社会的复杂性，却又因社会日益复杂使其被过分简化，反而难以直面；“唯规则论”无视案件中“诸多潜在关联因素”，如行为人背景和行为环境，即缺少具体问题具体分析，不满足当前社会的司法需要。[③] 体系适用刑法必须置于案件情境之中，以实现实质公正为导向，这离

① 参见〔苏〕特拉伊宁《犯罪构成的一般学说》，中国人民大学出版社，1958，第219页。

② 参见聂昭伟《刑法分则对总则排除适用现象探析——刑法总则与分则关系的重新梳理》，《法律适用》2011年第4期。

③ 参见刘远《何谓刑法：基于司法逻辑的重述》，《法治研究》2016年第2期。

不开刑法基本原则的内在指导。

罪刑法定是刑事领域的法治国原则，需要发动国家刑罚权的事项必须经由代表民主主义的立法确立才能赋予刑罚发动的合法性，未经立法犯罪化的事项表明国家刑罚权在该区域的放弃，司法无权以实质解释为由肆意犯罪化。但基于司法的刑法解释并非侧重执行的行政，仍需保持能动，基于权衡进行出罪解释。[①] 如此，在入罪上保持审慎克制，在出罪上防止机械教条，从而最大限度保障人权，避免刑法功利性的工具色彩使其强制力变成非理性的暴力。罪责刑相适应原则基于并合主义的立场，蕴含了罪刑之间的双向制约关系——刑罚不单是犯罪决定的对象，即“罚当其罪”，同时对犯罪也有一定的制约作用，即“罪当其罚”，要求犯罪必须是具备可罚性的行为。这表明罪责刑相适应原则具有定罪意义，体现在立法上，是以行为是否值得动用刑罚评判行为是否应当入罪，即“以刑定罪”；在司法阶段，因罪刑法定原则和犯罪刑事违法性的本质要求，刑罚的动用及大小是以出现符合刑法规定的犯罪为前提的，即司法阶段是“以罪定刑”。这要求司法者在认定犯罪时，不仅要考虑犯罪决定刑罚的司法层面的罪刑关系，也需要根据立法上刑对罪的制约关系来理解刑法条文。例如，立法为绑架罪配置了相当严重的刑罚，司法者在适用时应对绑架罪的构成要件采严格解释，以实现定罪层面的罪刑均衡。此外，刑法的体系适用还包括刑事政策的应用。虽然宽严相济刑事政策是我国的基本刑事政策，但地方化政策表达、专项斗争行动以及出于地方稳定的政绩需要使不少地方的司法机关在行政协调下遵从某类违法行为的严厉打击，存在但凡涉嫌犯罪“一律批捕、一律起诉、一律判决”的强权逻辑。[②] 事实上，刑事政策与刑法的关系也是双向互动的。在立法层面上，刑事政策代表了党和国家对犯罪治理的态度，刑事立法活动应当在刑事政策的指导方针下进行；但在司法层面上，一旦立法活动完成，法治国理念下治理犯罪只能遵从刑法，刑事政策的运行只能限于刑法的框架之内，遵从刑法基本原则的指导。

---

① 参见王帅《对刑法解释中非司法逻辑的批判和反思》，《法律方法》2016 年第 1 期。

② 参见吴青山、李春阳《刑事政策、刑法与刑事司法关系新论——以检察机关为视角》，《湖南社会科学》2016 年第 2 期。

四　破解“案多人少”司法困境的刑法司法实践

从刑法视角出发，“案多人少”更多的是因刑事司法的盲目扩张、刑罚泛化。[①] 这需要在刑法理念上通过刑法谦抑、犯罪概念、刑法适用的重审进行破解，继而纠正司法。落实到实践层面，则要守好刑事案件入口关，发挥刑事程序的过滤功能，做好案件出口关工作，以减轻刑事司法的案件负荷。

（一）入口关：严守刑事案件的立案标准

刑事立案阶段是刑事诉讼程序的开端，刑事立案标准是衡量一个事件能否作为刑事案件进入诉讼程序的尺度。我国《刑事诉讼法》第 112 条规定，司法机关按照管辖范围进行审查，认为有犯罪事实需要追究刑事责任的，应予立案；认为无犯罪事实或犯罪事实显著轻微，不需要追究刑事责任的，不予立案。可见，刑事立案标准主要围绕着既有事实是否能证明存在需刑事司法追究的犯罪事实，衡量犯罪事实的法律依据关乎初步的犯罪门槛划定，涉及刑法对犯罪的具体规定。当然，立案阶段侦查活动尚未开始，许多案件的事实尚处于不确定或不清晰状态，因此刑事立案标准显然不可能等同于定罪标准或犯罪成立标准。在这一阶段，应当以排除的视角加以审视，将已凸显出无犯罪事实或不需要追究刑事责任内容的案件排除在刑事立案的大门。

刑事立案标准有立法标准和司法标准之分，立法标准即刑法关于具体罪名构成要件之规定，司法标准即司法机关根据立法标准而做出的一系列为实践可把握、易操作的立案追诉条件。立法标准和司法标准间应当是抽象与具体、指导与被指导的关系，司法标准必须在立法的边界之内进行。公安部、最高检关于刑事案件立案追诉标准的规定，是实践中进行立案追诉的主要依据。刑事立案活动展开时，既要重视司法标准中各种具体指标，

---

① 参见石聚航《刑法谦抑性是如何被搁浅的？——基于定罪实践的反思性观察》，《法制与社会发展》2014 年第 1 期。

也不能忽视立法标准的指导和限定作用，而刑法既是刑事立案的实体性标准，又是最终对刑事案件裁决的依据，这就要求立案的司法标准不可与最终的定罪标准脱节。定罪环节处于刑事诉讼活动的终端，定罪标准完整全面；立案环节居于刑事程序开端，事实不明的案件状态决定了其标准必然较为粗略。但这种区别应限于内容的"宽度"，在立案和定罪都明文规定的指标上，二者应当保持一致，否则会导致刑事司法无法处理的案件被纳入其中。例如，实践中有些地方赌资达1000元以上即以赌博进行刑事立案，而《刑法》要求赌博罪的成立需以赌博为业、聚众、抽头渔利等，执法民警也明知这种案件只能给予行为人治安处罚。[①] 所以，司法实践中的刑事立案标准不得突破刑法边界，不得随意降低犯罪标准。一方面，不能将属于治安管理处罚范畴的案件纳入刑事立案标准中；另一方面，刑事立案追诉标准的具体规定应与刑法、相关司法解释保持一致。

此外，注意刑事立案标准形式与实质的统一。刑事立案追诉标准的规定，多是对具体罪名某一个或几个犯罪构成要件要素的展开和具象直观的描述，其中同样蕴含了形式与实质相统一的要求。例如，针对"数额较大"的立法要求，不同地区根据当地经济发展情况在司法解释的范围内执行不同的立案起点标准。一般来说，在司法忠实于立法的情况下，实质标准已然蕴含在形式标准之中，但在某些情况下，仅仅遵从形式立案标准的规定不能满足实质标准的要求。例如，危险驾驶罪中醉酒驾驶机动车的，其立案标准曾要求行为人血液中酒精含量达到80mg/100ml，只要达标即予刑事立案。但这只是个医学标准，无法表明行为的严重社会危害性，以此标志行为人应受刑事追究是片面的、不适当的。刑事立案时，不仅要考虑具体数额、情节的形式立案标准，更要牢牢把握严重社会危害性这一实质标准。对于那些未达到严重社会危害程度实质标准的案件，应当通过治安违法案件、民事案件的处理程序解决，不予刑事立案。

（二）过滤器：发挥刑事诉讼的筛选功能

刑事程序不仅是刑事案件被处理的过程，也是不断证明案件是否确属

① 参见尹军《公安刑事立案标准论》，《公安研究》2009年第8期。

刑事司法管辖的过程，这是刑事诉讼程序天然具有的筛选过滤功能。随着事实不断明朗、证据不断充分，可能会出现案件不适格的情况，这就需要通过刑事诉讼的过滤筛选功能将这些案件剔除出刑事程序，确保走向审判阶段的是真正的刑事案件。

司法实践中羁押性强制措施的滥用，导致应当被过滤掉的案件在程序压力下被动地继续向前推进。作为法治国家刑事程序中不得已的“恶”，强制措施不可避免地有预支刑罚的效果和作用，刑期折抵制度正是为弥补该种不得已的“恶”而存在的。由此，刑事强制措施的发动就不应当成为刑事诉讼的必然或常态化选择，而是万不得已下的“消极”措施，不能积极主动地、不加区分地适用。同时，在适用强制措施时，应当考虑是否存在可弥补性、是否存在实质上可以适用刑期折抵制度的空间，这要求对犯罪的社会危害性程度进行评价。此外，刑事案件由犯罪事实和行为人两方面构成，适用强制措施时不仅要考虑犯罪事实方面，也要注重行为人因素，考察行为人是否应受刑事追究。对于应受刑事责任追究的，在适用层级上需对其人身危险性进行具体考察。以逮捕为例，实践中存在以行为人系外地人员，有逃跑可能为理由和依据的逮捕，其违背了适用逮捕的实质条件要求。既然强制措施是为了消除诉讼阻碍因素，那么就只有在阻碍因素确实存在并达到相当程度时方可适用。换言之，对于不会阻碍诉讼进行的，不应采取强制措施；对于危险性层级较低、需要采取强制措施的，应采取取保候审、监视居住措施；对于危险性较高，采取取保候审不足以防止相当社会危险性发生的，才需要采取剥夺人身自由的强制措施。这要求在侦查阶段不仅要搜集证明犯罪基本构成方面事实的证据，也要注重对与犯罪嫌疑人人身危险性相关的证据的收集。在适用强制措施时，尤其是在逮捕的提请和批准以及捕后羁押审查上，更要注意对犯罪嫌疑人人身危险性的综合评价。

审查起诉阶段的不起诉制度，是刑事诉讼过滤功能的重要体现，其实现依赖于检察官的自由裁量权。虽然法定不起诉的情形相对明确，但何为没有犯罪事实、证据不足，情节显著轻微、危害不大，均需检察官的自由裁量；酌定不起诉和附条件不起诉更加需要检察官在抽象立法下具体判断。但检察官的自由裁量属于“拘束下的自由”，必须具备实质的规范标准，体现刑罚个别化。在起诉便宜主义逐渐介入刑事诉讼的情况下，检察官职能发生调整，对起诉法定主义下法官的职能进行部分分担，即使案件的犯罪事实清楚明确，若犯罪人的事后表现可以明显减轻罪责判断，也就无须再进入审判阶段裁决，而可以采替代审判程序或审判程序外的制裁措施，这有助于行为人的再社会化。[①] 从实效角度，不起诉实际上排除犯罪嫌疑人对刑事责任的承担，避免刑罚加诸其身，达到使犯罪嫌疑人不受刑罚惩罚的效果。从手段服务于目的的功利意义上来讲，审查起诉阶段做出不起诉决定的裁量标准应当是犯罪嫌疑人是否应受刑罚惩罚的实质考量。这一标准兼顾了实体和程序、报应和预防双方面的需求，发挥着对刑事违法性的限定功能，并通过“量”的确定指导检察官对犯罪成立、犯罪构成要件进行实质解释和判断。

具体操作层面，将犯罪嫌疑人不应受刑罚惩罚作为不起诉决定的裁量标准，须以案件事实为基准，但不能只停留在司法解释有所规定的犯罪构成要素上，而应看具体案件事实与抽象法律规定之间能否契合、是否在实质上符合犯罪本质要求。一方面，提取与犯罪相关的全部事实和情节，包括犯罪基本构成事实以外的情节，乃至罪前、罪后情节。这些事实虽不是犯罪构成所要求的事实，却是可以反映犯罪行为社会危害性程度的内容。如果忽视这一点，可能会对情节显著轻微不构成犯罪的案件提起公诉。另一方面，对于犯罪嫌疑人自身的因素，包括其自身的一贯品行、生活经历等，犯罪的动机目的、手段环境等，罪后是否真诚悔罪、弥补损失等，被害人是否宽宥、社会反响等方面的内容都必须加以综合分析和整体判断。

（三）出口关：提升刑事案件的审判质量

审判阶段位于刑事案件的程序出口端，公正良好的审判不仅可以减少上诉、抗诉等二次诉讼，还可以缓解各方伤痛、促使社会关系恢复、防止次生犯罪，更能发挥和取得宣传教化的政治作用与社会效果，产生深远意义。这要求在定性上正确理解刑法规范，在量刑上规范自由裁量权行使。

刑法规范是审判阶段应用演绎逻辑进行刑事案件裁判时的大前提，错

① 参见刘学敏《检察机关附条件不起诉裁量权运用之探讨》，《中国法学》2014 年第 6 期。

误的理解必然导致错误的推导结果。而刑法内在结构紧密相连，任何一个刑法条文都不是孤立存在的，因此必须体系适用刑法。

首先，所有刑法条文均在刑法谦抑理念指导下运行，人权保障是刑法整体的指向，法官在审判阶段适用刑法时应保持理性克制。对于“可判可不判”的刑事案件，坚持罪刑法定原则进行裁决。对行为社会危害性严重但刑法尚未对此有明文规定的行为，不能定罪；对形式上符合犯罪构成要件但情节显著轻微、社会危害性未达严重程度的，也不能定罪。其次，重视《刑法》体系的内在关系。其一，总则是犯罪共性的一般规定，对分则具有指导、修正和补充作用。刑法基本原则贯穿刑法始终；犯罪概念、犯罪主体、犯罪主观心态、正当防卫、紧急避险、量刑情节等方面内容的规定是在分则罪状基础上对“质”和“量”方面的补充；犯罪未完成形态、共同犯罪等内容是对以单个主体既遂模式规定犯罪的分则罪状的修正。其二，总则条文之间相互关联。对总则条文的理解和适用也必须在基本原则的指导下进行，不可突破罪刑法定原则或有违罪刑均衡。《刑法》第 13 条是理解总则关于定罪部分内容的基础和标准，如正当防卫与防卫过当的区分界限、未完成形态下犯罪成立的实质标准等。其三，分则条文之间亦有关联。注意犯罪客体对区分此罪与彼罪的重大意义；注意加重犯罪构成或减轻犯罪构成部分；注意规定、法律拟制、转化犯的存在，决定了不能只将目光狭隘地放在个罪罪状上。最后，要将刑事司法解释置于整个刑法体系中适用。一方面，不能超出刑法的边界，不能擅自增加刑法规制的事项，不能在内容上存在与刑法相冲突的地方。另一方面，司法解释不是刑法解释的终点站，对于司法解释还存在再理解的过程，必须将之放置于刑法体系内部全面分析，不仅是其直接针对的个罪罪状，还要考虑是否与犯罪概念等指导性内容保持一致。

量刑是一种司法决策活动，其结果是个案正义是否实现的最直观反映，这一过程不能脱离法官的自由裁量。自由裁量权是刑事司法对立法不能穷尽现实情况的局限性的补充和救济，是个案公平正义的实现前提，为保障权力的正当行使，必须加以规范。一方面，法官的量刑自由裁量权不能过大。我国曾采用估堆式的传统量刑方法，将刑的裁量完全建立在法官个人对刑法的理解和以往办案经验上，灵活有余、规范不足，容易出现非理性的结果，导致量刑不公等问题。另一方面，法官的量刑自由裁量权也不能过小。曾有学者主张削弱法官的自由裁量权，甚至提出“电脑量刑”的实践方式。如果法官的量刑自由裁量权被过分限缩，僵化和程式化的量刑同样难保量刑公正有效实现。在量刑规范化改革的背景下，法官自由裁量权的规范适用必须把握“适度”标准。其实现前提是，法官的自由裁量权必须在刑法规范下运行。主要体现为在犯罪成立对应的法定刑幅度内量刑，即使要突破法定刑配置，也必须于法有据。同时，法定量刑情节必须依法认定并根据具体的刑罚运用规则增减刑罚量；酌定量刑情节的适用必须符合刑法的理念，既不能排除适用，也不能随意增设。

法官自由裁量的量刑，是价值判断、综合分析和实质考量的结果，对于某一具体被告人的刑事责任因何而增、因何而减，以及具体刑罚方式的选择都明确具有规范依据和价值支撑，是理性的判断。这一过程不能忽视量刑的实质要求，不能脱离报应和预防二元责任目的指导，要兼顾人道主义、诉讼效率等多元价值需求，充分考虑刑事案件中包括实体和程序，犯罪行为和犯罪人，罪前、罪中和罪后的一切情节因素，在罪责刑相适应原则指导下，遵从刑法规定，综合判断以实现个案公正。

刑事实体辩护有效性的困境与实现

黄驿媚*

【摘　要】在刑事实体辩护中律师的实质作用并未得到有效发挥，究其原因主要在于部分辩护律师对刑事实体法的理解和适用存在误区。为实现刑事实体辩护有效性，辩护律师应严格遵循刑法基本原则、全面正确地适用刑法规范、合理运用宽严相济刑事政策以及适时强调谦抑人道等刑法精神，具体操作为：首先以刑法规范为指导，归纳、认定案件事实，其次遵循刑法相关规则与理论，合理选择辩护策略，最后全面梳理事实与法律理由，完善辩护意见。

【关键词】刑事实体辩护；有效性；定性辩护；量刑辩护

刑事实体辩护有效性的实现，既是刑事辩护律师的基本职责所在，也是国家设置刑事辩护制度的目标指向。然而，综观当前我国刑事辩护现状，其实体上的有效性还很是不足。本文试就此进行探究，以求有益于刑事辩护实务和理论研究。

* 黄驿媚，重庆坤源衡泰律师事务所律师助理，法学硕士。

一 刑事实体辩护有效性的基本理解

（一）刑事实体辩护的概念与种类

所谓刑事辩护，通常指被追诉者及其辩护人为维护被追诉者合法权益，从事实和法律层面反驳追诉者的指控，提出对被追诉者有利的材料和意见的活动，[①] 包括刑事程序辩护和刑事实体辩护。前者是从刑事诉讼各环节的办案程序合法性等程序性视角提出有利于被告人的辩护意见的情形，后者是从实体角度反驳控诉，提出有利于犯罪嫌疑人、被告人的材料和意见的情形，[②] 具体是“围绕被告人是否构成犯罪、是否需要追究刑事责任以及从轻、减轻处罚等量刑问题展开的辩护活动”，[③] 包括从犯罪性质、犯罪情节、适用法律等事实和法律角度寻找根据，为被告人做无罪或罪轻辩护。[④] 总之，其是围绕有关刑事实体问题展开的抗辩活动。[⑤]

根据被追诉人及其辩护人所追求的诉讼目标的不同，刑事实体辩护可分为定性实体辩护和量刑实体辩护两种。其中，前者又可分为无罪实体辩护与罪轻实体辩护两种。[⑥] 无罪实体辩护是指被追诉人及其辩护人为了实现对被追诉人的无罪化处理，依据事实、证据和法律在实体上反驳有罪指控，旨在推翻控方指控和证明被追诉人无罪的辩护。[⑦] 这种辩护，是以刑法为根据，针对控方指控的罪名，主要从犯罪构成要件的角度对指控予以彻底的否定。罪轻实体辩护是指在实体上反驳罪重指控，论证被追诉人罪轻的辩护，大致有三种形态：第一种是改重罪为轻罪的辩护；第二种是在数个罪

① 参见孙长永《刑事诉讼法学》（第2版），法律出版社，2013，第110页。

② 参见熊秋红《刑事辩护论》，法律出版社，1998，第5页。

③ 参见田文昌、陈瑞华《刑事辩护的中国经验》，北京大学出版社，2012，第16页。

④ 顾永忠：《刑事辩护技能与技巧培训学习指南》，法律出版社，2010，第161页。

⑤ 参见张月满、张海莹《试论程序辩护》，《法学论坛》2005年第5期。

⑥ 参见左卫民、马静华《效果与悖论：中国刑事辩护作用机制实证研究——以S省D县为例》，《政法论坛》2012年第2期。

⑦ 参见成安《无罪辩护实证研究——以无罪辩护率为考察对象》，《西南民族大学学报》（人文社会科学版）2012年第2期。

名中否定部分罪名的辩护；第三种是降低犯罪数额的辩护。[①] 这种辩护，是以刑法为根据，通过推翻控方指控的部分事实或罪名，说服法官认定较少犯罪事实或选择适用较轻罪名的辩护活动。[②] 作为独立辩护形态的“量刑辩护”，是指被追诉人及其辩护人根据事实和法律，回应控方的重量刑建议，提出轻量刑意见，旨在使被追诉人获得轻量刑结果。[③] 这种辩护，是以刑事实体法律规范为依据，围绕法定量刑情节和酌定量刑情节而展开的。

（二）刑事辩护有效性的理解

在理论上，对何为辩护有效性，有不同理解。概括起来主要有如下几种观点。一是辩护质量说。有学者认为，其旨在考察辩护质量，[④] 在实质上获得律师有质量的辩护。[⑤] 二是从宽处理说。有学者认为，其是通过抗辩而获得实体上或程序上的从宽处理。[⑥] 三是机关认可说。有学者认为，其是辩护意见被有权机关认可。[⑦]

综观以上几种观点，虽然在表述上有所不同，但实质上的理解是大体一致的，即它是有质量的辩护意见被办案机关采纳而获得实体从宽的诉讼结果。据此，辩护有效性的判断标准，应当包括是否提出了有质量的辩护意见、意见是否被办案机关采纳、被追诉人是否获得从宽处罚结果。显然，刑事实体辩护也需具备这三个相互关联的标准要素。

二　刑事实体辩护有效性的现状考察

（一）案件样本总体情况

为考察刑事实体辩护有效性的现状，笔者收集了位于我国北部的 B 市 C

① 参见田文昌、陈瑞华《刑事辩护的中国经验》，北京大学出版社，2012，第 135 页。

② 参见陈瑞华《论刑事辩护的理论分类》，《法学》2016 年第 7 期。

③ 参见姜涛《量刑辩护制度研究》，《浙江社会科学》2009 年第 6 期。

④ 参见熊秋红《有效辩护、无效辩护的国际标准和本土化思考》，《中国刑事法杂志》2014 年第 6 期。

⑤ 参见汤景祯《论刑事辩护的普遍性和有效性》，《云南大学学报法学版》2013 年第 1 期。

⑥ 参见石浩旭《刑事有效辩护的相关概念新辨》，《司法》2014 年第 1 期。

⑦ 参见顾永忠、李竺聘《论刑事辩护的有效性及其实现条件——兼议“无效辩护”在我国的引入》，《西部法学评论》2008 年第 2 期。

区、位于我国东部的S市P区、位于我国南部的G省S市B区以及位于我国西部的C市C区四地法院2014年7月至2016年6月的480件有辩护律师的刑事案件作为样本，并进行了类型化的数据分析。[①] 着重了解辩护律师的辩护策略、所发表的实体辩护意见、法院的采信情况等。虽然案件样本数量有限，难以覆盖实践中的所有情况，但也能在一定程度上说明问题。

表1的样本中，有652个被告人通过委托或指定的方式获得698位辩护律师的帮助，其中指定辩护律师151人，所占比例为21.6%，委托辩护律师547人，所占比例为78.4%。案件样本所涉及罪名包括盗窃罪、抢劫罪、诈骗罪、故意伤害罪、贩卖毒品罪、妨害公务罪、容留卖淫罪、受贿罪等33个罪名。

表1　律师参与刑事案件辩护一览

单位：件

案件类型	2014.7至2014.12		2015.1至2015.12		2016.1至2016.6	
	指定辩护	委托辩护	指定辩护	委托辩护	指定辩护	委托辩护
危害公共安全	0	6	0	15	0	8
破坏社会主义市场经济秩序	0	11	0	15	0	7
侵犯公民人身权利、民主权利	7	17	20	38	4	18
侵犯财产	13	25	24	50	11	27
妨害社会管理秩序	0	31	4	61	3	36
贪污贿赂	0	8	0	10	0	5
渎职	0	2	0	3	0	1

2. 辩护策略构成情况

律师辩护策略是指针对控方的有罪指控，辩护律师为维护被指控人的合法权益所采取的基本抗辩方法。[②] 根据辩护律师的诉讼目标不同，可将辩护策略分为定性辩护策略、量刑辩护策略以及定性加量刑辩护策略。本文按照这三种辩护策略类型对案件样本进行分类考察，以刑事被追诉人为单位统

① 样本抽选限定在2014年7月至2016年6月（以结案日期为标准），并以月份为单位，在四地法院随机抽取有辩护律师的刑事案件各5件，因此累计480件。

② 参见欧明艳、黄晨《从形式到实质：刑事辩护对裁判结果影响力研究——以C市Y中院近3年198名被告人的律师辩护为样本》，《法律适用》2016年第1期。

计，辩护律师只作定性辩护的有 54 个，所占比例为 8. 28 %，其中无罪辩护 21 个，罪轻辩护 33 个；只作量刑辩护的有 497 个，所占比例为 76. 23%；既作定性辩护又作量刑辩护的有 101 个，所占比例为 15. 49%，其中既作无罪辩护又作量刑辩护的有 24 个，既作罪轻辩护又作量刑辩护的有 77 个（见图 1）。

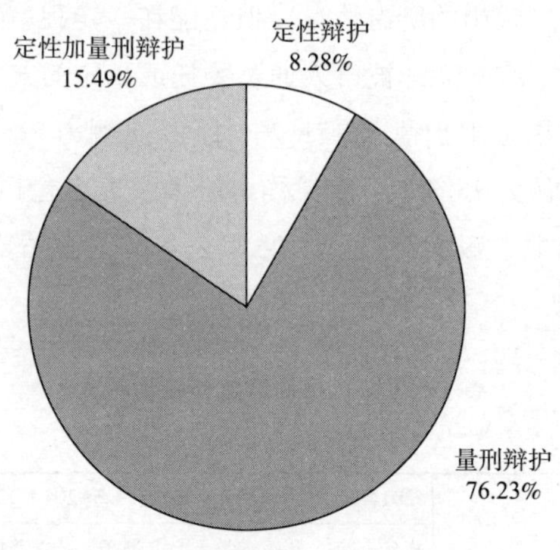

图 1　辩护策略构成情况

（二）定性辩护有效性的现状考察

1. 定性辩护策略选择不当

其一，无罪辩护策略选择不当，具体是指对于几乎没有无罪辩护空间的刑事案件，律师依旧选择无罪辩护；对于存在无罪辩护空间的刑事案件，律师未采取无罪辩护，选择了量刑辩护。从笔者调取的样本来看，在 480 件刑事案件中，辩护律师采取无罪辩护的刑事案件有 37 件，涉及 45 个被告人，但其中 34 件刑事案件几乎没有无罪辩护的空间。因为在这类刑事案件中，控方指控的犯罪事实清楚，定罪证据充分，适用刑法正确，甚至某些案件的被告人对事实和罪名均没有异议，但律师依旧选择无罪辩护，无罪辩护意见也未被采纳。因此无论从行为标准还是结果标准来看，其辩护有效性没有实现。在辩护律师没有采取无罪辩护的案件中，有 13 件刑事案件确实存在无罪辩护的空间。这类刑事案件都有一个共同的特征，即被告人的行为虽然符合刑法分则的相关规定，但由于情节显著轻微，危害不大，可不以犯罪论处。此时辩护律师完全可以运用《刑法》第 13 条的“但书”

规定进行无罪辩护，然而律师还是选择了量刑辩护。虽然量刑辩护意见被采纳，貌似符合辩护有效性的结果标准，但由于没有达到行为标准，其辩护有效性并没有完全实现。

其二，罪轻辩护策略选择不当，具体是指对于几乎没有罪轻辩护空间的刑事案件，律师依旧选择罪轻辩护。[①] 从笔者调查统计的数据来看，在480件案件样本中，辩护律师采取罪轻辩护的刑事案件有87件，涉及110个被告人，但其中69件刑事案件几乎没有罪轻辩护的空间。因为在这类刑事案件中，控方指控的所有犯罪事实均清楚，定罪证据充分，适用刑法并无不当，但律师依旧选择罪轻辩护，罪轻辩护意见也未被采纳。因此无论从行为标准还是结果标准来看，其辩护有效性并未实现。

2. 定性辩护意见论证乏力

定性辩护意见论证乏力主要体现为辩护律师对控方指控的犯罪事实存在异议，提出某一或者全部事实不清，证据不足的无罪或者罪轻辩护意见，但是事实如何不清、证据如何不足，辩护律师并没有根据有效证据予以充分论证，以至于定性辩护意见没有被采纳，无论从行为标准还是结果标准来看，其辩护有效性并未实现。在涉及定性辩护的124件案件样本中，此类型的刑事案件共81件，所占比例为65.3%。定性辩护意见论证乏力还体现为辩护律师对事实无异议，但没有正确地结合刑事实体法规范予以充分论证，以至于定性辩护意见没有被采纳，无论从行为标准还是结果标准来看，其辩护有效性并未实现。在选择定性辩护策略的124件案件样本中，此类型的刑事案件共28件，所占比例为22.6%。

3. 定性辩护意见采纳率低

案件样本中律师提出的定性辩护意见都是实体性意见，即实体上的无罪辩护意见和实体上的罪轻辩护意见。律师提出的206个定性辩护意见中，法院最终采纳17个，采纳率为8.3%。从类型上看，“指控事实部分不成立”的定性辩护意见采纳数量最多，采纳率为16.5%（见图2）；“指控证据不足的无罪”以及“事实成立但不构成犯罪”的定性辩护意见采纳数量最低，采纳率为0。可见，从辩护有效性的结果标准上看，定性辩护效果不甚理想。

---

① 在笔者调取的案件样本中，尚未发现有罪轻辩护空间，但律师没有采取罪轻辩护的刑事案件。

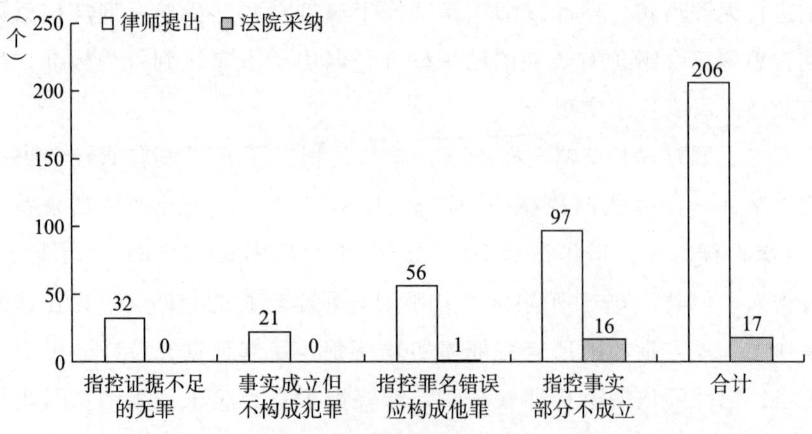

图2 定性辩护意见采纳情况

（三）量刑辩护有效性的现状考察

1. 量刑辩护策略运用不充分

量刑辩护策略运用不充分是指，在某些刑事案件中辩护律师应当采取量刑辩护而没有采取量刑辩护。在司法实践中，量刑辩护策略运用不充分集中体现在罪轻辩护中放弃量刑辩护。罪轻辩护是承认被告人有罪，只是否定重罪，依据这一辩护逻辑，被告人必然面临量刑轻重的问题，若辩护律师没有采取量刑辩护，就无法促使法院做出更为轻缓的刑罚。因此，在罪轻辩护中放弃量刑辩护不符合辩护有效性的行为标准，导致辩护有效性缺失。从笔者调查统计的数据来看，在案件样本中（以被告人为单位统计），律师仅作罪轻辩护的有 33 个，所占比例为 30%；既作罪轻辩护又作量刑辩护的有 77 个，所占比例为 70%，可见在为数不少的案件中，辩护律师没有充分运用量刑辩护策略。

2. 量刑情节提取不恰当不全面

量刑情节提取不恰当是指将不是量刑情节的事由或案件中不存在的情节提取作为量刑情节。从笔者调查统计的数据来看，涉及量刑辩护的案件样本共 436 件，其中有 51 件刑事案件，辩护律师将不是量刑情节的信息提取作为量刑情节，比如夫妻离异，子女年幼需要抚养，父母患病需要照顾等事由。法院对此的回应大致为该辩护意见与本案的定罪量刑无关联性，依法不予确认。其中有 137 件刑事案件，辩护律师将案件中不存在的情节提取作为量刑情节，尤其是自首、从犯这两个法定量刑情节常常被辩护律师错误地提取，但难以被法院采纳。可见，将不是量刑情节的事由或案件中不存在的情节提取为量刑情节不符合辩护有效性的行为标准，难以产生辩护的实际效果。

量刑情节提取不全面是指某些轻量刑情节确实存在但辩护律师并未提取。① 对于法定量刑情节而言，尽管辩护律师未提取，公诉方通常会依法提取，法院也会依法审查认定。但是，公诉方的案卷材料很少涵盖那些种类繁多、涉及面较广的酌定量刑情节，同时法院依职权直接审查认定酌定量刑情节的情况也相对较少。因此，在大部分情况下，辩护律师一旦忽视了相关的酌定从轻量刑情节，该情节就无法对量刑结果产生有利影响。

在案件样本中，辩护律师遗漏了对被告人有利的法定量刑情节的共 168 个，但这些法定量刑情节均被法院审查认定；辩护律师遗漏了对被告人有利的酌定量刑情节的共 354 个，其中仅有 79 个酌定量刑情节被法院自行审查认定，所占比例为 22.3%，剩余 275 个酌定量刑情节既没有被辩护律师提取，也没有被法院直接审查认定，所占比例为 77.7%（见图 3）。遗漏了量刑情节的量刑辩护，其有效性必然缺失。

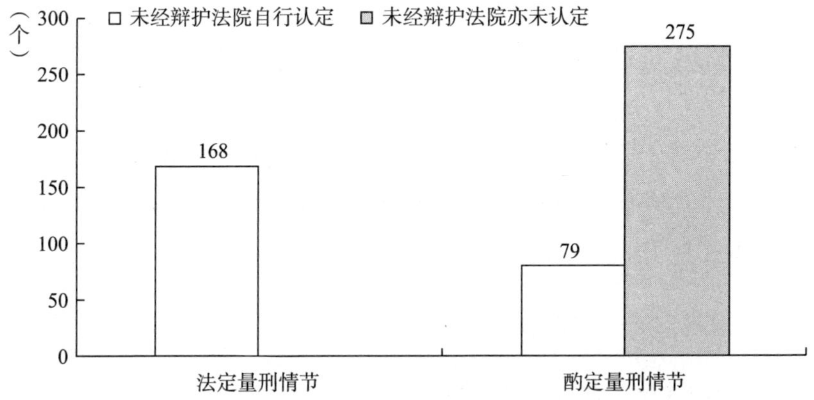

图 3　辩护律师遗漏有利量刑情节的情况

① 《刑事诉讼法》第 37 条对辩护人责任做出规定："……提出犯罪嫌疑人、被告人无罪、罪轻或者减轻、免除其刑事责任的材料和意见……"因此，辩护律师仅对有利于犯罪嫌疑人、被告人的量刑情节有责任全面提取。

3. 量刑辩护意见采纳率不高

在480个案件样本中，辩护律师提出1205个量刑辩护意见，法院最终采纳853个，采纳率为70.8%。从类型上看，“酌定量刑意见”采纳数量相对较多，采纳率为81.5%；“法定量刑意见”采纳数量相对较少，采纳率为61.1%（见图4）。可见，从辩护有效性的结果标准上看，量刑辩护意见的采纳率有相当大的提升空间。

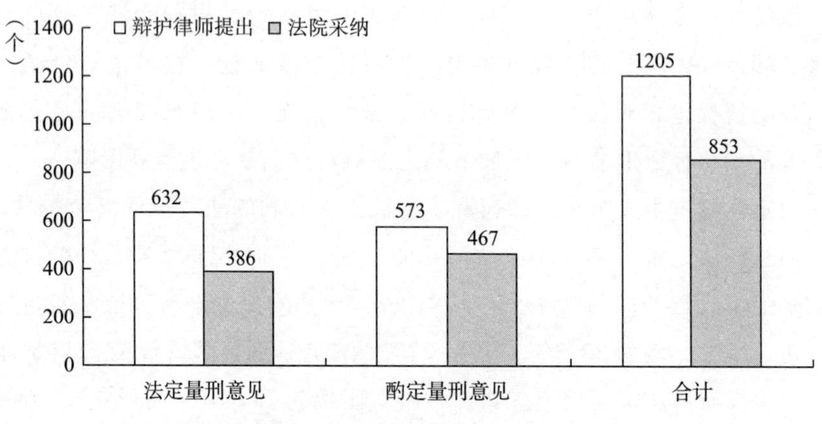

图4 量刑辩护意见采纳情况

三 刑事实体辩护有效性缺失的原因分析

从实体角度分析，造成刑事实体辩护有效性缺失的原因在于辩护律师对刑事实体法的理解和适用存在误区，包括漠视刑法基本原则指导作用、对犯罪构成把握不准、对量刑情节理解不清。

（一）漠视刑法基本原则指导作用

1. 漠视罪刑法定原则指导作用

罪刑法定原则与律师辩护之间关系紧密：一方面实现这一原则的基本内容，需要辩护律师有效参与刑事诉讼；另一方面辩护律师只有遵循罪刑法定原则，其辩护有效性才有可能实现。但在司法实践中，辩护律师故意违反罪刑法定原则的情形并不少见，这也是造成定性辩护策略选择不当以及定性辩护意见论证乏力等问题的原因。

根据笔者所调查的数据，其实大部分刑事案件都没有定性辩护的空间，但辩护律师依旧选择了无罪辩护或罪轻辩护。其中一部分辩护律师明知这个案件无论是从证据还是从法律方面来说都难以得出无罪或罪轻的结论，但基于当事人及其亲属的压力或者自身对于无罪、罪轻辩护的盲目追求，采取了错误的辩护策略，进而否认有证据证明的事实或故意曲解刑事实体法进行论证。其实，受到当事人的影响或者自身盲目追求无罪、罪轻辩护仅仅是导致定性辩护策略选择不当的表层原因，漠视了罪刑法定原则的指导作用才是根本原因。在明知某一案件没有定性辩护空间的情况下，律师故意违背罪刑法定原则选择无罪、罪轻辩护策略，其辩护理由必然牵强，辩护意见也难以被法院采信，其辩护有效性必定无法实现。

2. 漠视罪责刑相适应原则指导作用

罪责刑相适应原则是指犯罪、刑事责任与刑罚三者之间保持内在的、对应的均衡关系，罪重的刑事责任就重，所承担的刑罚相应也要重；罪轻的刑事责任就轻，所承担的刑罚相应也就轻。[①] 可见，定性准确与量刑适当是罪责刑相适应原则的内在要求，两者不可偏废。罪责刑相适应原则同罪刑法定原则一样，其基本内容的实现需要辩护律师提出正确的定性辩护意见和适当的量刑辩护意见；同样，辩护律师欲实现其辩护的有效性，必须遵循罪责刑相适应原则。但在司法实践中，辩护律师漠视罪责刑相适应原则的情形不在少数，这也是造成量刑辩护策略运用不充分、量刑情节提取不恰当不全面等问题的重要原因。

根据笔者所调查的数据，在某些刑事案件中辩护律师应当采取量刑辩护而没有采取量刑辩护，集中体现为在罪轻辩护中放弃量刑辩护。就此问题，笔者与多位律师进行了访谈，梳理出在罪轻辩护中放弃量刑辩护的三点理由：其一，当辩护律师选择罪轻辩护后，必然将绝大部分精力投入其中，会见、阅卷、调查取证也是围绕着罪轻问题，没有精力收集量刑信息；其二，一旦罪轻辩护获得成功，量刑也会大幅度降低，因此通过罪轻辩护也能达到甚至超越量刑辩护的效果；其三，即使辩护律师没有采取量刑辩

① 参见赵秉志、于志刚《论罪责刑相适应原则》，《郑州大学学报》（哲学社会科学版）1999年第5期。

护，公诉机关提出的量刑建议中也会包含相应的量刑情节，法院也会审查认定法定量刑情节以及常见且明显的酌定量刑情节。事实上，上述三点理由均体现出辩护律师重定性辩护、轻量刑辩护的问题，这与我国的刑事审判长期以来充斥着“重定罪、轻量刑”的色彩相对应。[①] 其根本症结在于漠视了罪责刑相适应原则的指导作用。忽视量刑辩护也必然忽视对量刑情节的提取和适用，势必造成量刑情节提取不恰当、不全面以及量刑辩护意见采纳率不高。

（二）对犯罪构成把握不准

我国刑法理论将成立犯罪所必须具备的条件称为“犯罪构成”，具体是指“我国刑法所规定的，决定某一行为构成犯罪所必需的一切主观要件和客观要件的有机统一的整体”。[②] 犯罪构成在我国整个刑法犯罪论体系中居于基础和核心地位，因此准确把握犯罪构成，是实现实体辩护有效性的必要条件。但在司法实践中，部分律师对犯罪构成把握不准，从而造成定性辩护策略选择不当以及定性辩护意见论证乏力等问题。根据笔者所调查的数据，部分律师对犯罪构成把握不准主要体现在以下两方面：其一，对犯罪客观方面把握不准；其二，对犯罪主体把握不准。

1. 对犯罪客观方面把握不准

对犯罪客观方面把握不准会造成定性辩护策略选择不当以及定性辩护意见论证乏力等问题。根据笔者所调查的数据，对犯罪客观方面把握不准主要体现在对危害行为界分不清。其一，部分律师将符合刑法分则规定的行为均视为危害行为，从而不能有效区分危害行为与非危害行为。事实上，刑法对犯罪构成的规定，是由刑法总则与刑法分则共同实现的。[③] 因此，对危害行为的认定不仅需根据刑法分则规定的具体罪状，还要结合刑法总则的相关规定。但部分辩护律师忽略了这一点，将某些没有侵害法益或侵害程度较轻微的行为视作危害行为，从而在应当采取定性辩护的刑事案件中选择了量刑辩护。

---

① 参见胡云腾《构建我国量刑程序的几个争议问题》，《法制资讯》2008 年第 6 期。

② 参见马克昌《犯罪通论》，武汉大学出版社，2015，第 70 页。

③ 参见赵秉志《刑法总论》（第 3 版），中国人民大学出版社，2016，第 113 页。

其二，部分律师不能正确区分盗窃行为与诈骗行为、盗窃行为与侵占行为、抢劫行为与敲诈勒索行为、组织卖淫行为与协助组织卖淫行为以及容留卖淫行为等相类似的危害行为。以组织卖淫与容留卖淫为例，“两高”严禁卖淫嫖娼司法解释明确了组织卖淫罪的客观要件，具体是指以招募、雇佣、强迫、引诱、容留等手段，控制多人从事卖淫活动的行为。[①] 可见，组织卖淫罪中的容留手段与容留卖淫罪中的容留行为在表现上具有重合性，但是容留卖淫行为仅限于提供场所，不直接干预卖淫活动的具体实施，而组织卖淫行为会直接干预卖淫活动并实际控制卖淫人员。部分律师没有正确区分组织卖淫行为与容留卖淫行为，导致罪轻辩护策略选择错误，辩护意见论证乏力，法院也未采纳罪轻辩护意见。无论就行为标准还是结果标准而言，其辩护有效性并未实现。

2. 对犯罪主体把握不准

对犯罪主体把握不准同样会造成定性辩护策略选择不当以及定性辩护意见论证乏力等问题。根据笔者所调查的数据，对犯罪主体把握不准主要体现在混淆自然人犯罪与单位犯罪以及对“国家工作人员”认定不清两方面。

部分律师混淆单位犯罪与自然人犯罪这一现象在实践中并不少见。以C市C区法院审理的邓某非法吸收公众存款案为例，邓某经鸿岱科技有限公司法定代表人夏某某授意，设立德榕资本管理有限公司。后邓某通过公开宣传并承诺还本付息的方式，向社会公众公开吸收资金800多万元，吸收的款项均存入鸿岱科技有限公司指定账户。邓某的辩护律师提出因德榕资本管理有限公司非法吸收的存款是存入鸿岱科技有限公司指定账户上，故本案应是单位犯罪的定性辩护意见。事实上，该律师没有正确区分单位犯罪与自然人犯罪。一方面，邓某成立德榕资本管理有限公司的目的就是非法吸收公众存款，该公司除非法吸收公众存款外并未开展其他经营性业务，根据《最高人民法院关于审理单位犯罪案件具体应用法律有关问题的解释》

① 参见《最高人民法院、最高人民检察院关于执行〈全国人民代表大会常务委员会关于严禁卖淫嫖娼的决定〉的若干问题的解答》第2条规定。

第2条的规定[①]不应认定为单位犯罪；另一方面，虽然邓某非法吸收的资金全部进入鸿岱科技有限公司的账户，但非法吸收公众存款并非由该公司的决策机构按照其决策程序决定的，因此不应认定为单位犯罪。可见，混淆自然人犯罪与单位犯罪会造成辩护策略选择不当，进而导致辩护意见缺乏说服力，难以被法院采纳，最终辩护有效性亦无法实现。

部分律师对“国家工作人员”认定不清这一现象在实践中也较为常见，尤其体现在贪污贿赂案中。以B市C区法院审理的孙某等贪污案为例，孙某与王某某经预谋后，利用孙某担任某人力资源公司业务主管的职务便利，通过在孙某所负责客户名下虚构王某某为员工的方式，以工资、年终奖金等名义，共同骗取公司公款100万元。孙某的辩护律师提出，孙某从事的是劳务工作，并非国家工作人员，因此其行为构成职务侵占罪，不构成贪污罪。事实上，某人力资源公司属于国有公司，孙某作为该公司的业务主管代表国有公司履行管理职责，依据《刑法》第93条规定，孙某属于在国有公司中从事公务的国家工作人员。由于孙某的辩护律师对“国家工作人员”认定不清，导致罪轻辩护策略选择错误，辩护意见论证乏力，最终法院也未采纳该罪轻辩护意见。

（三）对量刑情节理解不清

“量刑情节，是指法律直接规定或授权审判机关决定的，量刑时应当考虑的决定量刑轻重或免予刑罚所依据的各种主客观事实。”[②] 量刑情节在我国整个刑事责任体系中居于重要地位，因此正确理解量刑情节，是实现量刑辩护有效性的必要条件。但在司法实践中，部分律师对量刑情节理解不清，从而造成量刑情节提取不恰当、不全面以及量刑辩护意见采纳率不高等问题。根据笔者所调查的数据，部分律师对量刑情节理解不清主要体现在以下三个方面：其一，对量刑情节的理解过于宽泛；其二，对量刑情节的理解较为狭隘；其三，对个别量刑情节的含义理解不清。

---

① 《最高人民法院关于审理单位犯罪案件具体应用法律有关问题的解释》第2条规定：“个人为进行违法犯罪活动而设立的公司、企业、事业单位实施犯罪的，或者公司、企业、事业单位设立后，以实施犯罪为主要活动的，不以单位犯罪论处。”

② 石经海：《量刑个别化的基本原理》，法律出版社，2010，第289页。

1. 对量刑情节的理解过于宽泛

对量刑情节的理解过于宽泛集中体现在对酌定量刑情节的理解过于宽泛。因为刑事法律对法定量刑情节的内容和功能做出了明确规定，辩护律师只能依法提取，而酌定量刑情节的法律依据相对缺乏，何种事由能够成为酌定量刑情节就需要辩护律师自行识别和判断，如此一来，部分律师可能就会基于其辩护立场，不当扩张酌定量刑情节的内容。对量刑情节的理解过于宽泛可能造成量刑情节提取不恰当，进而导致量刑辩护意见采纳率不高等问题。

以S市P区法院审理李某某非法经营案为例，被告人李某某的辩护律师对控方指控的事实和罪名均无异议，提出如下法定、酌定量刑情节：初犯、偶犯；认罪、悔罪；坦白；被告人法律意识淡薄，法制观念低下，是被经济利益蒙蔽才走上犯罪道路；被告人有两个年幼的小孩，被告人的岳父患癌症，需要人照顾；被告人需要挣钱还房贷。毫无疑问，坦白系法定量刑情节，初犯、偶犯、认罪、悔罪系酌定量刑情节，但是自身的法律意识以及家庭情况这些事由难以反映犯罪行为的社会危害性和犯罪人的人身危险性，因此不应将其作为量刑情节提取。法院也认为该事由与本案的定罪量刑无关联性，不予认定。可见，李某某的辩护律师对量刑情节的理解过于宽泛，而将不该作为量刑情节的事由提取作为量刑情节，最终该量刑辩护意见也未被采纳。

2. 对量刑情节的理解较为狭隘

在纷繁复杂的司法实践中，有的辩护律师对量刑情节的理解过于宽泛，将不该作为量刑情节的事由提取作为量刑情节；而有的辩护律师对量刑情节的理解较为狭隘，造成应该作为量刑情节的事由却没有成为量刑情节，即量刑情节提取不全面。以C市C区法院审理的张某某抢劫案为例，被告人张某某的辩护律师对控方指控的事实和罪名均无异议，提出如下量刑情节：被告人到案后向公安机关检举他人的犯罪事实，经查证属实，系立功；如实供述其抢劫的事实，系坦白。其实，本案还存在初犯、偶犯、认罪、悔罪、积极赔偿被害人经济损失、获得被害人谅解等酌定量刑情节，但辩护律师并未提取。最终法院依职权审查认定了积极赔偿被害人经济损失、获得被害人谅解这两个酌定量刑情节，其他确已存在的酌定量刑情节并没有被提取和适用。造成这一问题的原因很大程度上是律师对量刑情节的理解较为狭隘，仅认可法定量刑情节，否定或忽视对酌定量刑情节的提取和适用，导致量刑情节提取不全面，进而难以对量刑结果产生有利影响。

3. 对个别量刑情节的含义理解不清

根据笔者调查的数据，量刑辩护意见采纳率不高主要体现在法定量刑意见采纳率不高。辩护律师提出法定量刑意见共632个，其中386个被法院采纳，在不被采纳的246个法定量刑意见中，有187个涉及自首、从犯这两个法定量刑情节。之所以不被采纳，很大程度上是因为律师对自首、从犯这两个量刑情节的含义理解不清，从而错误地提取了案件中并不存在的量刑情节。

比如G省S市B区法院审理的姚某交通肇事案，姚某饮酒后驾车将行人周某某撞倒跌地，造成其当场死亡。事故发生后，姚某立即下车查看并实施抢救。之后，公安民警巡逻至现场将姚某抓获。姚某的辩护律师提出，事故发生后姚某并未离开现场，警察巡逻至现场时姚某也未反抗，因此属于主动投案，并且到案后如实供述了自己的犯罪事实，构成自首。事实上，姚某是被巡逻至现场的公安民警抓获归案，因此其行为不具有投案的主动性，不能构成自首。又如B市C区法院审理的陈某某妨害公务案，陈某某与袁某发生纠纷，民警唐某接警后到达现场处置，唐某出示警官证并通知双方到派出所解决纠纷，但陈某某不予配合，并对唐某进行抓扯、推搡、殴打。陈某某及其辩护律师均提出陈某某在作案时并不知道唐某是警察的辩解、辩护意见；辩护律师还提出陈某某系自首。事实上，陈某某供述其不知道被害人是警察，直接否认了犯罪事实，因此陈某某投案后未如实供述主要罪行，不构成自首。再如C市C区审理的黄某等贩卖毒品案，黄某与刘某共谋将毒品贩卖给傅某，黄某在电话中与傅某约定好毒品的交易价格及交易地点。由刘某实地交易。黄某的辩护律师提出黄某不是毒品的提供者也未直接交易，在共同犯罪中起次要作用，系从犯。事实上，黄某先与购毒者约定了价格和交易地点，后由刘某实施交易，在共同犯罪中两人的作用相当，只是分工不同，因此不能认定为从犯。可见，在上述三个案例中，由于辩护律师对“自动投案”“如实供述自己的罪行”“在共同犯罪中起次要或者辅助作用”的含义理解不清，从而错误地提取了案件中并不存在的量刑情节，最终量刑辩护意见也未被采纳。

四 保障刑事实体辩护有效性的路径选择

任何事物的良好发展必然建立在一定的理论基础之上，刑事实体辩护亦不例外。据此，刑事实体辩护有效性的实现应当以一系列理论为支撑。从实体角度出发，全面正确地适用刑法规范、合理运用刑法基本原则、合理运用宽严相济刑事政策、适时强调谦抑人道等刑法精神是保障刑事实体辩护有效性的根本路径。

（一）全面正确地适用刑法规范

1. 坚持刑法总分则适用的有机结合

一般认为，刑法总则与分则相互依存、密不可分，大体上是一般与特殊、抽象与具体的关系。[①] 这个关系便决定了律师在辩护时须坚持刑法总分则适用的有机结合。鉴于总则可指导、补充分则，分则也可能做出不同于总则的例外规定，辩护律师应注意以下两点：其一，辩护律师在适用刑法分则时，应结合适用刑法总则规定的一般原则、一般概念；其二，当刑法分则在总则的要求之外设置特别规定时，根据特别法优于一般法的基本原理，应当优先适用分则特别条款。

无论是认定危害行为、确定罪过形式、判断犯罪形态、认定共同犯罪还是全面恰当提取量刑情节等，均需要综合刑法总则和刑法分则的所有相关规定。比如，以危害行为的认定为例，辩护律师不应当将符合刑法分则规定的罪状的行为均视为危害行为，因为语言的特点导致刑法分则的文字表述包含了没有侵害法益或者侵害程度较轻微的行为。对于这个冲突，辩护律师应当结合刑法总则关于犯罪概念的规定来克服。此外，即使被告人的行为符合刑法分则规定的罪状并且在客观上造成了一定的损害结果，也不一定是危害行为，辩护律师需结合《刑法》总则第 20 条、第 21 条等规定来判断是不是排除社会危害性的行为。又如，以量刑情节的提取为例，

① 参见张明楷《刑法分则的解释原理》，中国人民大学出版，2012，第 109 页。

量刑合法是指量刑须符合刑法总则与分则的所有相关规定，[①] 因此辩护律师应当根据刑法总分则的所有相关规定提取量刑情节。

刑法分则在总则之外做出特别规定的情形并不少见。比如《刑法》总则第 31 条规定了单位犯罪的双罚制，但刑法分则并没有对一切单位犯罪实行双罚制；又如《刑法》总则第 29 条第 1 款规定了教唆犯与实施犯罪的被教唆犯构成共同犯罪，但刑法分则也可能将教唆行为规定为独立犯罪；再如《刑法》总则第 27 条规定了从犯（包括帮助犯）及其处罚原则，但刑法分则也可能将帮助行为规定为独立犯罪。此时，辩护律师应当根据特别法优于一般法的基本原理，优先适用分则特别条款。

2. 坚持体系化地解释刑法相关内容

从解释论上说，“整体只能通过对其各部分的理解而理解，但是对其各部分的理解又只能通过对其整体的理解”。[②] 同理，只有明确刑法中各条文的含义，才能准确把握整体的刑法规范；而各条文含义的确定又建立在对刑法这一整体的正确认识上。因此，对律师而言，体系化地解释刑法相关内容是保障刑事实体辩护的有效性的必要前提。

其一，辩护律师只有将刑法条文与其他相关条文进行比较，才能明确其含义。比如，《刑法》第 328 条第 1 款规定了盗掘古文化遗址、古墓葬罪，其中第 4 项将“盗掘古文化遗址、古墓葬，并盗窃珍贵文物或者造成珍贵文物严重破坏的”规定为法定刑升格情节，可见“盗掘”本身不要求以非法占有为目的，仅仅指未经国家文化主管部门批准的挖掘。《刑法》第 345 条第 1 款规定了盗伐林木罪，“盗伐”是否与“盗掘”相同，不要求以非法占有为目的，仅仅指未经国家林业主管部门批准的砍伐？事实上并非如此，该条第 2 款规定了滥伐林木罪，“滥伐”就属于未经国家林业主管部门批准的砍伐。因此，“盗伐”是指以非法占有为目的，非法砍伐的行为。

其二，辩护律师只有运用体系化解释，才能妥善处理各种犯罪构成要件之间的关系，从而正确区分此罪与彼罪。例如，《刑法》第 266 条规定了诈骗罪，其罪状为“诈骗公私财物，数额较大”，若不对这一条文进行体系

---

① 参见石经海《论量刑合法》，《现代法学》2010 年第 2 期。

② 金克木：《比较文化论集》，生活·读书·新知三联书店，1984，第 243 页。

解释，极其容易将实施诈骗取得财物的行为均认定为诈骗罪，事实上在其他财产性犯罪中（如盗窃罪）也有可能将诈骗作为手段。此时需要进行体系解释，即将诈骗罪的规定与盗窃罪的规定相比较，发现诈骗罪是交付型的财产犯罪，盗窃罪是取得型的财产犯罪，因此在诈骗罪（既遂）的客观要件中，交付行为的存在是必要的。① 受骗人是否基于错误认识而交付财物就是诈骗罪与盗窃罪的关键区别。

其三，辩护律师可以运用体系化解释，通过相对明确的规定来理解那些不明确的规定。② 例如，我国刑法并没有对酌定量刑情节做出具体规定，仅在总则第四章第一节中，将情节作为决定犯罪分子刑罚的因素之一，并规定情节具有从重、从轻、减轻处罚的功能。但法定量刑情节相对明确，其主要是一些反映行为社会危害性和行为人人身危险性的事实。据此推知，酌定量刑情节也应当是反映这两方面的主客观事实。《最高人民法院关于常见犯罪的量刑指导意见》列举了几种常见的酌定量刑情节，但还有大量的酌定量刑情节没有被规定，需要辩护律师紧紧围绕行为的社会危害性或行为人的人身危险性这两方面去提取。

（二）合理运用刑法基本原则

1. 合理运用罪刑法定原则

对罪刑法定原则最简单的描述是法无明文规定不为罪，法无明文规定不处罚。③ 作为我国刑法的基本原则，罪刑法定原则对刑事司法具有制约和指导作用，辩护律师必当遵循这一原则，也只有以罪刑法定原则为指引，刑事实体辩护的有效性才有可能实现。

按照罪刑法定原则的要求，辩护律师应当根据案件事实和法律规范判断行为人的行为是否构成犯罪，构成重罪还是轻罪，从而正确选择刑事辩护策略。一方面，当公诉机关指控的事实有充分的证据证明，并且适用刑法正确，辩护律师应当果断放弃无罪辩护与罪轻辩护，将精力投入量刑辩护中，不应当基于当事人及其亲属的压力或者自身对于无罪、罪轻辩护的盲目追求，

① 参见张明楷《论三角诈骗》，《法学研究》2004 年第 2 期。

② 参见张明楷《注重体系解释 实现刑法正义》，《法律适用》2005 年第 2 期。

③ 参见李永升《刑法总论》，法律出版社，2011，第 29 页。

而采取错误的辩护策略；另一方面，当公诉机关指控的事实缺乏证据证明，或者适用刑法错误，辩护律师应当坚持无罪辩护与罪轻辩护。

辩护律师在确定行为人的行为构成犯罪之后，接下来就要围绕量刑问题展开辩护。量刑辩护的关键是判断哪些案件事实可以转化为量刑情节，哪些事由不能转化为量刑情节。“生活事实是否要认定为法律事实，只能以法律为指引。”[①] 因此，辩护律师应当遵循罪刑法定原则归纳、提取量刑情节。一方面，准确识别并去除不能够成为量刑情节的事由，不能据此提出量刑辩护意见；另一方面，若某些案件事实可以转化为量刑情节，辩护律师应当提取，不能有任何遗漏。

2. 合理运用罪责刑相适应原则

罪责刑相适应原则内含罪刑关系和责刑关系，罪刑关系归根结底是正确定罪，责刑关系的本质是适当量刑。[②] 以罪责刑相适应原则为指导，律师应当兼顾定性辩护与量刑辩护。其一，辩护律师不应该刻意回避定性辩护只采取量刑辩护，即辩护律师在权衡各种利弊得失之后，既不对案件是否达到“事实清楚、证据确实充分”发表意见，也不对被告人被指控的行为是否符合刑法规定的犯罪构成要件发表意见，只是提醒法官注意一些有利于被告人的法定或者酌定量刑情节。这样的辩护方式不会与控方形成实质性的对抗，律师可以与办案机关保持相对融洽的关系，从而有效避免职业风险，但是刑事实体辩护的有效性便难以实现，被告人的合法权益可能也无法保障。

其二，辩护律师不应当只注重定性辩护忽视量刑辩护。在无罪辩护中放弃量刑辩护有一定的合理性，因为辩护律师如果请求法院对被告人从轻量刑，无疑会削弱无罪辩护的可信度。[③] 但是我国法院无罪判决率极低，[④]

---

① 杨建军：《法律事实的解释》，山东人民出版社，2007，第32页。

② 参见赵廷光《罪刑均衡论的兴衰与罪责刑均衡论的确立》，《山东公安专科学校学报》2003年第4期。

③ 参见〔德〕托马斯·魏根特《德国刑事诉讼程序》，岳礼玲等译，中国政法大学出版社，2003，第145页。

④ 根据最高人民法院工作报告，2013年全国法院共判处罪犯115.8万人，无罪825人，无罪率0.07%，2014年全国法院共判处罪犯118.4万人，无罪判决人数为778人，无罪率为0.07%，2015年全国法院共判处罪犯123.2万人，无罪判决人数为1039人，无罪率为0.08%，2016年全国法院共判处罪犯122万人，无罪判决人数为1076人，无罪率为0.09%。

如果律师仅选择无罪辩护，往往会在被告人被宣告有罪之后失去量刑辩护机会，最终无法促使法院做出较为轻缓的刑罚。因此笔者建议辩护律师在选择无罪辩护后也能兼顾量刑辩护，这样才能最大限度地发挥辩护有效性，维护当事人的合法权益。罪轻辩护与量刑辩护应当并存，因为罪轻辩护是承认被告人有罪，只是否定重罪，按照这一辩护逻辑，被告人必然面临量刑轻重的问题，若辩护律师没有采取量刑辩护，必然违背罪责刑相适应原则，造成辩护有效性缺失。

（三）合理运用宽严相济刑事政策

宽严相济刑事政策是我国的基本刑事政策，影响着我国的刑事立法并且指导刑事司法。宽严相济中的“宽”是指轻缓，具体分为该轻而轻和该重而轻这两种情形；宽严相济中的“严”是指严厉，即该受到刑罚处罚的一定要受到刑罚处罚并且该重而重；宽严相济中的“济”指在宽与严相互衔接，形成良性互动。[①] 就辩护律师而言，准确把握和正确适用依法从“宽”的政策有利于保障实体辩护的有效性。

其一，定性辩护中存在宽严相济刑事政策的运用空间。通常认为，是否成立犯罪、成立重罪还是轻罪关键要看是否符合犯罪构成，犯罪构成才是罪与非罪、重罪与轻罪的判断标准，因此定性活动是刚性的，不存在宽严相济刑事政策的效力空间。事实上，犯罪构成具有一定的模糊性，例如刑法存在“情节显著轻微”“情节较轻”“情节严重”“情节恶劣”等规定，这类模糊性的规定为宽严相济刑事政策的实施提供了可能的法律空间。[②] 这使辩护律师可根据犯罪行为和犯罪人的各种情况，以宽严相济刑事政策之“宽”为重要考量，决定是否选择无罪辩护或罪轻辩护。

其二，量刑辩护中同样存在宽严相济刑事政策的运用空间。量刑辩护是以量刑情节为依据，在量刑情节上进行最有利于被告人的辩护。[③] 而刑法对量刑情节的设置就是宽严相济刑事政策在刑罚裁量中的体现。比如自首、

① 参见陈兴良《宽严相济刑事政策研究》，《法学杂志》2006 年第 1 期。

② 参见刘沛谞、陈卫民《宽严相济刑事政策之审判视角——以定罪量刑为研判基点》，《天府新论》2010 年第 1 期。

③ 参见陈瑞华《刑事辩护的中国经验——陈瑞华教授演讲实录》，《东南法学》2013 年第 1 期。

坦白、立功、未遂犯、胁从犯等轻量刑情节就是宽严相济刑事政策之“宽”的具体体现；累犯、教唆未成年人犯罪等重量刑情节就是宽严相济刑事政策之“严”的具体体现。[①] 是否因为刑法规定的量刑情节已体现宽严相济刑事政策，在量刑辩护中就不再有该政策运用的法律空间？答案是否定的。因为量刑情节的法律影响并非刚性的，存在一个可伸缩的幅度，这为宽严相济刑事政策的适用提供了法律空间。

（四）适时强调谦抑人道等刑法精神

刑法精神是指贯穿于刑法始终，关于犯罪与刑罚的基本理念。[②] 虽然刑法精神并非定罪量刑的直接依据，但是谦抑人道等刑法精神对刑法的适用和刑罚的执行有着重要的指导意义。因此，对辩护律师来说，适时强调谦抑人道等刑法精神有利于保障其实体辩护的有效性。

刑法谦抑精神蕴含着非犯罪化、非刑罚化以及轻刑化这三个内在要求。据此，在情节较为轻微的刑事案件中，辩护律师应当综合全案的定罪情节与量刑情节，论证行为的社会危害性未达到或者刚达到“严重”的临界点或者超过不多以及行为人的人身危险性较低或者基本没有，以刑法谦抑精神为重要考量，建议法院判决被告人无罪；在情节不太严重的刑事案件中，辩护律师应当综合全案的定罪情节与量刑情节，论证行为的社会危害性不大以及行为人的人身危险性较小，以刑法谦抑精神为重要考量，建议法院对被告人免予刑罚处罚；在情节较为严重的刑事案件中，辩护律师应当综合全案的定罪情节与量刑情节，论证行为的社会危害性有所减少以及行为人的人身危险性有所降低，以刑法谦抑精神为重要考量，建议法院对被告人从轻或减轻处罚。

人道主义就是把人当人看，将人本身视为最高价值的思想体系。[③] 犯罪标准的最后性和刑罚施行的宽和性是刑法人道精神的内在要求。犯罪标准的最后性与刑法谦抑精神中的非犯罪化关系密切，具体是指只有最后的刑

① 高铭暄：《宽严相济刑事政策与酌定量刑情节的适用》，《法学杂志》2007 年第 1 期。

② 赵宝成：《追问刑法精神》，《政法论坛》2003 年第 4 期。

③ 王海明：《公正、平等、人道——社会治理的道德原则体系》，北京大学出版社，2000，第 123 ~ 130 页。

事制裁才能抑制某一危害行为时，才可以将其视为犯罪。刑罚施行宽和性是指禁止残酷的刑罚，限制严厉的刑罚，倡导较为宽和的刑罚。它与刑法谦抑精神中的非刑罚化、轻刑化有相通之处，但刑罚施行宽和性还涉及刑罚执行中的人道待遇，因此其内涵更为广泛。据此，在刑事案件中，辩护律师应当综合全案的定罪情节与量刑情节，论证行为的社会危害性不大或者有所降低以及行为人的人身危险性较小或者有所减少，以刑法人道精神为重要考量，建议法院判决无罪或免于刑罚处罚或从轻、减轻处罚。

五　提升刑事实体辩护有效性的操作步骤

提升刑事实体辩护有效性的具体操作，可以分为三个步骤进行：首先，在全面了解案情的基础上，以刑法规范为指导归纳、认定案件事实；其次，依据刑法相关规则并结合政策取向与刑法精神，合理选择刑事辩护策略；最后，全面梳理当事人无罪、罪轻，或从轻、减轻、免除处罚的事实理由与法律理由，并以宽严相济刑事政策之“宽”以及谦抑人道等刑法精神为重要考量，完善无罪辩护意见、罪轻辩护意见或量刑辩护意见。

（一）以刑法规范为指导归纳、认定案件事实

刑事诉讼中的案件事实是指，在刑事实体法规定的以犯罪构成为中心的框架内，与定罪量刑相关的事实。① 就辩护律师而言，在全面了解案情的基础上以刑法规范为指导归纳、认定案件事实是刑事辩护的首要任务。

案件事实的认定是一个过程，全面了解案情是辩护律师认定案件事实的第一步。全面了解案情的途径无外乎会见、阅卷与调查。其一，会见当事人对于了解案件情况非常重要。因为当事人到底有没有实施公诉机关指控的犯罪，只有他自己最清楚。如果他确实参与、实施了犯罪，他就知道自己是如何参与实施的；如果他没有涉嫌犯罪，也会提供相关的线索以证清白。其二，阅卷是全面了解案情的关键，因为卷宗较为详细地记载了公诉机关指控犯罪嫌疑人所依据的犯罪事实及证据材料，其中被害人陈述与

① 参见魏颖华《刑事案件事实的分析与认定》，《河南社会科学》2014 年第 8 期。

被告人口供基本上能直接还原案件全貌。其三，调查是深入了解案情的重要渠道。辩护律师通过会见、阅卷发现，有的事实比较清楚，而有的事实虽然被提及，但反映得不是很清楚，这就需要通过调查去了解。

在全面了解案情后，辩护律师需以刑法规范为指导归纳、认定案件事实。首先，厘清哪些是有罪事实，哪些是无罪事实，哪些是不具有刑法意义的事实。一个案件中存在诸多事实，其中，有的事实与刑法规范没有关系，即不具有刑法意义的事实，辩护律师应将此剔除；有的事实直接关系到当事人是否有罪以及触犯重罪还是轻罪，辩护律师应当重点关注。其次，在确认当事人有罪的基础上，进一步区分哪些是定罪事实，哪些是量刑事实。定罪事实是符合特定犯罪构成要件的一系列的主客观事实。[①] 量刑事实是指定罪事实以外的，对量刑有影响的与犯罪人或犯罪行为相关的事实。[②] 再次，分析定罪事实，即在犯罪构成框架内，厘清哪些是主观方面的事实，哪些是客观方面的事实。最后，分析量刑事实，划分哪些是法定量刑情节，哪些是酌定量刑情节。

（二）遵循刑法相关规则与理论选择辩护策略

在认定案件事实后，辩护律师应针对公诉机关指控的事实、罪名以及提出的量刑建议，选择正确的辩护策略。其一，在辩护策略的选择上，应遵循罪刑法定原则，即律师应当选择符合案件事实和刑法规范的辩护策略，不应当基于外部压力或者自身对于某一类辩护的盲目追求，而故意违背事实和法律进行辩护。其二，在辩护策略的选择上，应遵循罪责刑相适应原则。根据罪责刑相适应原则对正确定罪与适当量刑的要求，律师应当兼顾定性辩护与量刑辩护。选择了无罪辩护，也可以同时发表量刑辩护意见；选择了罪轻辩护，应当充分发表量刑辩护意见。其三，在辩护策略的选择上，应以刑法总分则的所有相关规定作为法律根据。由于刑法总则是对刑

---

① 参见赵廷光《论定罪剩余的犯罪构成事实转化为量刑情节》，《湖北警官学院学报》2005年第1期。

② 参见康怀宇《比较法视野中的定罪事实与量刑事实之证明》，《四川大学学报》2009年第2期。

法分则的限制、补充、修正，两者结合才能实现刑法的正确适用。① 因此，辩护策略的正确选择应建立在对刑法总分则的综合运用上。其四，体系化地解释刑法相关内容有利于辩护策略的正确选择。因为准确理解刑法规范是正确选择辩护策略的必要前提。从解释论上说，只有运用体系化的思维对刑事实体法规则进行理解，才能明确各个条文的含义及其相互关系，从而正确判断当事人行为的性质。其五，在辩护策略的选择上，应以宽严相济刑事政策和谦抑人道等刑法精神为重要考量。辩护律师可以以刑法规范为先导，同时结合宽严相济刑事政策和谦抑人道等刑法精神对当事人的行为进行综合评价，从而确定正确的辩护策略。

（三）全面梳理事实与法律理由完善辩护意见

选择辩护策略便是确定宏观上的辩护方向，而宏观上的辩护方向需落实到微观的具体辩护理由上。② 因此，律师需全面梳理事实理由与法律理由，从而完善无罪辩护意见、罪轻辩护意见或量刑辩护意见。当辩护意见具有充分的事实和法律根据时，才有可能被法院采纳，进而实现其辩护的有效性。

1. 全面梳理事实与法律理由完善无罪辩护意见

为完善无罪辩护意见，辩护律师应当全面梳理当事人无罪的事实理由和法律理由。基于事实上的理由，提出当事人无罪的辩护意见被称为事实之辩；基于刑法上的理由，提出当事人无罪的辩护意见被称为法律之辩。在事实之辩中，必然涉及证据的运用，因为对案件事实的认识是通过证据来实现的，证据的基本功能就是证明一定事实是否存在。③ 据此，在对公诉机关指控的事实进行抗辩时，辩护律师既可以立足于充分的证据论述和证明一个与公诉机关指控事实不同的案件事实，也可以论述和证明公诉机关并没有以充分的证据证明当事人实施了犯罪行为。

在法律之辩中，辩护律师应当全面梳理当事人无罪的法律理由，从而

① 参见石经海、刘兆阳《法教义学下“醉驾”定性困境之破解》，《贵州民族大学学报》2015年第4期。

② 参见顾永忠《刑事辩护技能与技巧培训学习指南》，法律出版社，2010，第118页。

③ 参见何家弘《新编证据法学》，法律出版社，2000，第76页。

确保无罪辩护意见有充分的法律根据。当事人无罪的法律理由包括以下几点。一是不具备犯罪主观要件。以故意为构成要件的犯罪因当事人主观上没有故意而不构成该罪。以过失为构成要件的犯罪因当事人主观上没有过失而不构成该罪。二是犯罪主体不符合。从刑事责任年龄上看，未满十四周岁的人犯罪的不负刑事责任，已满十四周岁未满十六周岁的人除特定八项罪名以外不负刑事责任；从刑事责任能力上看，完全精神病人犯罪或间歇性精神病人在精神不正常时犯罪的不负刑事责任。三是不具备犯罪客观要件。如缺少危害行为这一必要要件；在结果犯中，缺少造成严重后果这一要件。四是刑法不认为是犯罪。如《刑法》第 13 条规定，“情节显著轻微危害不大的”不为罪；《刑法》第 16 条规定，因“不能抗拒”或“不能预见”引起的不为罪；《刑法》第 20 条、第 21 条规定，正当防卫、紧急避险的不为罪。五是法律不予追究。如《刑法》第 87 条规定，已过追诉时效的不予追究。此外，辩护律师可以根据具体情况，恰当运用宽严相济刑事政策以及适时强调谦抑人道等刑法精神以提高无罪辩护意见的说服力。例如综合全案定罪情节与量刑情节，论证行为的社会危害性未达到或者刚达到“严重”的临界点或者超过不多以及行为人的人身危险性较低或者基本没有，提出以宽严相济刑事政策之“宽”以及谦抑人道等刑法精神为重要考量，建议法院判决被告人无罪。

2. 全面梳理事实与法律理由完善罪轻辩护意见

为完善罪轻辩护意见，辩护律师应当全面梳理当事人罪轻的事实和法律理由。以重罪改轻罪的罪轻辩护为例，[①] 其辩护理由大致包括以下几点。一是不具备重罪的主观要件。如以故意为构成要件的犯罪因当事人主观上没有故意只有过失而不构成该重罪而构成另一轻罪，以危险方法危害公共安全罪与交通肇事罪即是如此；如因缺乏特定目的而不构成该重罪而构成另一轻罪，贪污罪与挪用公款罪即是如此。二是不具备重罪的主体要件。如以国家工作人员为构成要件的犯罪因当事人不是国家工作人员而不构成该重罪而构成另一轻罪，贪污罪与职务侵占罪、挪用公款罪与挪用资金罪、

① 改重罪为轻罪的辩护是最为典型的罪轻辩护，虽然罪轻辩护还存在其他形态，如在数个罪名中否定部分罪名的辩护，但就否定的那部分罪名而言，属于无罪辩护，采用无罪辩护的理由。

受贿罪与非国家工作人员受贿罪即是如此。三是不具备重罪的客观要件。如公诉机关指控的犯罪行为成立但只构成轻罪；指控的部分犯罪行为不成立因此不构成重罪；未造成特定的严重后果因此不构成重罪。

律师可基于上述的罪轻辩护理由展开充分的论证，进一步完善罪轻辩护意见。从事实出发，辩护律师可以通过论证公诉方的部分证据不足来推翻指控的部分犯罪事实，也可以提出相反证据证明指控的部分事实不成立。从规范出发，辩护律师可以对刑法总分则的相关规范进行体系化解释以论证当事人构成轻罪，否定公诉方指控的重罪。从刑事政策和刑法精神出发，辩护律师可以审时度势地运用宽严相济刑事政策以及恰到好处地强调谦抑人道等刑法精神以提高罪轻辩护意见的说服力。如刑法分则通常以“情节较轻”、“情节严重”和“情节特别严重”来划分减轻的犯罪构成与加重的犯罪构成,[①] 此时辩护律师可以综合全案事实，论证公诉机关以情节严重或情节特别严重为由指控被告人的行为符合加重的犯罪构成不能成立，并以宽严相济刑事政策之“宽”以及谦抑人道等刑法精神为重要考量，提出被告人的行为符合减轻犯罪构成的罪轻辩护意见。

3. 全面梳理事实与法律理由完善量刑辩护意见

为完善量刑辩护意见，辩护律师应当全面梳理能使当事人被判处一种较轻的刑罚或适用一种较轻的刑罚执行方式的事实和法律理由。量刑辩护的事实与法律理由大致包括：一是存在对当事人有利的法定量刑情节和酌定量刑情节；二是公诉方提出的某些重量刑情节不能成立。为全面梳理量刑轻缓的事实与法律理由，辩护律师应做好以下几点。其一，全面恰当地提取该案中已经存在的轻量刑情节。辩护律师可以通过会见提取量刑情节，例如，可以告知当事人什么是自首及自首的法律意义，并了解犯罪嫌疑人或被告人是否存在自首行为；可以告知当事人积极赔偿、安抚被害人的法律意义，并了解是否曾向被害方悔罪、赔偿。辩护律师也可以通过查阅、研读案卷材料以及展开一定的调查，提取有利于当事人的量刑情节。其二，促成新的有利于当事人的量刑情节。比如，当事人与被害人有和解可能的，辩护律师可以建议当事人向被害人赔礼道歉并进行赔偿。又如，当事人具

① 张明楷：《加重构成与量刑规则的区分》，《清华法学》2011 年第 1 期。

备退赃条件的，辩护律师可以建议当事人退赃。再如，当事人有立功可能的，辩护律师可以鼓励当事人检举、揭发他人的犯罪行为。其三，反驳公诉方提出的不能成立的重量刑情节。“检察官提出明确、具体的量刑建议，为辩护方发表辩护意见提供一个明确的‘靶子’。”[①] 若辩护律师发现公诉方提出的某一重量刑情节不能成立，应当予以反驳。反驳的方式大致有两类：一是通过论证证据不成立或提出相反证据，来否定该量刑情节；二是通过论证该量刑情节缺少法定构成要件来予以否定。

律师可基于上述的量刑辩护理由展开充分的论证，进一步完善量刑辩护意见。在绝大部分案件中，律师提出的量刑辩护意见较为笼统，例如，“被告人系未成年人、从犯，建议对其减轻处罚”；“被告人认罪、悔罪态度较好，并积极赔偿被害人的经济损失，建议对其从轻处罚”。虽然辩护律师在全面恰当地提取量刑情节的基础上提出一个概括性的辩护意见并不妨碍量刑辩护有效性的实现，但若能对量刑情节的法律影响进行综合评价分析，得出一个较为具体的量刑辩护的结论性意见，就可以将辩护律师的实质作用发挥得更为充分。此外，辩护律师可以根据具体情况，审时度势地运用宽严相济刑事政策以及恰到好处地强调谦抑人道等刑法精神以提高量刑辩护意见的说服力。例如综合全案事实，论证行为的社会危害性不大或者有所降低以及行为人的人身危险性较小或者有所减少，提出以宽严相济刑事政策之“宽”以及谦抑人道等刑法精神为重要考量，建议法院从轻处罚、减轻处罚、免予刑罚处罚，或提出更为具体的刑罚种类与幅度。

① 参见陈国庆《检察官参加量刑程序的若干问题》，《法学》2009 年第 10 期。

改革实践

“认罪越早，从宽越多”量刑原则的探索与实践

——厦门集美法院“321”阶梯式从宽量刑改革总结

宋一心[*]

【摘　要】修改后的刑诉法增加了认罪认罚从宽制度的内容，但对自愿认罪的被告人如何从宽没有规定。现有的刑法体系里也未确立认罪认罚从宽制度，故应对刑法及相关配套制度进行必要的修改。“认罪越早，从宽越多”理念增强了对从宽量刑结果的可预测性，有利于引导被追诉人尽早自愿认罪，将该理念上升为法定的量刑原则并纳入刑法体系很有必要。“321”阶梯式从宽量刑模式贯彻“认罪阶段不同，减少的刑罚量不同，认罪越早，从宽越多”的量刑指导思想，设定：自愿认罪的，在侦查阶段最多减30%，在审查起诉阶段最多减20%，在审判阶段最多减10%。该量刑模式将“认罪”与“从宽”紧密关联，是“认罪越早，从宽越多”原则的具体化。

【关键词】认罪认罚从宽；阶梯式从宽；自愿认罪

* 宋一心，厦门市集美区人民法院审判委员会专职委员。

一 问题的提出：认罪认罚如何从宽量刑

（一）认罪认罚从宽量刑的标准仍未明确

认罪认罚从宽制度是对自愿如实认罪、真诚悔罪认罚的犯罪嫌疑人、被告人依法从宽处理的刑事法律制度。完善刑事诉讼中认罪认罚从宽制度，是党的十八届四中全会做出的重大改革部署。2016 年 9 月，全国人大常委会授权“两高”在北京、上海、厦门等 18 个地区开展刑事案件认罪认罚从宽制度试点工作。历经两年试点，2018 年 10 月，第十三届全国人大常委会第六次会议通过了关于修改刑事诉讼法的决定，在修改后的刑诉法里增加了认罪认罚从宽制度的内容，对保障犯罪嫌疑人、被告人的合法权益提出了具体要求，对公检法三机关办理认罪认罚案件的程序性问题做出了明确规定。

修改后的刑诉法对自愿认罪认罚的被告人如何从宽量刑没有做出具体规定。关于量刑，涉及的是实体问题，法官在对刑事案件进行裁判时必须依照刑法和量刑规范化原则进行裁量。但现有的刑法体系里尚未确立认罪认罚从宽制度，现有的量刑模式适用于所有的刑事案件而非专门适用于认罪认罚案件，缺乏针对性，并不能完全达到认罪认罚从宽制度设计的改革要求，故在刑诉法修改后，应对刑法及相关配套制度进行必要的修改以达到制度上的统一。

（二）“坦白从宽”的原有机制过于笼统

被追诉人自愿认罪认罚最直接的内心动因，就是希望能获取量刑上的从宽。如果从宽不可预测，被追诉人自愿认罪认罚的动力就大打折扣。

坦白从宽是我国长期以来实行的一项重要刑事政策，有其特定的历史背景，对我国刑事司法发挥着举足轻重的作用。但是，坦白从宽政策在多年来的实践过程中也遇到一些问题，比如许多被告人的供述不稳定，处在动态变化中：今天认罪，明天翻供；或是一审翻供，二审认罪。如此反复，无形中增加了司法成本，浪费了司法资源。虽然坦白从宽政策鼓励被追诉人认罪，但由于对如何从宽没有明确标准，从宽的结果不可预测，被追诉人坦白却未必能获取可期待的从宽红利，故难以对被追诉人产生有效的认罪吸引，民间有"坦白从宽，牢底坐穿"的说法。《刑法修正案（八）》首次把坦白从宽确立为法定量刑情节从而形成坦白从宽制度，但实践中也在对坦白（在刑法条文里是"如实供述"）的解读及从宽幅度的把握上存在一些分歧等问题，影响了坦白功能的充分发挥。认罪认罚从宽制度既与坦白从宽制度一脉相承，也是对坦白从宽制度的深化发展。过去，我们太强调"坦白"，而忽视对从宽标准的明确，导致了坦白从宽难以真正发挥作用。如今，只有将焦点重新回到"从宽"上来，明确合理公开的从宽标准，才能真正地促使被告人认罪认罚。

（三）"认罪"与"从宽"的现有规定过于零散

当前我国相关刑事法律中关于"认罪"与"从宽"的规定可归纳为：《刑法》第 67 条规定了自首从宽制度；《刑法修正案（八）》增设《刑法》第 67 条第 3 款"犯罪嫌疑人……如实供述自己罪行的，可以从轻处罚；因其如实供述自己罪行，避免特别严重后果发生的，可以减轻处罚"，使坦白成为法定量刑情节；《刑法修正案（九）》增设《刑法》第 383 条第 3 款"犯第一款罪，在提起公诉前如实供述自己罪行……，有第一项规定情形的，可以从轻、减轻或者免除处罚；有第二项、第三项规定情形的，可以从轻处罚"，对贪污罪、受贿罪做了特别的从宽规定；2003 年"两高一部"《关于适用简易程序审理公诉案件的若干意见》第 9 条规定"人民法院对自愿认罪的被告人，酌情予以从轻处罚"；2010 年最高人民法院颁布的《关于贯彻宽严相济刑事政策的若干意见》第 23 条规定"被告人案发后对被害人积极进行赔偿，并认罪、悔罪的，依法可以作为酌定量刑情节予以考虑"；2014 年"两高两部"《关于在部分地区开展刑事案件速裁程序试点工作的办法》第 13 条规定"人民法院适用速裁程序审理案件，对被告人自愿认罪……可以依法从宽处罚"。此外，这次修改后的《刑事诉讼法》第 15 条规定："犯罪嫌疑人、被告人自愿如实供述自己的罪行，承认指控的犯罪事实，愿意接受处罚的，可以依法从宽处理。"由此可见，刑事法律体系里关于"认罪"与"从宽"的规定比较零散。此外，在上述条文中出现了"自首""如实供述""自愿认罪"等法律术语，名词比较专业，普通人难以准确理解这三者的区别，更难准确区分三者之间从宽幅度的差异。相对零散的法律条文和过于专业的法律术语，模糊了“认罪”与“从宽”的关系，如何“从宽”缺乏标准，也影响被追诉人认罪的积极性。知法是懂法、守法的前提，如果法律规定无法被公民充分地理解和掌握，则难以发挥法律的指引功能。

“认罪认罚从宽制度让从宽处理的司法导向由笼统含混走向具体清晰，正是其价值所在。”① 长期的审判实践催生了一个共识：认罪认罚从宽制度，应当设立明确的从宽标准，才能真正让该制度深入人心。

二 改革思路：确立“认罪越早，从宽越多”的量刑原则

“如果认罪的时间对从宽幅度没有影响，犯罪人就会产生‘早认罪不如晚认罪’的观望心理。”② 审判实践中，常见的侦查机关出示证据多，就多交代，出示证据少，就少交代的情形，正是这种心理的现实反映，整个侦查工作被笑称为“挤牙膏”。“一般而言，越早坦白，对于侦查机关及时收集证据、及早侦结案件越有帮助，越能节约司法资源、提高司法效率。若到了审判阶段才坦白，此时证据已经基本上确实充分，被告人坦白的意义和价值大不如前，因此，对于在侦查和审查起诉阶段如实供述自己罪行的，应当予以更大的奖励，从宽处罚的幅度要更大。”③ 在实施多年的量刑规范化制度里我们可解读出相应的内容，如：自首（发生在犯罪后侦查前）最多减40%，可减轻处罚；如实供述（发生在侦查、起诉阶段）最多减20%；当庭自愿认罪（发生在审判阶段）最多减10%。

从中可看出在量刑规范化制度里已有“认罪越早，从宽越多”理念的雏形，但尚未形成完整的理论体系。“认罪越早，从宽越多”理念相较“坦白从宽”无疑是一个进步。在认罪认罚从宽制度正式写入刑诉法的基础上，随着改革的深入，我们应当将隐性的“认罪越早，从宽越多”理念显性化，

① 彭东昱：《认罪认罚从宽必须把握两个关键点》，《中国人大》2016年第18期。

② 北京市海淀区人民法院课题组：《关于北京海淀全流程刑事案件速裁程序试点的调研——以认罪认罚为基础的资源配置模式》，《法律适用》2016年第4期。

③ 人民法院出版社编《最高人民法院司法观点集成》（刑事卷），人民法院出版社，2017，第336页。

以此增强从宽量刑结果的可预测性并让所有人都能知晓，因此将该理念上升为明确的量刑原则并纳入刑法体系很有必要，其既适应了新形势发展的需要，也体现了与时俱进的法律变革思想。

要在司法实践中准确把握“认罪越早，从宽越多”应从以下三方面入手。

（一）认罪阶段：认罪“早晚”应当与刑事诉讼三阶段相衔接

改革需要处理好两个关键问题：一是认罪，一是从宽。认罪是前提，从宽是核心，只有真正的认罪，才有量刑的从宽；而只有设定明确的从宽量刑标准，才能引导真正的认罪，把这两个问题处理好是改革成功的关键。“认罪越早，从宽越多”原则把“认罪”与“从宽”这两者关联起来，该原则应当对所有的刑事案件（含不认罪案件，即不认罪不从宽）都能适用，而侦查、起诉、审判三个诉讼阶段是每个刑事案件必经的阶段，将被追诉人在三个不同阶段的认罪态度作为认罪早晚的参照点简便易行。笔者认为，认罪“早晚”的评判应当以侦查、起诉、审判三个诉讼阶段为时间节点。

（二）递减比例：认罪所处的阶段不同，减让的刑罚量也不同

认罪是对犯罪行为的悔过，且有利于节约司法资源，认罪越早，从宽越多，亦符合罪责刑相一致原则的要求。自愿认罪的，从宽幅度可按认罪的三个诉讼阶段逐级递减：在侦查阶段认罪的刑罚减让最多，审查起诉阶段认罪的刑罚减让次之，在审判阶段再认罪的最次。

（三）从宽限度：从宽的幅度应当符合量刑规范化的要求

对于从宽量刑幅度的设定，不能过大，也不能过小：过大的从宽幅度有可能放纵犯罪，过小的从宽幅度不利于调动被追诉人认罪的积极性。在量刑规范化改革成功的基础上，最高人民法院 2013 年发布的《关于常见犯罪的量刑指导意见》（下文简称《指导意见》）规定：（1）对于自首情节……可以减少基准刑的 40% 以下；（2）如实供述自己罪行的，可以减少基准刑的 20% 以下；（3）如实供述司法机关尚未掌握的同种较重罪行的，可以减少基准刑的 10% ~30%；（4）对于当庭自愿认罪的……可以减少基准刑的

10%以下。综合以上分析，笔者认为，发生在侦查、起诉、审判三阶段的认罪，从宽的最高减让幅度不得突破《指导意见》里关于自首40%的从宽幅度，也不得减轻处罚。

综上，“认罪越早，从宽越多”的原则，在实践中可做如下探索，即自愿认罪的，在侦查阶段最多减30%，在审查起诉阶段最多减20%，在审判阶段最多减10%，形成“321”阶梯式从宽量刑机制（下文简称“321”机制）。

三 改革实践样本：探索践行“321”机制

作为认罪认罚从宽制度试点单位，福建省厦门市集美区人民法院（下文简称“集美法院”）围绕制度设计，在全国首推“321”机制，运用创新思路破解量刑从宽的改革难题。

（一）“321”机制的主要内容

“321”机制贯彻“认罪阶段不同，减少的刑罚量不同，认罪越早，从宽越多”的量刑指导思想，设定：在侦查阶段认罪最多可减少基准刑的30%，在审查起诉阶段认罪最多可减少基准刑的20%，在审判阶段认罪最多可减少基准刑的10%。在认罪后翻供的，不得从宽处罚。对于在一审判决之前又能认罪的，则以其最后认罪的阶段来考虑，法院对其从宽处罚的幅度应当从严掌握。

“321”机制中，“321”这三个数字既对应认罪的三个阶段，又对应从宽量刑的三个幅度，该机制将“认罪”与“从宽”紧密关联，既解决“从宽”问题，也解决“认罪”问题，在实践中通俗易懂、简便易行。

（二）“321”机制的阶梯式量刑

一般而言，被追诉人在侦查阶段即认罪，其人身危险性要低于晚认罪或不认罪的，对其多些刑罚减让符合罪责刑相适应原则。以集美法院审理的被告人吴某某、鲁某某容留卖淫一案为例，二被告人的罪责、情节、作用均相当，唯一区别是认罪的阶段不同：鲁某某归案后即认罪，并能始终稳定供述，吴某某归案后拒不认罪，直到开庭才认罪。合议庭在量刑规范化框架内结合“321”机制进行评议：两人的基准刑均确定为15个月。由于鲁某某在侦查阶段即认罪，减让基准刑的25%，确定宣告刑为11个月，吴某某当庭才认罪，减让基准刑的10%，确定宣告刑为13个月。又如，被告人刘某某、李某某故意伤害一案，刘某某系被公安机关抓获，但在侦查阶段即认罪，李某某虽主动到公安机关投案，但归案后不仅没有如实供述，而且在整个侦查阶段都不认罪，直到审查起诉阶段才认罪，故不能认定为自首，应该认定在审查起诉阶段的认罪。合议时根据认罪阶段的不同，对刘某某减让基准刑的20%，对李某某只减让基准刑的15%。再如，被告人胡某某、刘某某故意伤害案，二被告人均被公安机关抓获，不同之处在于刘某某在侦查阶段即认罪，而胡某某一直到庭审时才认罪。合议时根据认罪阶段的不同，对刘某某减让基准刑的25%，对胡某某则只减让基准刑的10%。上述三个案件宣判后，两件被告人认罪服判，一件二审维持。这三个案件的裁量结果较好诠释了“认罪越早，从宽越多”的量刑指导思想，让早认罪的人得到更多奖励，把罪责刑相适应原则贯彻到具体个案中。

（三）注重被追诉人权利保障

一是制定标准化的告知书。集美法院协调公检部门，制定了《认罪认罚从宽制度告知书》，除了告知被追诉人在各诉讼阶段享有的诉讼权利外，还在告知书上载明了“321”机制的具体运作模式。侦查机关在第一次讯问后即向犯罪嫌疑人送达该告知书，让其尽早知晓“321”机制，知晓“早认罪，从宽多”“晚认罪，从宽少”“翻供不从宽”的道理，激励其做出理智抉择。此外，检察院和法院在立案后，均向被告人送达该告知书，确保被告人的知晓权。二是值班律师全方位驻点。在当前值班律师尚无法在看守所全面驻点的情况下，集美区实行值班律师在公、检、法三机关驻点，为被追诉人提供法律咨询和法律帮助，解释“321”机制的具体内容，全程见证告知书、具结书等相关文书的签署情况，见证被追诉人认罪的自愿性，保障其合法权益。值班律师统一由区司法局法援中心指派，每周到公安机关和法院各驻点5天，到检察院驻点3天，每天补贴300元。

（四）探索取保候审不再续保

集美法院与检察院共同试行取保候审不再续保制度：对公安机关已决

定取保候审、检法两院适用速裁程序审理的案件，检法两院立案后经审查认为被告人符合取保候审条件且取保时间尚未到期（起诉阶段余一个半月以上、审理阶段余一个月以上）的，可不再重新办理取保候审。值得一提的是，检法两家虽未重新办理续保手续，但被告人仍然处在公安机关做出的取保候审状态中。试点期间，法院共有1458名被告人符合条件而未办理续保手续，极大减少了工作量，对解决案多人少的矛盾有实际的裨益。

（五）创新审前社会调查前置

根据《社区矫正实施办法》，法院、检察院、公安机关、监狱均有权委托审前社会调查。但在实践中，法院成为唯一的启动主体。速裁程序的审限只有10天，经常是案件已宣判，审前社会调查回函仍未收到。由此，集美法院协调检察院与司法局，针对适用速裁程序办理的认罪认罚案件，由检察院启动调查程序：检察院认为被告人有可能被判处非监禁刑的，由其向被告人住所地司法局发出审前社会调查函，司法局完成调查评估后将评估函分别邮寄检察院和法院。改革以来，集美法院审理的速裁案件共收到1026份审前社会调查函，这些调查函全部由检察院发出。调查启动时间提前，解决了社会调查周期长与速裁案件审限短的矛盾。

（六）协调政法各家通力协作

认罪认罚从宽制度的试点改革，需要靠政法各家的通力协作。集美政法各家结合辖区工作实际，共同出台了具有集美特色的《关于开展刑事案件认罪认罚从宽制度试点工作的实施细则（试行）》及《关于实施刑事案件认罪认罚从宽“321”机制的办法（试行）》，确保改革规范、顺利运行。制度设计的科学性，带来政法各家参与改革的积极性。公安机关认识到“321”机制能有效促进犯罪嫌疑人尽早认罪，公安机关是改革最大的受益者。据公安干警反馈，犯罪嫌疑人知晓“321”机制后，明白了侦查阶段是否认罪，关系到其30%的从宽奖励能否实现的道理，因此更愿意主动开口交代问题，极大地提高了侦查办案效率。公安干警在办案过程中已累计为犯罪嫌疑人送达《认罪认罚从宽制度告知书》2800余份。检察院发出审前社会调查函、启动认罪认罚程序，虽然工作量增加了，但“321”机制使检察官在提出量刑建议时更精准也更有把握，采纳率也得到提高（从试点前2016年的96.9%提高到试点后2017年的98.3%、2018年的98.6%），因此，检察官们参与改革的热情很高。司法局也认识到这项改革的重要性，主动向区财政局申请追加值班律师的经费补贴，每天安排值班律师到公检法各单位驻点，做好审前社会调查工作，保障改革的顺利进行。

四　重点案例剖析："321"机制在扫黑除恶案件中发挥实效

在扫黑除恶专项斗争中，集美警方重拳出击，打掉了以陈某某为首的黑社会犯罪集团（涉案129人，涉及组织领导参加黑社会性质组织、聚众斗殴、故意伤害、寻衅滋事、开设赌场、组织卖淫、诈骗、窝藏8个罪名）。该案中，首犯陈某某一直躲在幕后指挥，又具有很强的反侦查意识，且该犯罪集团实施的犯罪多为隐案，直接指向的相关证据取证难度很大，给案件的侦办带来不小困难。在侦办过程中，侦查机关充分发挥"321"机制能激励引导犯罪嫌疑人尽早认罪的作用，通过"尽早告知，充分解读，及时帮助，灵活引导"的方法，使犯罪嫌疑人明白"认罪越早，从宽越多"的道理，有力促进了自愿认罪，分化瓦解了严密的防御体系，提高了侦查的效率。

明确量刑激励，瓦解攻防体系。犯罪嫌疑人司某到案后，办案民警第一时间告知其"321"机制，司某当时即对自己参与违法犯罪活动的行为感到懊悔，并表示要坦白自己及陈某某等人的罪行。但由于其本人涉嫌案件较多，担心会被判重刑，其变得沉默不语、心事重重。此时，民警再次讲解"认罪越早，从宽越多"的原则，使其明白不要因犹豫不决而错失机会，司某及时调整心态，稳定、如实地交代了该涉黑组织实施的其他违法犯罪行为，并主动交代了一部分侦查机关尚未掌握的聚众斗殴犯罪事实，为指证首犯陈某某和其他同案犯起到了关键作用。

找准突破对象，拿下关键证据。该案涉及的组织卖淫犯罪，由于缺乏相应的证据，案件的侦破工作进入僵局。专案组经过多次研究，决定将本案中涉嫌协助组织卖淫的非组织成员檀某作为突破口。民警耐心细致地为檀某宣讲"321"机制的量刑减让原则，檀某不但积极提供和指认多名嫖客和卖淫女的具体信息，还主动供述了账本藏匿地点，帮助侦查员获取到本案的关键证据，最终顺利侦破该组织卖淫犯罪。

灵活教育引导，主动到案供述。张某系与陈某某涉黑团伙合作开设赌场的犯罪嫌疑人，在陈某某等人落网之后，张某主动到案接受讯问。此人有多次违法犯罪经历，在到案前做了一些应对审讯的准备，并自我划定了供述底线，仅承认参赌，坚决否认参与开设赌场的犯罪事实。侦查员此时灵活运用该机制进行教育引导，摆事实讲证据，使其认识到越早认罪，才有从轻处罚的可能，帮助其彻底放下思想包袱，其如实供述了伙同陈某某涉黑团伙数次开设赌场牟利的犯罪事实，并对其所知的该涉黑组织实施的其他违法犯罪活动进行了指证。

细心谋划策略，抓住时机击破。犯罪嫌疑人陈某是本案首犯陈某某的胞弟，系该黑社会性质组织的积极参加者，参与实施了开设赌场、寻衅滋事、组织卖淫、诈骗等多起案件。在审讯之初，陈某自恃其之前在参与该组织违法犯罪案中未公开露面，自己经营一家正规足浴店，且存有“我哥不会把我供出来”的侥幸心理，对抗情绪较为严重。侦查民警冷静研究审讯策略，揭露其已介入组织犯罪的事实，并结合“321”机制及相关判例就其最关心的量刑问题进行说明，促其对自己的罪行进行总结、忏悔，并供述其参与有组织犯罪的全部情况。

五　改革的实效检验

在改革试点期间，从 2017 年 1 月至 2018 年 12 月，集美法院共审结刑事案件 2488 件（速裁 62.2%，简易 23.0%，普通 14.8%）（见图 1），认罪认罚案件 1858 件（占比 74.7%）1958 人。审结的认罪认罚案件中，取保候审 1613 人，占 82.4%，判处三年以下刑罚 1952 人，占 99.7%，适用非监禁刑 958 人，占 48.9%。

为了便于对比，这里把 2016 年的速裁、简易程序案件作为认罪案件与改革后的认罪认罚案件进行比较：2016 年全年共审结 939 件，认罪案件 554 件；在改革之后的 2017 年共审结 1135 件，认罪认罚案件 809 件，2018 年共审结 1353 件，认罪认罚案件 1049 件（见表 1）。

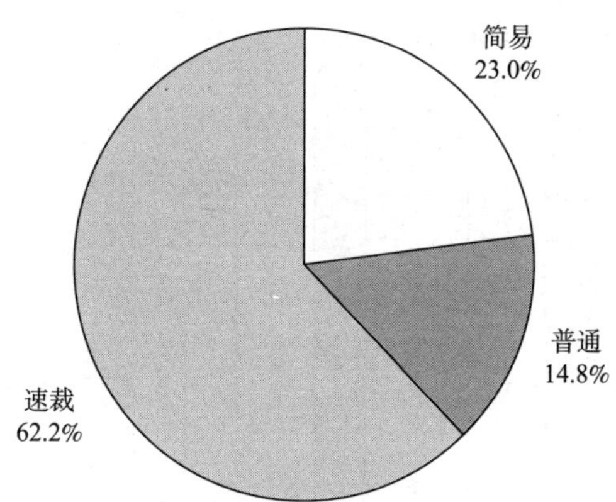

图 1　速裁、简易、普通程序的比例

表 1　认罪案件占同期刑事案件的比重

年度	2016	2017	2018
审结案件	939 件	1135 件	1353 件
认罪案件	554 件，占比 59.0%	809 件，占比 71.3%	1049 件，占比 77.5%

2016 年 554 件认罪案件中，当庭宣判 475 件，十日内结案 384 件，上诉 39 件；2017 年 809 件认罪认罚案件中，当庭宣判 779 件，十日内结案 432 件，上诉 26 件；2018 年 1049 件认罪认罚案件中，当庭宣判 1026 件，十日内结案 746 件，上诉 47 件（见表 2 及图 2）。

表 2　当庭宣判、十日内结案、上诉占认罪案件的比重

年度	2016	2017	2018
认罪案件	554 件	809 件	1049 件
当庭宣判	475 件，占 85.7%	779 件，占 96.3%	1026 件，占 97.8%
十日内结案	384 件，占 69.3%	432 件，占 53.4%	746 件，占 71.1%
上诉	39 件，占 7.0%	26 件，占 3.2%	47 件，占 4.5%

通过数字对比，可以看出认罪案件占同期案件的比例由改革前的 59.0% 上升到改革后 2017 年的 71.3% 及 2018 年的 77.5%，说明改革后被告人认罪的积极性更高，“321”机制在激励被告人自愿认罪上起到了促进作用。此外，改革后的当庭宣判率、十天内结案率均有所提升，这说明改革缩短了案件

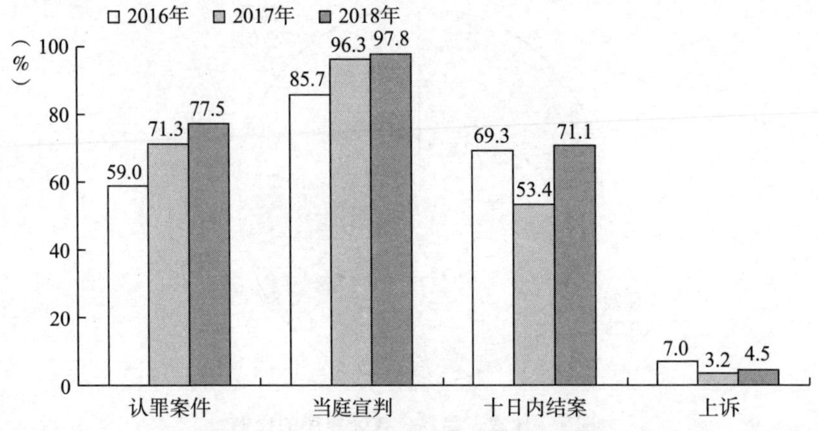

图 2　认罪认罚制度改革前后数据对比

的审理期限，提高了办案效率，较好地促进了被告人认罪服法。

“321”机制的特色体现在：在制度实施层面，该机制符合认罪认罚从宽制度的设计本意与改革方向，与量刑规范化制度可以对接，可适用于所有的罪名及程序；对司法机关而言，该项机制的推行无须增加额外的工作量，操作简便，能提高诉讼效率，参与的积极性高；对被追诉人而言，从宽的规定通俗易懂、简洁扼要，可形成尽早认罪的内心动因。综上，该机制可调动各方面的积极性，是一项“利益兼得”的多赢方案。

“321”机制是“认罪越早，从宽越多”原则的具体化，有力地推进了认罪认罚从宽制度的施行，发挥了显著作用。

一是通过“量刑尺度的公开、具体”，有利于引导被追诉人自愿认罪。坦白从宽的刑事政策存在规范化不足的缺陷，适用缺乏具体化和规则化标准而导致制度公信力和吸引力的贬损，降低了被追诉人对认罪认罚的信赖。“321”机制既对应侦查、起诉、审判三阶段，也对应从宽幅度的30%、20%、10%，三个阶段界限分明，容易区分判断，使量刑减让尺度“公开、具体”，成为可视化标准而容易产生制度信赖，引导被追诉人走向自愿认罪之路。[①] 同时，尺度公开透明，也便于监督机关、社会公众对法官自由裁量权进行监督。习近平总书记强调：“阳光是最好的防腐剂。权力运行不见阳

① 参见吴贵森《实现公正与效率的有机统一》，《人民法院报》2018年3月29日，第5版。

光，或有选择地见阳光，公信力就无法树立。执法司法越公开，就越有权威和公信力。”①

二是通过“阶梯式从宽量刑”，有利于贯彻罪责刑相适应原则。在实践中，有些案件即使“零口供”也能定案，但是如果被告人不认罪，公诉人将耗费更多精力去证明，甚至冒着一定的诉讼风险。可以说，“零口供”既不是侦查人员、公诉人所乐见的，也不是审判人员所乐见的。② 在“321”制度设计中，不同阶段的认罪体现出悔罪情节不同，反映出人身危险性和主观恶性不同，因此，其罪责对应的刑罚亦有区别。早认罪说明被追诉人悔罪好、恶性降低、危险性降低，而这些都是量刑时应当考量的因素。在量刑规范化的框架内，“321”的方式体现了阶梯式从宽量刑机制的合理性，符合罪责刑相适应的原则。③

三是通过“量刑幅度的科学递减”，有利于激励被追诉人尽快认罪。“321”机制是“认罪越早，从宽越多”原则的具体化，增强了被追诉人对认罪认罚结果的可预测性。该制度设计合理地分析了人性特点，有效地激励被追诉人尽早、自愿认罪。该设计也契合认罪认罚减少司法成本的另一初衷，越早认罪司法资源耗费越少，可以给予的刑罚奖励就越多。该机制没有过多的法律术语，可以让文化水平普遍不高的被追诉人能够理解并充分认识到早认罪比晚认罪可以得到更多的量刑减让，而翻供则是不利选择，使坦白从宽的刑事政策得以落实。这也是对认罪认罚从宽制度的有益创新。④

六　相关立法建议

一是纳入刑法总则框架。各地法院试点经验表明，“认罪越早，从宽越多”的原则是受到普遍认同的，阶梯式从宽是切实可行的。目前已有部分地区实行了该模式：“杭州、广州、郑州实行分级量刑激励，明确侦查、起

① 习近平：《严格执法，公正司法》，载中共中央文献研究室编《十八大以来重要文献选编》（上），中央文献出版社，2014，第720页。

② 参见孙谦《在检察机关刑事案件认罪认罚从宽制度试点工作推进会上的讲话》，2017，第15页。

③ 参见吴贵森《实现公正与效率的有机统一》，《人民法院报》2018年3月29日，第5版。

④ 参见吴贵森《实现公正与效率的有机统一》，《人民法院报》2018年3月29日，第5版。

诉、审判不同阶段认罪认罚的，一般按递减原则给予量刑激励”。[①] 辽宁省政法五部门联合出台量刑规范化细则，将认罪认罚从宽制度纳入量刑规范化：“在确定从宽幅度上，要根据被告人认罪的不同阶段、对于侦破案件所起的作用，……，将认罪认罚作为犯罪事实以外的一个单独量刑情节，减少基准刑的10%至30%”。[②] 广州越秀区法院出台了《越秀区认罪认罚案件量刑指引》，“采取了分段式量刑激励从宽机制，对在刑事诉讼不同阶段认罪的犯罪嫌疑人、被告人，给予10%至30%不等的从宽幅度，以鼓励犯罪行为人及早认罪，节约司法资源”。[③] 杭州富阳区法院明确办理认罪认罚从宽案件，遵循认罪阶段越靠前，从宽幅度越大的准则。[④] 武汉市中院明确了越早认罪认罚，越可能得到更大的从宽处罚幅度的量刑激励标准。[⑤] 济南市中院探索“认罪越早，从宽幅度越大”的做法，推出“阶梯式从宽量刑机制”，规定侦查阶段认罪认罚，最多可减少基准刑的35%，起诉阶段认罪认罚最多可减少25%，审判阶段认罪认罚最多可减少15%。[⑥] 各地法院成功的经验表明，阶梯式从宽是有生命力的，是可复制、易推广的制度，可为立法的完善提供有益借鉴。本文探索的“321”机制曾被最高人民法院的认罪认罚改革专报介绍。

认罪认罚从宽制度兼具程序与实体双重属性，关于“从宽”问题应当在实体法框架内解决。笔者建议，将来在刑法修改时可增加“认罪认罚从宽”制度的内容，并将《刑法》第67条第3款修改为“犯罪嫌疑人虽不具有前两款规定的自首情节，但是自愿认罪认罚的，按照认罪越早，从宽越多的原则从轻处罚；因其如实供述自己罪行，避免特别严重后果发生的，

① 胡云腾：《在刑事案件认罪认罚从宽制度试点工作推进会上的讲话》，2017，第4页。

② 张之库、严怡娜、于巍：《辽宁政法五部门联合出台量刑规范化细则：认罪认罚从宽制度纳入量刑规范化》，《人民法院报》2017年11月11日，第1版。

③ 杨晓梅、潘文杰：《强化人权保障 规范量刑协商——广州越秀区法院推进认罪认罚从宽制度改革纪实》，《人民法院报》2017年12月8日，第4版。

④ 参见余建华、王泽烽《杭州富阳认罪认罚从宽试点见成效》，《人民法院报》2017年5月8日，第4版。

⑤ 参见程勇、蔡蕾《实现快审速裁 保证真实自愿——武汉法院试点认罪认罚从宽制度探访》，《人民法院报》2018年8月16日，第1版。

⑥ 参见祁云奎、袁鄰《探索开展认罪认罚从宽制度试点工作新做法》，《人民法院报》2018年11月28日，第6版。

可以减轻处罚"。将改革成果立法化，有利于中国特色的"量刑协商"制度的建立。

二是纳入量刑规范化范畴。刑事案件的审理，除了涉及具体罪名外，还涉及诸多的犯罪形态和量刑情节等。法官在量刑时，不仅仅要考虑被告人是否认罪认罚，更要通盘考虑其各种法定和酌定的量刑情节。"321"机制的科学设计，使其与量刑规范化体系能够兼容。如今试点已结束，应将有效经验充分总结提升。笔者建议：在司法解释层面，可以在《指导意见》中增加"321"机制具体的量刑减让规定，即"在侦查阶段认罪最多减30%，在审查起诉阶段认罪最多减20%，在审理阶段认罪最多减10%"。据此，法官在办案时，可在量刑规范化框架内将被告人的认罪认罚情节与其他的量刑情节进行综合评判，以"同向相加，逆向相减"的方法进行量化，并得出最终的裁判结果。也只有将其纳入量刑规范化范畴，法官才能综合评判被告人的社会危害性和主观恶性，对于一些重大恶性案件、犯罪手段极其残忍的案件或是累犯、惯犯等，即使他认罪认罚，也不一定从宽，消除群众对认罪认罚"一律从宽"的担忧。

认罪认罚从宽的保障制度研究

——以厦门市检察环节实践为视角

厦门市思明区人民检察院课题组*

【摘　要】认罪认罚从宽制度作为优化司法资源配置、调整刑事诉讼职能的新制度，对提升刑事诉讼效率、完善刑事诉讼程序、健全刑事诉讼架构、推进刑事诉讼制度改革具有重要意义。厦门作为这项制度的首批试点地区，在这两年的试点过程中积累了不少经验做法，但也在实体公正和权利保障方面逐渐显露了一些问题，导致制度设计的初衷和价值难以完全实现。为保障认罪认罚从宽制度的有效实施，从实体和程序两个层面更好保障当事人合法权利，本文针对厦门市试点过程中发现的问题进行汇总、研究和分析，并提出设立认罪认罚从宽保障制度的价值和具体的措施建议。

【关键词】认罪认罚；试点实践；保障制度

2016 年 9 月，全国人大常委会印发《关于授权最高人民法院、最高人

---

* 课题组主持人为吴雅莹，厦门市思明区人民检察院轻罪刑事案件检察部副主任、检察官。课题组成员为林璐，厦门市思明区人民检察院检察官助理；郑心敏，厦门市思明区人民检察院检察官助理。

民检察院在部分地区开展刑事案件认罪认罚从宽制度试点工作的决定》（以下简称《决定》），同年11月11日，"两高三部"联合制定发布《关于在部分地区开展刑事案件认罪认罚从宽制度试点工作的办法》（以下简称《试点办法》）。认罪认罚从宽制度是在我国《刑法》《刑事诉讼法》规定的坦白、自首、刑事和解等条文的基础上，充分考虑犯罪嫌疑人、被告人所犯罪行的社会危害性及自身的人身危险性，充分考量其认罪态度进行从宽处理，以达到法律效果和社会效果的辩证统一的制度。①

作为刑事速裁程序和认罪认罚从宽制度首批试点城市，厦门市自开展试点工作以来，在提升刑事诉讼效率、完善刑事诉讼程序、健全刑事诉讼架构、推进刑事诉讼制度改革等方面都取得了显著效果，但亦有诸多制度与实践冲突而导致的问题需要探讨或厘清。例如，在实体上，认罪认罚从宽案件的证据标准呈现降低趋势，实践中出现只要被告人表示认罪认罚即从速处理案件的现象；在程序上，认罪认罚自愿性的有关保障措施未到位，存在认罪认罚的自愿性及真实性难以保障等问题。如何归纳总结上述问题并提出相应建议，进而促进认罪认罚从宽制度的有效实施并取得更好的司法效果，是本文讨论的重点。

一　认罪认罚从宽保障制度之问题源起与争议

2016年11月至2018年5月，厦门市检察机关公诉部门共适用认罪认罚从宽制度办理案件3949件4141人，占同期办结案件数和人数（11038件14259人）的35.8%和29.1%，涵盖危险驾驶、故意伤害、贩卖毒品、盗窃等30余个罪名。经审查，厦门市检察机关共对3967名认罪认罚的犯罪嫌疑人提起公诉，决定不起诉152人，不诉占比为3.8%，其中，因犯罪情节轻微决定不起诉114人，刑事和解决定不起诉38人。在审查起诉环节，提出幅度型量刑建议3217人，提出精确型量刑建议378人。起诉后适用速裁程序3020件3055人、简易程序358件439人，适用普通程序42件47人；

① 参见向燕《我国认罪认罚从宽制度的两难困境及其破解》，《法制与社会发展》2018年第4期。

已获判决的3390人中，判处非羁押刑1241人，占比为36.6%，其中判处缓刑1225人、单处罚金14人、管制1人、免予刑事处罚1人。适用认罪认罚从宽制度的案件一审判决后上诉68人，一审服判率98.3%。适用认罪认罚从宽制度的案件，从检察机关审查起诉到审判机关法庭审理，整个刑事诉讼周期得到大幅度的缩短，绝大多数案件当庭宣判，上诉率和抗诉率均明显下降。

为推进认罪认罚案件保质提速，确保试点取得良好成效，厦门市各区法院、区检察院、区公安分局、区司法局均联合发布了《关于开展刑事案件认罪认罚从宽制度试点工作的实施细则（试行）》（以下简称《实施细则》），但《实施细则》在标准、规范、监督等方面仍有许多不够完善的细节问题，可能损害到司法公正和相关当事人合法利益。同时，司法实践中，一些基层法官、检察官在适用认罪认罚从宽制度时，亦有一些认识分歧，存在做法争议，主要归纳为实体和程序两个方面。

（一）实体层面存在问题

1. 证明标准存在争议

认罪认罚从宽制度针对“案多人少”这一问题展开，司法实务中确实起到提高办案效率、节约司法资源的作用。① 以厦门市S区检察院为例，为更好实施认罪认罚从宽制度，推进案件繁简分流，区检察院成立轻罪刑事案件检察部，集中办理依法可能判处三年以下有期徒刑的认罪认罚轻微刑事案件，其中适用速裁程序的案件平均审查起诉时限为5.3天，适用其他程序案件办理期限从5个月下降至2个月左右，退补率下降30个百分点；在告知环节实现告知、提审、具结程序“三合一”，设立值班公诉人集中开庭制度；在法庭审理阶段，不再分别提押、讯问多个案件的被告人，集中进行庭审和宣判；庭审过程同样进行相应简化，未宣读起诉书，不再进行法庭调查，简化法庭辩论流程。对危险驾驶、盗窃、贩卖毒品、非法持有毒品、故意伤害（轻伤）、交通肇事6类常见案件，制定证据审查指引，形成要素式审查模式；创制表格式、填空式法律文书模板，简化制作法律文书。

① 参见黄京平《认罪认罚从宽制度的若干实体法问题》，《中国法学》2017年第5期。

员额检察官自主决定是否启动适用认罪认罚从宽制度，有权选择速裁、简易等诉讼程序；结合区检察院实际下放认罪认罚具结书等法律文书审批权限 31 类，有效减少流程拖延。在提高办案效率的同时，也带来证明标准降低的隐忧。[①] 在试点过程中，各地区对认罪认罚从宽案件的法律证明标准是否可以降低，持有不同观点。

一种观点认为，认罪认罚案件的证明标准当然可以相应降低，如果必须使用“犯罪事实清楚，证据确实、充分”的证明标准，那么通过认罪认罚进行从宽量刑的弹性不大，实质无法提高诉讼效率。同时，《决定》认为的证明标准是“事实清楚、证据充分”，而非“证据确实、充分”；最高人民法院、最高人民检察院、公安部、司法部联合制定的《刑事案件速裁程序试点工作座谈会纪要（二）》（以下简称《纪要（二）》）也明确，被告人如果自愿认罪，同时有关键证据能予以证明，可以认定被告人构成犯罪。这表明速裁案件的证明标准已相应放低，同理，认罪认罚可以适用速裁程序的案件，其证明标准可以宽松掌握。

另一种观点认为，不应当降低对认罪认罚案件的证明标准，认罪认罚从宽制度的推行不是降低证明标准的正当理由。首先，我国刑事诉讼法规定的是坚持实质真实的原则，和英美法系国家奉行的形式真实原则有本质区别，我国检察机关对证据不足、无法排除合理怀疑的案件，不允许通过说服被告人认罪、与被告人协商认罪的方式提出相应轻缓的量刑建议。根据我国刑事证据体系，只有被告人供述，没有其他证据佐证的案件，无法对被告人定罪处理；没有被告人供述，但其他证据确实、充分的，可以对被告人定罪处理。对于尚未达到事实清楚，证据确实、充分证明标准的案件，即便被告人自愿认罪，检察官同意接受认罪，法官也不能认可认罚协议。[②] 其次，现行刑事诉讼的理念导向并非降低证明标准。刑诉法规定的“案件事实清楚，证据确实、充分”的证明标准应一视同仁适用，没有选择余地，认罪认罚案件是刑事案件的其中一个类型，理应完全适用这个标准，而不能将认罪认罚案件剔除在外。《决定》和《纪要（二）》并不存在降低

① 参见孙长永《认罪认罚案件的证明标准》，《法学研究》2018 年第 1 期。

② 参见陈瑞华《“认罪认罚从宽”改革的理论反思》，《当代法学》2016 年第 4 期。

速裁案件证明标准的导向性。虽然《决定》提出速裁案件的证明标准是“事实清楚、证据充分”，但因为证据的“确实”与“充分”是相辅相成、缺一不可的，“确实”指向证据的质，“充分”指向证据的量，证明标准是质和量的有机统一。所以，《决定》中的“证据充分”，必然以“证据确实”为前置条件，不能简单理解成速裁案件的证据就可以不“确实”了，证明标准就宽松了。同时，《纪要（二）》的规定，是为了阐述速裁案件的证据在什么情况下达到“案件事实清楚，证据确实、充分”的证明标准，这是释明速裁案件中的法定证明标准，而非降低法定证明标准。最后，降低证明标准不胜其弊。对认罪认罚的案件，如果擅意降低证明标准，必然会导致疑罪从有、疑罪从轻之风，从宽处理必然会在个案中越过法律底线，进而产生破窗效应。[①] 因此，要坚持认罪认罚从宽的证据标准是案件事实清楚，证据确实、充分。

当前，从厦门市的试点实践来看，坚守避免冤假错案底线仍是不容降低的诉讼目标，不能仅根据犯罪嫌疑人、被告人认罪供述，还要依照法律规定，全面收集能够证实犯罪嫌疑人有罪或无罪、罪轻或罪重的所有证据，审判机关应开展证据的全面审查，严把事实关、证据关。但在认罪认罚从宽制度全面铺开，案件流程进一步提速之后，程序运行难免容易异变为审查的流水线，在实践中需要着重注意口供定案、审查虚化等形式化的倾向，最大限度避免提高效率带来的消极影响，进而发挥证明标准在实体裁判和程序控制方面的作用。

2. 精准量刑存在阻碍

为提高犯罪嫌疑人、被告人同意适用认罪认罚从宽制度的比例，检察官与犯罪嫌疑人、被告人可以在量刑建议幅度这一方面进行一定程度的协商，换取对诉讼资源的节约。[②] 但目前试点地区在量刑建议方面存在如下问题。

（1）认罪认罚从宽标准在地区间存在差异

以试点地区厦门市为例，不同区对于认罪认罚案件的从宽幅度标准不一。例如，J 区根据启动认罪认罚从宽制度的阶段，在 10% ~30% 幅度内进

① 参见朱孝清《认罪认罚从宽制度的几个问题》，《法学杂志》2017 年第 9 期。

② 参见周新《论从宽的幅度》，《法学杂志》2018 年第 1 期。

行从宽量刑，而同市S区同样是根据启动认罪认罚从宽制度的时间节点，在10%～40%幅度内进行“阶梯式”从宽。认罪认罚从宽标准也因不同检察官的自由裁量而存在差异。检察官在个案中对量刑情节的理解、认定、解释不必严格按照法律所设定的标准，如自首、立功、未遂、未成年人犯罪等法定从轻、减轻情节，由承办检察官自行裁量如何体现实体和程序的双重“优惠”，从而导致认罪认罚从宽的标准不同。

（2）实体从宽方面体现不明显

认罪认罚案件的量刑和认罪不认罚案件的量刑（存在自首或坦白情形）在实践中没有体现差别。原因有二：一是大部分地区检察机关在做量刑建议时还是进行幅度型量刑建议，其中的差别淹没在幅度中；二是法院在精准量刑时未将认罪认罚特别是认罚单独进行从轻评价。“从宽”方面不显现这一问题在未成年人犯罪案件的量刑中尤为突出，因为未成年人犯罪本就“应当从轻或减轻处罚”，如同时具有自首、坦白等其他从轻、减轻量刑情节，适用认罪认罚程序后如何再体现“从宽”，是实践中的量刑难点。同时，因为未成年人案件目前尚无法适用速裁程序，程序上无法体现快捷简便，实体、程序两方面的政策优惠均难以兑现。

（3）难以提出明确量刑建议

虽然法院对认罪认罚案件量刑建议的采纳率保持较高水平，但总体上看，检察机关提出确定刑期量刑建议的比例不高，与《试点办法》中“提出明确具体的量刑建议”的要求还存在不小的差距。究其原因主要有以下几点。一是大部分罪名没有明确的量刑规范。最高人民法院发布的常见犯罪量刑指导意见仅针对23类常见犯罪，且已有的常见罪名的量刑指导意见主要针对主刑，基本未涉及附加刑的量刑操作。二是刑罚跨刑种的，确定具体的刑种难度大。比如量刑档在十五年有期徒刑、无期徒刑、死刑的毒品案件，因为只有这三个刑种的选择，无法进行幅度选择，是否意味着适用认罪认罚从宽制度就须选择下一个刑种，在实践中存在争议，不好把握。三是罚金刑的量刑建议实施有限。因缺乏事先缴纳保证金机制，在量刑建议时要区分实际是否缴交的情形进行两种建议，显得量刑建议的出具不够严肃。四是在量刑建议的能力上存在短板。认罪认罚从宽制度试点，将公诉人的角色从求刑推进到处刑，而且要求提出的量刑建议不仅要准确，还要得到犯罪嫌疑人、被告人的认可，这无疑是难上加难。五是量刑幅度把握存在宽泛之嫌，无法对比性地体现犯罪嫌疑人认罪认罚的从宽幅度。一直以来，检察环节或多或少地保留着重定罪轻量刑的习惯，量刑幅度的把握较为宽泛，案件承办人未重视细化量刑，讯问时难以就犯罪嫌疑人的认罪态度提出相对明确的从宽“奖励”，导致犯罪嫌疑人对自己的认罪是否获得从宽处理存有疑虑，甚至可能动摇其认罪态度，进而出现供述反复或者当庭翻供等问题，这不仅使“认罪从宽”的激励机制大打折扣，同时也压缩了法院的自由裁量权的空间，难以对法院的量刑开展有效的法律监督。

（二）程序层面存在问题

1. 救济机制设置不足

从目前看，认罪认罚从宽制度的救济措施主要有撤销认罪认罚机制、程序及时转换机制、非法证据排除机制等。试点以来，以厦门市S区检察院受理的审查起诉案件为例，2017年6月至2018年6月共适用认罪认罚从宽制度900件1077人，占同期受理案件量的59.6%，适用认罪认罚从宽制度案件中无一例撤回认罪认罚。认罪认罚的撤回被视为认罪认罚从宽制度的重要补救方法，犯罪嫌疑人、被告人在承认检察机关指控的犯罪事实后，有反悔的权利，如其反悔，其之前承认指控的供述不能直接作为定案的证据。而司法实务中，实施认罪认罚从宽制度的初衷在于解决案多人少的矛盾，如犯罪嫌疑人、被告人反悔后，案件承办人主要通过法律释明与政策教育转变其态度，同时由于律师参与诉讼的比例较低，被告人的反悔权没有较为可靠的保障，故撤销认罪认罚的比例极低。

救济措施的缺失直接影响犯罪嫌疑人认罪认罚的自愿性。[①] 对于认罪认罚自愿性的保障目前没有通说标准，实践认为，应当满足以下几个支撑条件：第一，犯罪嫌疑人、被告人的认罪认罚要具备明智性、真实性和自愿性，无论在审查起诉阶段还是审判阶段，都不允许向犯罪嫌疑人、被告人施加外在压力，迫使其认罪认罚；第二，犯罪嫌疑人、被告人自愿做出权力让渡的前提是在信息充分公开的条件下，公诉机关应当进行证据开示，一并出示

① 参见陈严法《认罪认罚从宽制度研究》，法律出版社，2017，第46～58页。

有利于或者不利于被告人的证据；第三，犯罪嫌疑人、被告人应得到辩护人及律师的有效帮助，保障其辩护权的行使；第四，在审判过程中要对被告人认罪认罚的自愿性再次进行审查。对认罪认罚自愿性保障的重视程度不够，极大程度导致预防机制的缺失，在实践中，各个诉讼阶段均通过《认罪认罚从宽制度告知书》让犯罪嫌疑人、被告人知晓相关诉讼权利、义务，但是很显然，犯罪嫌疑人、被告人很难凭一纸告知书自主行使相应权利，相应认罪认罚从宽制度的贯彻也难以按照制度设计的初衷推进。

2. 辩护人缺位导致权利弱化

司法实务中，大多数案件的犯罪嫌疑人、被告人并未自行委托辩护人，以厦门市 S 区检察院受理的审查起诉案件为例，2017 年 6 月至 2018 年 6 月的认罪认罚案件中，79.1% 的犯罪嫌疑人没有委托律师为其辩护。根据《实施细则》，在犯罪嫌疑人、被告人自愿选择认罪认罚又未聘请辩护人的情况下，应当通过法律援助值班律师为其提供变更强制措施申请、法律后果讲解、法律程序说明等法律帮助，但目前值班律师所提供的法律帮助也仅限于此。[①]

权利未得到充分保障是值班律师参与认罪认罚案件的掣肘因素。第一，值班律师不享有阅卷权，无法掌握案件的证据情况，处于控辩双方信息不对称的状态，[②] 因此未能对其见证的认罪认罚案件的量刑建议是否恰当做一个评估，无法对具结书上犯罪嫌疑人、被告人所涉及罪名及其量刑进行准确判断，对自愿认罪认罚仅作形式审查。第二，现有值班律师制度的设置，使值班律师并不能有效充当辩护人，值班律师并非全程参与到整个刑事案件中来，庭审阶段亦没有出庭为被告人进行辩护。第三，值班律师制度实施的人员以及经费皆出自法律援助机构，立法尚未对值班律师制度单独设计，对值班律师的人员以及经费保障并未单独列出，在目前人员稀缺、经费不足的情况下，法律援助机构主动派驻值班律师的积极性不高，值班律师仅以出勤日补贴方式获得报酬，与执业律师收费相去甚远，参与积极性亦不高。

① 参见王中义、甘权仕《认罪认罚案件中法律帮助权实质化问题研究》，《法律适用》2018 年第 3 期。

② 参见曾亚《认罪认罚从宽制度中的控辩平衡问题研究》，《中国刑事法杂志》2018 年第 3 期。

3. 诉前主导作用未能发挥

实务中公诉机关对不起诉裁量权的行使相对保守。2016 年 11 月至 2018 年 5 月，厦门市适用认罪认罚从宽制度做出不起诉处理的只有 152 人，仅占适用认罪认罚从宽制度案件人数的 3.7%，与此同时，起诉的认罪认罚案件中法院判处缓免刑、单处罚金等的案件比例却达 36.6%，究其原因：一是司法理念没有及时更新，在具体操作中对于不起诉的标准把握过于严格；二是不起诉案件相较直接提起公诉，在内部程序、审批手续上更为烦琐，办案周期长，耗时耗力，承办人缺乏作不起诉的积极性；三是由于逮捕适用标准与法院轻缓判决适用标准不同，而对于已批捕的案件，捕后证据未发生变化的，若无事实认定错误、法律适用错误，一般操作都是予以起诉；等等。诉后被判缓免刑比例高的问题突出，本身与认罪认罚从宽制度试点减轻讼累的主旨是相悖的，这表明不起诉的审前把关和分流作用未得到充分发挥，这也严重影响了认罪认罚从宽制度试点的功效。

同时，不起诉案件中对“情节轻微”的认定标准较为模糊，致使情节类似的案件处罚形式难以统一。2017 年 6 月至 2018 年 6 月的认罪认罚案件中，厦门市 S 区检察院做出起诉 1077 人，决定相对不起诉仅 117 人。适用相对不起诉案件的前置条件为犯罪嫌疑人的行为已经构成犯罪，但是情节轻微，可以免予刑事处罚。最高法、最高检出台的司法解释多数是对一类案件如何构成犯罪的标准进行细化与明确，而对该类案件在构成犯罪的情况下满足何种条件可以做不起诉处理的规定较为模糊，致使审查起诉环节的承办人对于情节轻微案件的处理进退维谷，对可诉可不诉的案件多数提起公诉，这不仅减弱了审查起诉环节分流案件的作用，也使得不起诉这一最大幅度的从宽方式无法发挥其应有的功效。

二 认罪认罚从宽保障制度之内涵与价值

（一）认罪认罚从宽保障制度的内涵

认罪认罚从宽制度具有实体与程序的双重属性，但该制度又并非作为一个相对独立的制度而存在。[①] 认罪认罚制度的性质决定了它既要在实质层面，也就是实体法层面有所保障，也要在程序法上加以要求，才能确保对不同罪与罚的追求在不同诉讼阶段按照一定诉讼程序完成，以达到合理配置司法资源的要求。

根据《试点办法》，认罪认罚从宽机制在实体上使犯罪嫌疑人、被告人获得从宽处理，促使双方当事人和解，修复社会关系；在程序上从快从简，缩短羁押时限和避免诉讼延迟，节约司法诉讼资源。理论界均认可认罪认罚从宽制度兼具实体法和程序法的双重价值，但也承认实体价值追求和程序价值追求在特殊情况上有可能产生一定冲突。

认罪认罚从宽的保障制度，即在适用认罪认罚从宽机制繁简分流过程中，通过保障犯罪嫌疑人、被告人在程序选择、适用案件范围、律师作用等方面的权利，既尊重当事人意愿、简化办案程序，又能实现司法公正、维护当事人权益。对当事人的权益保障主要从实体和程序两方面入手。

1. 实体方面

实体层面的公正是指根据罪刑法定原则，适用认罪认罚从宽制度在不降低证明标准、充分实质审查的情况下可以在实体处理中从宽处罚，基于犯罪嫌疑人、被告人的自愿认罪悔罪表现和积极承担刑事责任的态度，在幅度内减轻其社会责任。同时犯罪嫌疑人、被告人为获取更大幅度的量刑从宽，会主动向被害人进行退赔、赔偿，亦能保护被害人的实体权益。

2. 程序方面

程序公正是指根据人权保障原则，应坚持程序正当，包括规范、完备的审前程序，合规、自愿适用的诉讼程序，认罪认罚全程享有充分听取指控意见和为自己辩护等程序性权利。被告人既可以通过积极行使的方式实现这些权利，也可以使用消极放弃的方式实现这些权利。在认罪认罚从宽制度建构中，是通过缩短刑事诉讼流程，简化行使犯罪嫌疑人、被告人的辩护权，但保留其最后陈述的权利，以换取快速审结的程序权益和量刑从宽的实体权益，因此保障程序公正是保障制度的重要组成部分。

① 参见陈卫东《认罪认罚从宽制度研究》，《中国法学》2016 年第 2 期。

（二）认罪认罚从宽保障制度的价值

对认罪认罚从宽的保障制度进行反思与构建首先要明确一个前提，即追求哪种核心价值理念。即在注重提升司法效率的同时，还要把保障实体和程序正义作为基本追求。[①] 有部分学者及司法实务者错误理解“推进案件繁简分流，优化司法资源配置”的内在含义，将其与“效率优先”单独等同，割裂了效率与公正的辩证关系，并理解成通过降低案件工作量和弱化证明标准来实现效率优先，[②] 这种认识实质上是盲目扩大了效率在司法程序中的地位。司法程序具有天然的对公平正义的至高追求，在这一基础上，才能进而考虑效率与司法资源分配问题。在“两高三部”《关于推进以审判为中心的刑事诉讼制度改革的意见》（以下简称《解读意见》）一文中，谈及仍要避免有罪推定等错误司法理念不同程度的存在，特别强调要坚持司法公正与司法效率、实体公正与程序公正相统一。[③] 这说明在以审判为中心的司法改革下，公正司法、维护实体和程序正义仍是必须坚持的司法理念，并不能因为追求效率而有所减损。

1. 公正价值

刑事诉讼制度的建构要把公正作为最终价值追求。公正的含义是多维度的，包括程序公正与实体公正、整体公正与个体公正、相对公正与绝对公正等概念。首先，公正的要求是对同类案件同等对待，适用认罪认罚从宽制度的案件，审查时需遵循统一的规范，保证对该类案件的同等对待、公正处理，公诉机关不得以事实不清或证据不充分为由而降格指控，或以撤销部分指控来换取犯罪嫌疑人、被告人的有罪供述。其次，认罪认罚从宽应坚持控辩双方平等协商的原则，对于是否认罪认罚，是否适用简易、速裁程序等，均应建立在平等协商的基础上，注重保障犯罪嫌疑人、被告人的自主选择权。最后，认罪认罚从宽制度的运行，控、辩、审三方均应

① 参见陈瑞华《认罪认罚从宽制度的若干争议问题》，《中国法学》2017 年第 1 期。

② 参见秦宗文《认罪认罚制度的效率实质及其实现机制》，《华东政法大学学报》2017 年第 4 期。

③ 参见徐隽《刑诉制度改革意见解读：依法惩罚犯罪 切实保障人权》，《人民日报》2016 年 10 月 11 日，第 8 版。

参与其中，在量刑协商时以控辩双方参与为主，但法官对案件是否符合认罪认罚从宽的适用条件、协商幅度以及犯罪嫌疑人、被告人认罪认罚是否自主自愿等问题具有最终裁判权，这样的制度设计才能使实体公正成为可能。

2. 效率价值

随着刑事案件的激增，效率价值的地位渐渐被认可。将效率纳入司法考量的范畴后，人们不得不重新考虑司法效率与成本的关系。诉讼主体从节约司法成本和最大化效益出发，必然追求通过投入成本的最小化来实现诉讼效益的最大化。这种理性的司法观不仅重视公正的实现，还关心公正以什么方式实现，从这个角度看，认罪认罚从宽制度通过较小的成本获得公正，通过减少不必要的诉讼环节、诉讼行为，避免消耗过多的社会资源，实现了效益最优化。提升诉讼效率已成为各国刑事司法改革的主流趋向，因此，主要通过结合具体案情选择相适应的刑事处理程序来促进案件繁简分流，实现审查起诉和法庭审理的简易化，缩减办案时限，进而提高司法效率。

3. 平衡价值

（1）公正价值和效率价值的平衡

对效率的追求并不必然以公正为代价，程序简化也不代表降低证明标准和审查标准。从当前实践来看，认罪认罚主要是通过形成非对抗式的办案模式来提高办案效率。从侦查阶段入手，提高犯罪嫌疑人的配合度来降低取证难度、缩短取证周期；在审查起诉阶段，简化法律文书、缩短起诉周期、提高审查效率、降低分析难度；审判阶段，提高阅卷效率、缩短排庭周期和开庭时间，降低抗诉、上诉概率等。实质主要是通过减少发生在诉辩对抗中的司法消耗来提升办案效率，这不意味着要降低证明标准或改变对全案进行实质审查的办案方法。而实务中，存在部分犯罪嫌疑人、被告人因认识错误、缺乏法律知识、惧怕公权力等而盲目认罪的情况。因此，维持证明标准有深刻的现实必要性，通过公权力审查的方式也能保证认罪的自愿性、真实性。

（2）打击犯罪和保障人权价值的平衡

刑法的主要任务，是通过刑罚方式同犯罪行为做斗争，立法宗旨在于惩罚犯罪、保护人民，一方面严厉打击犯罪，另一方面还要保障犯罪嫌疑人、被告人享有相关权利。惩罚犯罪和人权保障的平衡，具体体现在合法获得犯罪嫌疑人、被告人的自愿供述，既要保证打击犯罪的及时有效，又要防止以刑讯逼供等非法手段获取有罪证据，还需要通过制度来保障犯罪嫌疑人、被告人的供述自愿如实。具体而言，即不再单纯地追求惩罚犯罪和实现国家的刑罚权，而是最大限度保障每个人不受犯罪的侵害，亦不受国家权力滥用的侵害，即在辩护权等诉讼权利的保障上有相应的措施，以最大限度保障打击犯罪和保障人权的协调发展。

三　认罪认罚从宽保障制度之域外经验与借鉴

（一）域外保障制度之相关规定

1. 美国辩诉交易制度之保障

目前，美国联邦和州的刑事案件中，被告人认罪答辩的比例超过 95%，达成辩诉交易的占 90% 以上。在适用率高、适用罪名广、认罪率高的情况下，如何保证辩诉交易过程中的公正性是重点问题。为保障诉辩交易公正实施，制度设计了以下保障措施。

第一，辩诉交易协议必须由法官批准才产生法律效力。法官对辩诉交易程序既可以接受，也可以不接受。如果法官接受，应当告知被告人将依照协商协议来定罪量刑。[①] 如果不接受，应当告知被告人有撤回有罪答辩的权利。在联邦层面，法官不被允许参与控辩协商；在州的层面，有些案件比较多的州允许法官参与控辩协商，就可能判处的刑罚做出解答，但通常情况下，法官在与控辩双方沟通时会十分谨慎，不能用量刑结果强制或影响被告人接受辩诉协议。

第二，从犯罪嫌疑人被逮捕到法庭做出最终判决前，控辩双方均可就认罪问题进行平等协商并签订书面认罪量刑协议，辩诉交易制度适用于几乎一切案件。在契约自由的基础上，双方可以就所涉罪名、罪数以及刑罚进行交易。对少数犯罪情节轻微的初犯以及未成年犯等，检察官也可以根

① 参见赵旭光《“认罪认罚从宽”应警惕报复性起诉——美国辩诉交易中的报复性起诉对我国的借鉴》，《法律科学》2018 年第 2 期。

据案件情况，决定撤销指控或者给予一定的考验期暂缓提出指控。共同犯罪、犯罪集团的被告人还可通过与控方进行辩诉交易，转为证人指控其他人的犯罪事实。

第三，在交易的时候，检察官必须确定被告人处于自愿而明知的状态，被告人清楚答辩的内容、有罪答辩所带来的法律后果之后，在完全自愿的状态下达成交易。

第四，设置相应回转程序，鉴于被告人自愿认罪简化了检察官在法庭上证明被告人有罪的程序，证人也不再出庭，在被告人反悔时，案件无须补充侦查即可转入陪审团审判程序。辩诉协议中通常会列明被告人放弃上诉的条款，但如果被告人认为一审程序有错误，或有其他正当理由的，比如得到的律师代理不充分、检察官隐瞒了无罪证据等，可以上诉申请撤销认罪。

2. 德国认罪协商制度之保障

除美国的辩诉交易制度外，大陆法系亦有一系列简化审理、确保实体和程序公正的制度。其中，以德国的认罪协商制度最为典型。认罪协商制度在德国由处罚令程序、简易程序和认罪协商程序构成，三种程序交错使用，使得德国刑法的特别程序呈现阶梯式、多元化的特点。

“处罚令程序”是最为简易的一种程序。它缩短了开庭流程，允许法官根据书面证据与被告人的有罪供述直接做出宣判。处罚令程序仅适用于一些轻罪案件，即德国刑法规定的最高刑为一年以下自由刑或者科处罚金刑的情况；案件事实清楚，证据确实、充分，且要由检察院提出申请，由法院决定。同时，决定适用处罚令程序，还应征得被告的同意。对于同意适用的将不再开庭审理。不仅如此，针对处罚令程序，德国规定了救济手段，被告人可以对处罚令提出异议。① 为了鼓励被告人同意适用此种最为快捷迅速的简易程序，法官的刑罚权受到了相应的限制，只能对被告人处以罚金或者其他非监禁刑罚，以此作为量刑交易。此外，通过这种简化模式审理的案件，一般实行一审终审。被告人对法院的决定无上诉权，但是，依然享有一定期限内的异议权。

① 参见艾静《我国刑事简易程序的改革与完善》，法律出版社，2013，第39～48页。

简化审判程序是指，对于案情简单、事实清楚的案件，由检察官提出申请，不需预审被告人认罪情况，刑事法官、陪审法庭直接进行审理的诉讼程序。作为一种快速审理的程序，德国法律对其进行了严格的条件限制：第一，应由检察机关向法院提出申请；第二，必须案情简单、证据清楚；第三，对被告人判处的刑罚只能是一年以下监禁；第四，必须是可以进行立即审理和判决的案件。[①] 此外，为保障未成年人的合法权益，该程序排除了对未成年人的适用。

在德国，有20% ~40%的案件都经过了某种形式的协商。[②] 狭义的认罪协商程序，一般指德国《刑事诉讼法》所规定的可以协商的暂缓起诉案件和可以自白协商的普通案件。根据德国《刑事诉讼法》，行为人犯罪情节轻微、行为危害不大的，经初级法院法官同意，检察官可以提出不公诉。随着实践的发展，司法资源日趋紧张化进一步扩展了检察机关的起诉裁量权：在轻罪案件中，检察官可以在符合条件情况下提出暂缓起诉，比如被告人主动进行公益劳动、退赔被害人的损失、支付慈善款项、承担部分赡养义务等情况；检察官将在被告人履行完上述义务后，撤销对其的指控，并以附加条款的方式对“轻微犯罪”进行补充要求。自白协商又可分为起诉前检察官同辩护人的协商，起诉后的中间程序法官同辩护人的协商，审判程序中法官同辩护人的协商。一般而言，被告人自白后可以在三分之一范围内得到从宽处理。[③]

德国认罪协商制度有以下的保障措施。首先，德国的刑事诉讼制度是建立在职权主义诉讼模式基础上的，以实体真实为追求。因此，被告人和检察官只要达成“协商”，法官就应该开展审查，法官最终做出的判决并非依据被告人所做出的自白，而只视为一种证据而已。

其次，根据法定起诉主义，检察官发现罪行只能依据罪刑法定原则对被告人都提起公诉，只有部分法定不起诉情形有相对有限的自由裁量权。起诉到法庭的案件，法官在协商中起主导作用，对量刑的幅度具有决定权，

① 参见左卫民等《建议刑事程序研究》，法律出版社，2005，第34 ~38页。

② 参见〔德〕约阿希姆·赫尔曼《德国刑事诉讼程序中的协商》，王世洲译，《环球法律评论》2011年第4期。

③ 参见孙瑜《认罪案件审判程序研究》，对外经济贸易大学出版社，2012，第23 ~26页。

检察官只是辅助法官查明案情真相，不能对被告人有任何量刑承诺。

再次，根据德国《刑事诉讼法》的规定，协商制度仅适用在轻微的刑事案件中。虽然在实践中适用范围超过这一规定，但其使用率和减轻诉累的效果均远小于美国。而且德国是严禁对罪名进行协商的，协商制度的立法初衷还规定保持量刑的基本原则不变，量刑必须依照被告人的刑事责任来设定。

最后，德国进行认罪协商的节点包括庭审前及庭审中，协议一般以口头形式达成，德国法官对被告人的自白一般会进行程序性审查与实体审查，而协商制度的目标是缩短诉讼程序。

（二）域外规定之比较与启示

1. 域外规定与我国之比较

美国辩诉交易制度、德国认罪协商制度等不同路径选择，归根结底反映了设计制度时价值目标的不同侧重点，两国的制度均有诸多值得借鉴之处。一是对认罪认罚刑事案件处理程序的简易化与多样化。两国均设计了多种处理程序，供控辩双方选择，有效完善审前程序分流制度。二是对被告人认罪的自愿性与相关诉讼权利的充分保障，保证被告人享有最低限度的公正。三是对于被告人自愿认罪的案件，一般会在量刑上给予减让，以达到正向的激励作用。四是设置科学合理的救济程序，既保证程序的完整和当事人的合法权益，又确保效率原则的落实。

我国探索建立认罪认罚从宽制度，可以参考、借鉴域外辩诉交易等认罪协商制度的有益经验，体现诉讼制度发展的整体趋势。但我国的认罪认罚从宽制度与美、德两国存在不少区别。一方面，我国认罪认罚从宽制度是党和国家贯彻实施宽严相济刑事政策的有力彰显，是这项政策的新时代发展。认罪认罚从宽制度以中国刑事司法实践需要为着眼点，是具有中国特色的刑事司法制度。另一方面，虽然全国人大常委会只授权 18 个城市开展认罪认罚从宽制度试点，但该制度仍应纳入我国基本法律框架，其符合刑法和刑事诉讼的基本原则，对罪名、罪数等不能进行交易；在审查时必须坚持“犯罪事实清楚，证据确实、充分”的证明标准。

2. 对我国保障制度之启示

我国的认罪认罚从宽制度，应当定位于保守的德国模式与开放的美国模式之间，因此在保障制度中需要兼顾程序正义和诉讼经济两方面目标，力争实现案件处理的法律效果与社会效果的有机统一。同时，我国认罪认罚从宽保障制度的探索，应当建立在尊重历史与传统的基础上，适当借鉴域外的经验成果，遵从自愿、公正、人权保障等基本原则，充分理解当前中国整体司法配套资源不足的问题，依据中国的司法实际和司法改革的重点问题选取合适的措施。

四　认罪认罚从宽保障制度之具体内容及措施

（一）坚持定罪证明标准和证据实质审查

1. 坚持定罪证明标准

当前理论界已有基本共识，在犯罪嫌疑人、被告人主动认罪认罚的案件中，我国刑事制度仍须坚持“案件事实清楚，证据确实、充分”的证明标准。[①] 认罪认罚从宽制度会减轻控方审查起诉、准备公诉活动、参与庭审举证、质证等方面的负担，但其不等同于降低证明标准。[②] 无论是侦查机关、公诉机关、审判机关，证据标准都应当是“犯罪事实清楚，证据确实、充分”。认罪认罚从宽制度的适用范围仍要坚持“从快不降低标准，从宽不放纵犯罪”，在办理过程中坚持证据裁判原则，依法全面审查案件事实和证据，提高案件质量，确保无罪的人不受刑事追究，有罪的人受到公正司法，防止发生被迫认罪、替人顶罪等情形。

2. 确保证据实质审查

在庭审中应对证据进行实质审查。在实践中，部分试点基层法院在认罪认罚案件的速裁程序中省略法庭调查和法庭辩论环节，只对证据材料进行书面审查；部分检察官和法官对于认罪认罚案件的简易程序中举质证环节不重视、走过场，这与证据裁判、庭审实质化等以审判为中心的刑事诉讼改革理念相违背。虽然犯罪嫌疑人、被告人对罪名不持异议，但不论认罪与否，指控犯罪是检察机关出庭公诉的核心工作，在法庭上核验、采信

---

① 陈瑞华、陈卫东、樊崇义等教授均持此观点。

② 参见陈卫东《认罪认罚从宽制度研究》，《中国法学》2016 年第 2 期。

证据，查明案情是法官行使审判权的基础，实现在法庭审理中完成案件事实查实、司法证据质证、诉辩意见交锋、裁判依据形成。①

为实现实体正义，法官需要在充分阅卷的基础上，通过庭审审理过程，防止犯罪事实没有充分证据支持或量刑畸轻畸重。程序层面的保障价值主要在于，认罪认罚制度并不是一个利益交换或利益协商机制，它的基础建立在司法公正之上，这就意味着程序透明公开、能够接受监督在认罪认罚程序中仍然至关重要。

（二）完善撤回转化机制

《试点办法》规定，为确保认罪认罚的自愿性，侦查机关、检察机关应告知犯罪嫌疑人、被告人其享有的诉讼权利和认罪认罚可能导致的法律后果，听取诉讼参与人的意见。从试点情况看，犯罪嫌疑人、被告人认罪认罚自愿性的基本保障机制已经建立，但存在权利义务告知、意见听取形式化，控辩双方量刑协商时信息不对称等问题。根据上文，认罪认罚从宽制度的启动系基于犯罪嫌疑人、被告人自愿的前提，允许其撤回供述的“罪”与“罚”，或再次选择对其有利的司法手段，是保障其自愿性的有力辅助。但这种撤回不能是无限制的，否则司法效率将会被严重影响，也与改革的初衷背道而驰。对此，应从以下方面予以保障。

1. 证据开示制度

在认罪认罚从宽制度的设置中，当事人尤其是犯罪嫌疑人、被告人享有对在案证据知情的权利。由于公诉方掌握全案证据，犯罪嫌疑人、被告人只能通过公诉机关的证据开示制度来实现对在案证据的知情权。在诉前向犯罪嫌疑人展示证据，可以增强其对审判结果的预测性，确保犯罪嫌疑人在充分了解知悉证据的基础上做出自愿选择，避免因“信息不对称”做出错误判断。因此，在认罪认罚从宽制度中，证据开示的内容在不同诉讼进程中应有所区别。对侦查机关而言，基于案情保密的需要，对证据的知情只能是告知证据类别，而不涉及具体的证据内容；对检察机关而言，可以与犯罪嫌疑人就在案关键性证据进行核对开示，并以此讯问犯罪嫌疑人

① 参见李本森、曹东《认罪认罚从宽制度中的程序性问题》，《人民检察》2017 年第 18 期。

对认罪认罚的意见；对审判机关而言，被告人有权充分知晓自己的全部涉案证据材料。证据的开示过程亦是对犯罪嫌疑人、被告人认罪悔罪情节的考察环节，如果犯罪嫌疑人、被告人对在案证据不持异议，还能够提供或者指认其他有关涉案证据的，通常要在量刑建议时给予酌情处理。

2. 无条件撤回权

首先，犯罪嫌疑人、被告人的反悔具有正当性，其基本诉讼权利之一便是辩解权，认罪认罚从宽的基础条件是犯罪嫌疑人、被告人具有认罪或者不认罪的自主选择权，这项程序的启动应当以犯罪嫌疑人、被告人自愿认罪为前提。因此，对其认罪自愿性的保障应该贯穿制度设计的全程，[①] 在侦查、审查起诉、审判的每一个诉讼环节，更应明确其在认罪之后有反悔的权利和撤销认罪供述的权利。其次，刑事诉讼过程中不可避免地存在误判风险，应建立预防与救济机制，尤其是犯罪嫌疑人、被告人对指控自己的罪名、量刑等涉及切身利益的问题存在异议时，反悔有助于避免冤假错案的产生，同时对司法权形成一定的约束。再次，因在侦查、审查起诉及庭审阶段，制度性的认罪认罚协商并未最终生效，其依然可能因自身对事实、证据、程序适用等的理解发生变化而导致反复，且此期间尚未实现其对司法结果的期待利益，[②] 赋予撤回权不至于浪费诉讼资源。最后，在保障犯罪嫌疑人、被告人的撤回权的同时，还要防范恶意反悔拖延诉讼进度。在庭审完结之后，应视为犯罪嫌疑人、被告人放弃撤回权利。因为庭审流程结束后，法官已就全案不同阶段的认罪认罚协商进行了实质性审查，且法官已就全案事实和证据形成内心判断，如果允许被告人任意反悔将导致司法审理的不严肃。但从保障自愿性的客观层面理解，仍应允许被告人在特殊条件下反悔，如司法机关未履行权利告知义务、存在刑讯逼供等违法情形以及未及时得到法律帮助等情况。

3. 行使撤回权的后果

犯罪嫌疑人、被告人行使撤回权后，先前的有罪供述是否不能采纳，不能一概而论。在司法实践中，时常存在犯罪嫌疑人、被告人因释法说理、

---

① 参见孔冠颖《认罪认罚自愿性判断标准及其保障》，《国家检察官学院学报》2017 年第 1 期。

② 参见蓝向东、王然《认罪认罚从宽制度中权利保障机制的构建》，《人民检察》2018 年第 3 期。

宣讲刑事政策而自愿认罪，但又突然翻供的情形。对于这样的口供不能一概排除，而是要综合在案其他证据与犯罪事实统筹考量。假设犯罪嫌疑人、被告人的自愿认罪认罚是基于司法机关所承诺的从宽处理的期待利益而做出的，那么其有罪供述应当被排除在外，否则将导致自愿性保障被束之高阁，但是，因非法取证得到的证据当然被排除在外。同时，在开庭前行使撤回权时，检察机关必须中止认罪认罚程序，重新开展全案审查，调整量刑幅度，庭审阶段法官应当依法以普通程序进行审理。在庭审之后，被告人以正当理由主张撤回时，倘若判决还未做出，那么法官应当重新开庭并变更为普通程序，若判决已做出但还未生效，则被告人可依上述理由提出上诉。

（三）完善值班律师制度

在司法实务中发现，犯罪嫌疑人、被告人的文化程度参差不齐，大部分没有法律知识和诉讼经验，在司法过程中与公诉机关在全案证据信息掌握、理解上严重不对称。[①] 2017 年 6 月至 2018 年 6 月，厦门市 S 区检察院受理的审查起诉案件中认罪案件占同期受理案件数的 59.6%，在认罪认罚案件数量多，犯罪嫌疑人、被告人法律知识欠缺的背景下，程序上的简省和合并，导致犯罪嫌疑人、被告人丧失部分诉讼权利，完善律师参与制度更为重要。认罪认罚案件中的值班律师制度是顺应程序改革的需要而确立的，完善值班律师制度，不仅要保证律师在侦查、起诉、审判各环节的全程参与，更要通过有效辩护发挥出律师的保障作用。

1. 明确介入节点

首先，应明确值班律师介入认罪认罚的节点，赋予值班律师在场权。依照犯罪嫌疑人是否认罪来确定值班律师的介入，直接弱化了对犯罪嫌疑人自愿性的保障。为了避免犯罪嫌疑人在强大的公诉机关面前被迫认罪，应当明确在犯罪嫌疑人被侦查机关或者检察机关第一次讯问时，就能得到值班律师的法律帮助，这项法律帮助的行使就需要赋予值班律师讯问时的在场权，即在侦查机关第一次讯问时，当侦查人员对犯罪嫌疑人告知权利

---

① 参见张泽涛《值班律师制度的源流、现状及其分歧澄清》，《法学杂志》2018 年第 3 期。

义务后，应让值班律师对犯罪嫌疑人进行法律讲解，就是否认罪、认罪的法律后果、可能的风险等向犯罪嫌疑人进行详细的解释，确保犯罪嫌疑人在被侦查人员讯问前，能够得到有效的法律帮助，并明确知悉认罪认罚的法律后果。

2. 细化辩护职能

围绕犯罪嫌疑人认罪的真实性、自愿性来明确值班律师提供法律帮助的具体事项，即值班律师的作用不能仅仅停留在法律咨询、申请变更强制措施、程序辅助选择等简单的法律帮助上，应当细化值班律师的辩护职能。不仅就相关的法律规定和政策向犯罪嫌疑人、被告人进行释明，还要做出利害分析，提出有利于犯罪嫌疑人的意见。在公检法机关告知权利义务后，值班律师应就认罪认罚从宽的正常流程进行解释；告知犯罪嫌疑人有选择认罪或不认罪的权利；告知犯罪嫌疑人事实判断和法律适用，包括对于法律后果的预估，不应当有意夸大或者避谈审判的风险，导致犯罪嫌疑人犹豫不定；告知犯罪嫌疑人认罪认罚的后果，包括大致的量刑及有罪判决对其将来产生的影响，避免值班律师与司法机关职能混淆。同时，还应健全程序转化机制，在值班律师提供法律帮助后，犯罪嫌疑人反悔不认罪的，应及时进行程序转化，强化值班律师有效辩护的作用。①

3. 明确律师权利

明确值班律师的权利，方能实现有效辩护。一是明确值班律师享有阅卷权。值班律师只有进行阅卷才能全面了解案情和证据，阅卷同时是就量刑问题与公诉机关进行有效沟通的前提。以厦门市 S 区检察院为例，该院专设律师值班室，为法援律师开展工作提供场所；在检务大厅设置律师阅卷室，为律师阅卷提供电子卷宗光盘，使律师能够快捷便利地获取相关案卷材料，该经验值得推广。二是应明确值班律师出席法庭进行辩护的权利。实现对认罪认罚案件的有效辩护，必须有值班律师的全程参与，更应当保障律师出庭辩护。虽然控辩双方已经进行量刑协商，但是，被告人在庭审阶段是否继续选择认罪，对量刑建议是否依然不持异议，是否有新的量刑情节需要提出等，当庭的辩护意见能产生关键性的影响，尤其在犯罪嫌疑

---

① 参见熊秋红《“两种刑事诉讼程序”中的有效辩护》，《法律适用》2018 年第 3 期。

人对认罪出现反悔的情况下，当庭辩护显得尤为重要。[①] 三是强化值班律师对程序性事项的有效辩护。在认罪认罚案件中，值班律师的有效辩护必须涵盖程序性辩护的内容。在《试点办法》中明确值班律师可以申请变更强制措施，就是一种重要的程序性辩护方法。目前认罪认罚案件的羁押率依旧很高，近一年厦门市检察机关认罪认罚案件中犯罪嫌疑人、被告人处于羁押状态的占比近67%。值班律师根据在案证据情况，及时为犯罪嫌疑人、被告人申请非羁押性措施，不仅能让犯罪嫌疑人结束羁押状态，重获人身自由，而且对于强化犯罪嫌疑人的认罪自愿性、真实性亦兼具确认作用。

4. 完善配套机制

首先，要健全值班律师制度经费保障机制。值班律师制度是法律援助制度的重要组成内容，国家财政应当提供实施经费，即由国家提供资金购买社会律师的服务，政府资金的保障是法律援助值班律师制度平稳发展的物质基础。其次，加强检察机关、公安机关、司法行政机关（法律援助机构）的沟通协作，会签值班律师制度协作配合工作机制，及时解决值班律师制度施行过程中遇到的梗阻和问题。最后，建立值班律师人员保障机制。建议从有一定刑事案件承办工作经验、业务水平扎实、法律援助热情高的律师中选择适当人选，建立一支专业、负责、高效的法律援助值班律师团队，并对其实施内外部的监督考评制度。

（四）探索精准量刑建议

1. 细化量刑规范

2017年3月，最高人民法院修订了《关于常见犯罪的量刑指导意见》，之后应及时更新本省、市的量刑实施细则，减少新旧量刑标准的空档空间。此外，对最高人民法院23种犯罪之外且本省、市以前没有量刑标准的罪名，要协调法院积极探索、调研，在条件成熟的前提下制定量刑标准，指导基层检察机关提出量刑建议。对基层检察机关而言，应着重立足于本地实际情况，通过召开联席会议等灵活多样的方式与同级法院加强沟通，在上级

① 参见马明亮、张宏宇《认罪认罚从宽制度中被追诉人反悔问题研究》，《中国人民公安大学学报》2018年第4期。

司法机关量刑指导意见的基础上，对本地区常见犯罪或者常见的犯罪情节如何量刑进一步细化标准。对于不便明确量刑标准或不常见的犯罪，可以通过共同指定参考案例的方式，为量刑建议提供指导。在未成年人认罪认罚案件“从宽”的具体体现上，一是应当少捕慎诉，对于可能被判处缓免刑的案件，一般应当不起诉，符合不起诉条件的，依法适用不起诉；对已批捕的未成年人，经审查没有羁押必要的，建议及时释放或变更强制措施。二是目前未成年人案件尚无法适用速裁程序，但在办案时限上仍应予以从快，减少刑事诉讼给涉罪未成年人带来的不利影响，促使其早日回归社会。三是对于确实需要提起公诉的未成年被告人，应将认罪认罚作为一个单独的量刑情节，明确提出从轻或者减轻处罚的量刑建议。

2. 注重证据审查

注重证据的收集与审查，尤其是注重收集与审查酌定量刑证据。主动加强与侦查机关的沟通联系，通过召开定期或者不定期联席会议，制发工作建议函、检察建议书等形式，引导公安机关全面收集量刑证据，在注重收集法定量刑情节证据的基础上，还要强化重视收集酌定量刑情节证据。例如厦门市S区检察院对适用速裁程序常见的危险驾驶、故意伤害、贩毒、非法持有毒品、盗窃、交通肇事6类案件，制定了证据审查指引。厦门市J区检察院对公安机关办理危险驾驶类案存在的共性问题发出检察建议，并附上危险驾驶案件证据规格表要求每案填入。厦门市X区检察院专门针对交通肇事、故意伤害、盗窃、毒品犯罪中容易忽略的量刑证据引导侦查机关进行收集。在具体办案过程中，检察机关办案人员应当积极履行全面收集、审查量刑情节证据的职责，发现有影响量刑的证据缺失的，应及时通知侦查人员补证或自行补证。同时，完善对犯罪嫌疑人开展社会调查的相关措施。是否适用缓刑是对认罪认罚案件进行量刑建议时经常遇到的问题，而犯罪嫌疑人是否具有再犯可能性、适用缓刑是否对所居住社区有重大不良影响，很大程度上需要考量犯罪嫌疑人的平时表现。因此，要强化对犯罪嫌疑人、被告人的社会调查工作，具体可以借助司法行政部门或者社会第三方机构走访犯罪嫌疑人、被告人的家属、邻居、社区、务工单位、所在派出所等，对犯罪嫌疑人的基本情况、犯罪原因、有无前科、成长背景、社会交往、家庭情况、受教育状况、帮教条件、再犯罪风险等进行全面分析，以便对犯罪嫌疑人的平时表现有全面了解，做出科学、客观、准确的审前调查。

3. 形成类案标准

通过类案证据指引，夯实量刑基础。如厦门市 H 区检察院对多发案件及时总结分析、统一认识，以同类案件判决数据为参照，分析研判常见罪名、常见情节量刑标准趋向，将案件裁判结果与量刑建议进行对比分析，探索多发案件的量刑规律和从宽标准，制定了《厦门市 H 区人民检察院关于办理醉酒驾驶机动车犯罪案件的实施意见（试行）》，对危险驾驶案件的不起诉条件、量刑要素评估、罚金刑、执行方式等进行了细化规定。同时，为明确多发案件的从宽幅度，制作危险驾驶认罪认罚从宽幅度表，从酒精含量、从重情节、赔偿情况等方面确定标准，规定主刑的从宽幅度在 5 天至 45 天，罚金刑的从宽幅度在 500 元至 1500 元。认罪认罚从宽制度试点以来，危险驾驶类案的量刑建议采纳率为 96%，对依法准确惩处醉酒驾驶机动车犯罪，落实认罪认罚从宽制度起到很好的规范作用。

4. 加强沟通协商

加强量刑协商，提高量刑建议的接受度。认罪认罚从宽制度的重大创新之处在于彰显了协商性司法的优势，充分听取犯罪嫌疑人及其辩护人或者值班律师的意见，加强对量刑情节尤其是酌定量刑情节证据的收集与审查。厦门市两级检察院在注重发挥律师作用，提高犯罪嫌疑人对量刑建议的接受率方面做出不少有益探索。如提出“两个提前”理念，在律师会见犯罪嫌疑人前先听取律师对量刑建议的意见，在具结之前让律师先就量刑建议向犯罪嫌疑人做出利弊分析等。一方面，检察机关在审查起诉阶段要充分听取犯罪嫌疑人及其辩护人或者值班律师对案件的量刑意见，在一定程度上促使量刑建议更加科学、合理，也更有利于法院采纳。另一方面，要加强对犯罪嫌疑人的释法说理，加强与其辩护人或者值班律师的法理沟通。听取意见并非等同于全盘接受被告人、辩护人对量刑的看法，对于不能采纳的部分，检察机关办案人员应当从事实证据、法律规定、量刑标准、以往判例等方面进行充分阐述，争取犯罪嫌疑人及其辩护人或者值班律师对量刑建议的理解与尊重，减少辩方在庭审过程中对量刑建议提出异议的概率，从而便于法院根据被告人在审查起诉阶段签订的量刑具结书进行判决，提高量刑建议的采纳率。量刑建议精准化也离不开和法官的良性互动，通过加强与法院的沟通交流，提升法官对量刑建议的采纳率。同时，定期对因量刑情节认定不同而导致法院不采纳的案件进行汇总分析，了解争议焦点以统一量刑尺度。

5. 健全内部机制

完善检察机关内部量刑建议工作机制，要通过设立内部制度约束承办人，要求案件承办人在审查报告中应对证据所能证实的量刑情节予以确认，并且根据量刑标准进行具体评估，对于具体量刑情节要分析清晰明确、有理有据，不能“估堆”建议。在量刑形成机制中，尤其要注意保持特定地区的量刑平衡，力争同类型案件在不同承办人手中有大致相同的量刑建议，避免量刑建议的差异性。确保量刑平衡的主要工作应集中在基层检察机关，基层办案部门可以通过设立常见犯罪的专门办案组织，由固定人员办理某一类案件，以保持该部门内部同类型案件的量刑平衡，也可以指派专人，负责对常见犯罪量刑问题的量刑建议和判决进行收集与梳理，为部门内部其他人员办理该类罪名案件的量刑建议提供咨询、指导，以协调部门内部量刑的平衡。还应特别注意罚金刑、缓刑这两个量刑难点，一方面，通过确保辖区内量刑均衡来规范罚金刑量刑建议的标准，另一方面，对有明确缓刑标准的案件直接提出适用缓刑的量刑建议，对没有明确缓刑标准的案件谨慎对待，通过与公安机关、司法行政机关的沟通，明确在侦查阶段即由公安机关委托司法行政机关进行社会调查评估，在审查起诉中全面评价犯罪嫌疑人的主观恶性程度、人身危险性及教育改造的可塑性后，参考该社会调查评估情况，审慎提出缓刑的量刑建议。

6. 强化跟踪监督

最后，还要建立完善量刑建议跟踪监督机制。应着力解决只建议不跟踪监督的问题，通过设立规章制度要求检察机关承办人在收到判决书后，在审查判决认定事实、适用法律是否准确的同时，加强对量刑建议采纳情况的审查。对于判决明显违反量刑标准而未采纳量刑建议的，应当通过口头或者类案问题通报、公函、检察建议书等方式向法院提出。对于判决不采纳量刑建议具有合理性或无明显不当的，应及时分析诉判不一原因，便于总结提高。

（五）保障诉讼程序正义

1. 规范审前程序

最高人民法院院长周强曾指出，在推动认罪认罚从宽制度的试点过程中，应注重审前程序的规范化运行。[①] 检察机关是审前程序的主导者亦是监督者。除了尽到告知义务、审查证据材料、在有罪基础上启动对犯罪嫌疑人适用认罪认罚从宽制度外，检察机关还对维护审前程序公平正义负有责任。一方面对犯罪嫌疑人适用认罪认罚的自愿性进行审查，避免部分犯罪嫌疑人出于想尽快了结案件或认识错误等案外因素认罪，确保其适用认罪认罚程序的正当性；另一方面还要对侦查环节进行法律监督，避免侦查机关利用认罪认罚制度进行诱供或出现取证程序违法情况。实践中检察机关不够重视对侦查行为事前、事中的监督，事后也缺少强有力的程序性制裁措施，导致部分侦查机关对程序重视不够，因此，进一步加强保障审前程序的规范化仍十分有必要。

2. 避免书面审理

“两高三部”在《关于推进以审判为中心的刑事诉讼制度改革的意见》中提出，适用速裁程序审理，除附带民事诉讼的情况外，一律当庭宣判；适用简易程序审理的一般应当庭宣判。实践中，认罪认罚案件的庭审程序多为速裁程序，公诉机关宣读起诉书和量刑建议后，庭审程序省略法庭调查和法庭辩论程序，再由被告人发表辩护意见进行最后陈述。庭审时间较短，一般十几分钟内便可结束，一个上午可以进行十数个案件的庭审。独任法官几乎全部采纳检察机关的量刑建议，并能够当庭宣判。法庭审理变为流水工作，成为形式主义的象征，这导致部分法官、检察官提出刑事速裁程序可以实施书面审理的建议，也就是以不开庭审理的方式进行审判。确实，认罪认罚案件在庭审环节，对定罪、量刑和程序性问题提出争议的可能性比较小，对此，有观点认为更应在庭审程序中新增对认罪认罚的自愿性的审查。陈瑞华教授认为，提高司法效率、降低司法成本、缩短案件

① 参见樊崇义《认罪认罚从宽协商程序的独立地位与保障机制》，《国家检察官学院学报》2018 年第 1 期。

周期，并非认罪认罚从宽制度改革的唯一价值目标。[①] 认罪认罚程序可能潜伏着被告人在非自愿情况下进行程序选择的风险，最有可能损害程序上的正义。只有通过开庭，被告人才有可能有积极参与法庭审理、熟识证据链条、全面表达诉求的机会。[②] 除了认罪认罚的自愿性，庭审时要审查被告人是否能够使用认罪认罚从宽制度以及检察机关适用程序建议的合法性，以便及时转换程序。《试点办法》也规定，如果违背被告人意愿认罪认罚或被告人否认指控的事实，应当由速裁程序或简易程序转为普通程序审理，这证明庭审阶段对被告人认罪的自愿性和适用程序的合法性具有审查义务。

3. 完善程序衔接

2012 年修订的刑事诉讼法未规定认罪认罚案件的诉讼处理程序，导致审前程序、庭审程序、认罪认罚与刑事和解等其他特殊程序的衔接问题仍然需要探索。令人欣喜的是，随着 2018 年 11 月认罪认罚从宽制度两年试点期的届满，以及新修订的刑事诉讼法对认罪认罚从宽制度的进一步建构，完善的法律规定能够为进一步构建合理完善的程序衔接机制找到切入点。

五　结语

认罪认罚从宽制度是一项重要的司法改革，不仅对推动刑事实体法的发展完善具有重要意义，同时对推动刑事程序法的科学化改造也有着重要的价值，但是一项制度从诞生到成熟，更急需保障措施的辅助、完善。以审判为中心的诉讼制度改革与认罪认罚从宽制度简化诉讼程序的追求并无冲突，正如有观点认为，两者属于应然要求与实然需要的关系：既要让当事人得到公正审判的权利，又要让当事人有可以通过选择放弃某些权利换取制度性从宽的期待可能。[③] 无论学术讨论还是实践探索，如何通过完善制度、制定规范、严格裁判、加强监督来保障认罪认罚从宽制度中的实体正义和程序正义，平衡公正与效率之间的关系，取得更好的司法效果，保障当事人的合法权益都是认罪认罚从宽制度在未来需要进一步健全和细化的

① 参见陈瑞华《认罪认罚从宽制度的若干争议问题》，《中国法学》2017 年第 1 期。

② 参见陈瑞华《认罪认罚从宽制度的若干争议问题》，《中国法学》2017 年第 1 期。

③ 参见顾永忠《关于“完善认罪认罚从宽制度”的几个理论问题》，《当代法学》2016 年第 6 期。

重点问题。坚持以事实为依据，以法律为准绳，是认罪认罚从宽制度的底线，通过设置完备的保障制度，使得公正和效率价值得到更好的平衡和体现，是这一制度设立的初衷。随着试点工作的不断开展，发现问题、总结经验、改进缺陷，才能更好地完善制度，真正起到优化司法资源配置作用，不断提高我国司法工作水平。

认罪认罚从宽制度视野下的刑事速裁程序改革探寻

——以Z市速裁程序试点实践数据为切入点

石志军　张海峰　李　冰*

【摘　要】Z市14个基层法院两次试点期间的司法数据显示，随着刑事案件速裁程序试点改革适用标准的调整和适用范围的扩大，刑事案件诉讼效率得到了提升，被告人权益得到了强化。但实践中仍存在如下突出问题：公诉机关启动程序的内在驱动力不足，适用率难以持续提升；值班律师定位不清晰，作用发挥不佳；控审职责边界不清，诉讼衔接问题多发；等等。这些导致被告人权益缺乏实质性保护。由此，后续改革需构建平等参与的认罚协商正当性程序，实行有限书面审理模式，以解决实践中存在的以上问题。

【关键词】认罪认罚从宽；刑事速裁程序；认罚协商正当性程序

随着扒窃、醉驾行为入刑和劳动教养制度废除，轻微犯罪数量不断增

* 石志军，郑州市中级人民法院副院长；张海峰，郑州市中级人民法院审判员；李冰，郑州市中级人民法院研究室副主任。

加，基层法院案多人少的矛盾更加突出。在此背景下，刑事速裁程序改革应运而生。从 2014 年的刑事速裁试点到 2016 年的认罪认罚从宽制度试点，我国历经了近四年的“改革试水”，适用标准也先后进行了调整，受案范围从一年以下有期徒刑扩展到三年以下有期徒刑。从数据看，18 个试点地区，适用认罪认罚从宽制度审结刑事案件 91121 件 103496 人，占试点法院同期审结刑事案件的 45%，其中适用速裁程序审结的占 68.5%。[①] 改革所确立的繁简分流目标得以实现。而作为认罪认罚从宽制度框架下的刑事速裁程序，在实现繁简分流中起到了关键作用。然而，实践中速裁程序存在着速而不简、简易程序与速裁程序混同、被告人权益没有切实得到保障等问题。Z 市作为试点城市之一，在全国成立首家速裁审判庭，积累了大量实践数据。本文以 Z 市实践数据为样本，借鉴域外经验，提出改革路径，以期真正实现效率与公平兼顾的立法目的。

一　对比分析：速裁程序改革的实践之路

随着 2014 年 6 月全国人大常委会《关于授权最高人民法院、最高人民检察院在部分地区开展刑事案件速裁程序试点工作的决定》颁布，[②] 北京、天津等 18 个城市作为首批试点地区正式开始进行改革。从全国试点数据看，适用速裁程序的案件，检察机关审查起诉周期平均缩短至 5.7 天，法院 10 日内审结的占 94.28%，当庭宣判率达 95.16%，被告人上诉率仅为 2.10%，比简易程序低 2.08 个百分点，[③] 审判效果和诉讼效率明显提升，全流程简化诉讼模式得到实践证实，这一试点效果也在李本森教授的调查问卷分析

---

① 参见《最高人民法院、最高人民检察院关于在部分地区开展刑事案件认罪认罚从宽制度试点工作情况的中期报告》，http://npc. people. com. cn/n1/2017/1225/c14576 - 29726965. html，最后访问日期：2018 年 7 月 1 日。

② 罗灿：《刑事速裁程序是及时实现公平正义的创新》，《人民法院报》2015 年 3 月 27 日，第 4 版，http://www. chinacourt. org/article/detail/2015/03/id/1574332. shtml，最后访问日期：2018 年 7 月 1 日。

③ 参见《最高人民法院、最高人民检察院关于刑事案件速裁程序试点情况的中期报告》，ht-tps://www. npc. gov. cn/npc/xinwen，最后访问日期：2018 年 2 月 5 日。

中得到印证。[①] 然而，也存在一些问题，比如，受案范围过窄，限制了整体诉讼效率的提升；过于注重提升效率，弱化了被告人权益保护。

2016 年 9 月 3 日，第十二届全国人民代表大会常务委员会第二十二次会议通过了《关于授权最高人民法院、最高人民检察院在部分地区开展刑事案件认罪认罚从宽制度试点工作的决定》,[②] 从实体上从宽、程序上从简两个要素入手，在总结两年速裁程序改革经验的基础上，对速裁程序适用标准进行了调整规范，更加强化对被告人权益的保护，期望在提高审判效率、促进繁简分流的同时，兼顾对当事人权益的保护。那么，速裁标准调整后的试行效果如何及现行适用标准对被告人权益保护所起到的作用如何？下面以 Z 市实践数据为样本，对两次试点中速裁程序的适用标准、数据进行对比分析，以期得出结论。

（一）速裁程序调整前后的适用标准对比分析

2014 年开展的速裁程序试点工作与认罪认罚从宽制度试点工作，在速裁程序的受案范围、适用条件、审理期限、被告人权益保护等方面进行了调整，扩大了受案范围，规范了量刑建议的提出，增设了被告人获得法律帮助和权利义务告知程序，延长了审查起诉和审理期限（见表 1）。

表 1　2014 年和 2016 年有关速裁程序的规定对比

适用标准	2014 年速裁程序试点有关规定	2016 年认罪认罚从宽制度试点中有关速裁程序规定
受案范围	11 类案件 30 个罪名，且依法可能判处一年以下有期徒刑或者单处罚金案件	可能判处三年有期徒刑以下刑罚案件
庭审设置	省略法庭调查、法庭辩论	省略法庭调查、法庭辩论
法律帮助	依申请提供法律帮助	各诉讼阶段强制提供法律帮助

① 参见李本森《刑事速裁程序试点研究报告——基于 18 个试点城市的调查问卷分析》，《法学家》2018 年第 1 期。“视点”栏目通过问卷调查得出，99% 的法院认为速裁程序提高了审判效率，被调查法官速裁审理周期平均为 6 天。

② 参见《全国人民代表大会常务委员会关于授权最高人民法院、最高人民检察院在部分地区开展刑事案件认罪认罚从宽制度试点工作的决定》，http://www.npc.gov.cn/npc/xinwen/syxw/2016-09/03/content_1996815.htm，最后访问日期：2018 年 7 月 1 日。

续表

适用标准	2014 年速裁程序试点有关规定	2016 年认罪认罚从宽制度试点中有关速裁程序规定
审理期限	7 个工作日	10 日内；可能判处有期徒刑超过一年的，可以延长至 15 日
不适用条件	限制行为能力人；共同犯罪中部分被告人不认罪的；不构成犯罪的；审查认为量刑建议不当的；没有达成调解、和解；影响诉讼活动；具有累犯等法定从重情节	将未成年人有条件地列入适用的范围；累犯、教唆未成年人犯罪等法定从重情节；取消辩护人作无罪辩护的不适用条件；取消了原规定第 4 项“被告人对量刑建议没有异议但经审查认为量刑建议不当的”不适用条件
告知权利义务	告知有关法律规定	各诉讼阶段均应当告知被告人享有的权利和认罪认罚可能导致的法律后果
量刑建议的提出	未做具体要求	量刑建议包括主刑、附加刑，并明确刑罚执行方式。可以提出相对明确的量刑幅度，也可以根据案件具体情况，提出确定的刑期。建议判处财产刑的，一般应当提出确定的数额

（二）速裁程序调整前后的数据对比分析

调整后，适用速裁程序的案件总量提升，适用率提高 28.8 个百分点；10 天内审结率提高 6.17 个百分点；上诉率减少 0.39 个百分点；适用缓刑、管制，判处单处罚金、拘役，免于刑事处罚的人数占总体适用速裁程序人数的比例基本持平（见表 2）。从目前试点运行的数据分析，调整后的速裁程序运行效果进一步凸显，司法资源得到合理配置，促进了刑事诉讼效率的明显提升，繁简分流的改革目标得到初步实现。

表 2　Z 市法院两次试点期间数据对比

数据指标	2014 年速裁程序试点期间相关数据	2016 年认罪认罚从宽制度试点中有关速裁程序的相关数据
案件数量	2014 年 8 月至 2016 年 8 月，审结 3559 件 3859 人	2017 年 1 月至 2018 年 6 月，审结 5750 件 6249 人
适用率	占同期判处三年以下有期徒刑案件数的 31.5%	占同期判处三年以下有期徒刑案件数的（不包含拒不执行判决、裁定案件）的 60.3%
上诉数	上诉 30 件 30 人	上诉 34 件 35 人

续表

上诉率	占审结速裁案件数的0.98%	占审结速裁案件数的0.59%
审理周期	1~5天内审结的有2369件，占全部速裁案件的66.56%，6~10天内审结的有866件，占24.33%	10天以内审结的有5581件，占全部速裁案件数的97.06%
判罚情况	适用缓刑、管制，判处拘役、单处罚金、免于刑事处罚的占判罚总人数的94.48%	适用缓刑3416人，拘役1607人，单处罚金788人，免于刑事处罚8人，管制14人，上述判罚占判罚总人数的93.43%

资料来源：Z市法院每月速裁程序情况统计。

（三）调整后的适用标准对被告人权益保护的影响

调整后的适用标准，对保护被告人权益起到了积极作用。

（1）适用范围的扩大使更多愿意认罪认罚的被告人能够得到及时判决，并享受到从宽优惠。随着适用范围的扩大，Z市同期适用速裁程序审理的案件占法定刑为三年有期徒刑以下的刑事案件的60.3%，大量轻刑犯罪案件进入速裁程序，更多自愿认罪认罚的被告人享受到从宽处罚优惠。及时高效的诉讼程序，较好地解决了刑期倒挂难题。

（2）法律帮助全程化为被告人提供了智力支持。试点中，各诉讼阶段为被告人提供法律帮助，律师的全程参与，为被告人提供智力支持，使被告人能够做出较为理智的选择，在一定程度上也确保了被告人自愿认罪认罚的真实性。

（3）量刑建议精准化、规范化更好地保障了被告人实体权利。量刑建议精准、规范，能够减少上诉的发生。以Z市的A、B两个法院在速裁适用标准调整前后的上诉案件的对比为例。2014年试点期间，Z市速裁上诉案件为30件30人，其中A法院被告人上诉14人，B法院被告人上诉7人，上诉案件相对较多。通过分析发现，两地区共同存在量刑建议幅度过大的问题，部分案件量刑建议直接引用法条，由于大部分被告人无法正确、全面地认识到检察机关提出的量刑建议，继而同意适用速裁程序，导致判决结果低于被告人的预期，引发被告人上诉。2016年试点期间，A、B法院量刑建议逐步规范，量刑建议幅度缩小，拘役刑最高刑与最低刑之间的浮动区间在1~2个月，有期徒刑浮动区间在6个月以内，截至6月，两法院仅13名被告人提出上诉，上诉率有明显下降。

二 改革困境：公正与效率冲突和实现程序公正的二维难题

理念上的程序公正，要求通过制度设计和程序运行，对每一起刑事案件都能准确地定罪量刑，近而实现百分之百的正义。这种理想化的目标显然并不追求效率，或者说与效率有着本质的冲突。调整后的速裁程序，为保护被告人权益增加了相应程序设置，对实现程序公正起到一定作用，但加剧了效率与公正的冲突，同时又因高速运转的程序，桎梏了程序公正的有效实现。

（一）驱动力不足以及影响适用率提升的潜在决定性因素

速裁程序的核心设置是认罚协商，而控辩双方是认罚协商的主体，这就决定了程序启动的主体是公诉机关。Z 市 90% 的速裁案件由公诉机关建议启动的，10% 的案件是由法院和检察院协商启动。从数据表象看，现行速裁程序的适用率得到显著提高。然而，通过走访和座谈了解到，公诉机关启动程序的自发性并不高，主要受以下几个因素影响。

（1）程序简便度。程序的简便度越高，承办人员自愿启动速裁程序的概率越大。经与全市基层法院法官、检察官座谈，大部分检察官倾向于适用简易程序①，认为简易程序的诉讼模式较速裁程序的诉讼模式更加便捷。将速裁程序与简易程序，从审理期限、庭审程序、证据标准、裁判文书制作四个方面进行对比发现，速裁程序较简易程序，增加了量刑建议的提出、提供法律帮助、认罚协商等环节，部分案件需要多次协商，而文书制作的难易程度并未发生实质性改变（见表 3）。庭审程序的简化对工作量的减少不足以抵消程序增加带来的影响。

表 3 速裁程序和简易程序的对比

对比项目	速裁程序	简易程序
期限	审查起诉期限和审理期限均为 10 日内；可能判处有期徒刑超过一年的，可以延长至 15 日	审查起诉期限为 20 日内；审理期限为 20 日内

① 此处所指简易程序不包括认罪认罚案件适用的简易程序。

续表

对比项目		速裁程序	简易程序
庭审程序		公诉人宣读起诉书；省略了法庭调查、法庭辩论环节	控辩双方对与定罪量刑有关的事实、证据没有异议的，法庭审理可以直接围绕罪名确定和量刑问题进行
审判组织		对可能判处三年有期徒刑以下刑罚的可以由审判员一人独任审判	三年以下独任审判
受案范围		三年有期徒刑以下刑罚案件	三年有期徒刑以下刑罚案件；三年有期徒刑以上刑罚案件
庭审时间		速裁程序单个被告人庭审平均用时10分钟以内，集中审理时，对每个被告人平均审理时长约5分钟	简易程序单个被告人庭审平均用时15分钟左右
文书制作	判决书	以Z市为例，速裁案件的文书，保留了基本文书要素，如当事人信息、指控事实、定罪、量刑展示等，采用的是格式化、要素填充式判决，部分地区采用表格式判决形式	以Z市为例，简易程序的文书，保留了当事人信息、指控事实、查明事实（可以略写）、定罪、量刑展示等。也可以采用填充式判决，制作时间相近
	起诉书	保留了基本文书要素，如当事人信息、指控事实、列写证据、法律依据。部分法院增加量刑意见	保留了当事人信息、指控事实、列写证据、法律依据
工作流程	审查起诉	确定量刑意见；送达认罪认罚权利义务告知书，听取被告人意见，制作讯问笔录；在律师在场的情况下与被告人签订具结书；制作起诉书	讯问被告人，制作笔录；制作审查报告；制作起诉书
	审判	送达起诉书副本，告知权利义务；对没有委托辩护人的被告人指定律师提供法律帮助；开庭、当庭宣判	送达起诉书副本，告知权利义务；对没有委托辩护人的被告人指定律师提供法律帮助；开庭

（2）可能判处刑罚的轻重。量刑协商时，被告人希望公诉机关提出更加有利于自己的较为轻缓的处罚，追求缓刑的执行方式。刑罚越轻的案件，控辩双方就越容易达成量刑协议，公诉机关启动程序的比率就越高。Z市判处缓、管、免、拘役及单处罚金刑的被告人5833人，占适用速裁程序被判罚被告人数的93.34%，判罚情况如图1。

（3）案件数量。选取Z市四个法院进行对比。其中A、B法院属Z市区，两法院受理刑事案件数量分别位居全市第一、第二位，平均年受案量

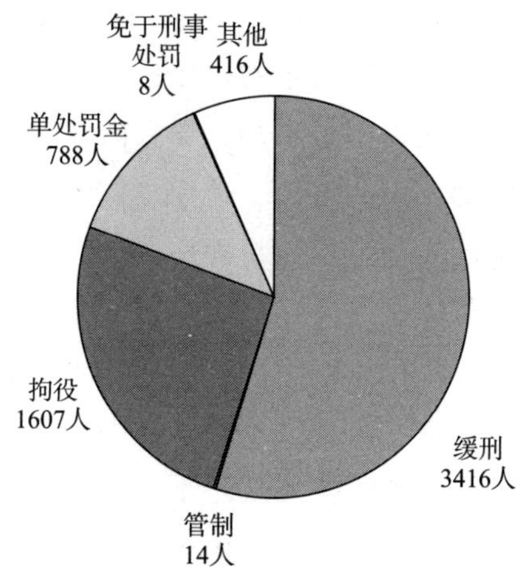

图 1　判罚情况

达 1200～1400 件，A 法院的速裁程序适用率达 38.1%，B 法院的速裁程序适用率达 42.4%。C、D 法院属 Z 市辖区的县（市）法院，平均年受案量均在 700 件左右，C 法院的速裁程序适用率达 58.5%，D 法院的速裁程序适用率达 70% 以上。根据数据分析，案件多的地区适用率反而不高。通过座谈了解，案件多的地区，检察官名下案件较多，无法在 10 天内完成工作，导致未启动速裁程序。例如，A 市法院的检察官曾一次收到 29 个案件，在 10 天内基本无法完成量刑协商工作，导致部分案件按照简易程序审理。同时，诉讼效率的提高，也意味着单位时间内的工作量、工作压力增大，导致动力不足。比如，集中起诉 15 起案件，一般在一个星期内要完成阅卷、送达、制作文书、认罪协商、通知辩护人参与等工作，法院可以集中开庭审理，减少工作量，但检察院必须要分别会见，其工作强度大大增加。

（4）指标考核。2014 年速裁程序试点期间，Z 市对速裁程序的适用设置了一定的考核指标，要求适用率占三年有期徒刑以下案件数的 30% 以上。认罪认罚从宽制度试点期间，虽没有设定具体考核指标，但各政法机关相继多次召开推进会议，大力推动工作开展，并在案件评选等方面予以倾斜。适用率的提高与绩效考核和专项工作的持续推动有密切关系，具有很强的被动性。

综上，笔者认为，虽然影响内在驱动力不足的因素有多方面，但主要因素是程序简便度和指标考核。现行速裁程序并没有明显增加审判阶段的工作量，特别是律师全覆盖改革的试行，[①] 反而抵消了工作量增加带来的冲击，除工作强度增加以外，高速运转的程序使大量案件得到快速处理。然而，审查起诉环节的工作量却明显增加，导致内在驱动力不足，出现了案件量多的地区适用率反而不高的现象。速而不简的程序设置，可能会导致大量符合速裁程序标准的案件适用简易程序办理。依靠绩效考核和专项工作的推动，难以维持改革的持续良好运转。2016 年 10 月至 12 月试点工作开展的空档期，Z 市法院适用速裁程序的案件仅 18 件，这也从一个侧面反映出速裁程序启动的自愿性和自发性不足。我国台湾地区实行的诉辨交易制度，其诉讼程序的设置与大陆有类似之处，同样适用率较低。依 2006 年台北地方法院发布的“刑事诉讼新制实施现状分析及成效初探”报告，地方法院刑事协商程序适用率仅为 6. 15% 。[②]

（二）多重因素，限制值班律师作用发挥

速裁程序中，大部分被告人选择从“值班律师”处获得法律帮助，Z 市在审查起诉阶段，值班律师为 3222 名被告人提供法律帮助，在速裁案件中的比例达 51. 56% 。值班律师在保障被告人认罪认罚自愿性方面起到了关键作用。为了解值班律师作用发挥的情况，笔者对 10 个案件进行了跟踪调研，发现在审查起诉阶段和审判阶段均存在一定问题。审查起诉阶段，部分机关仅向律师口头介绍案情，允许查阅起诉书；部分机关提供证据目录；协商过程，值班律师不在场，仅在签订具结书时允许其在场见证；被羁押的犯罪嫌疑人，值班律师仅在签订具结书时得以会见，并当场向犯罪嫌疑人分析认罪认罚可能带来的后果，协商前后犯罪嫌疑人并未获得法律帮助。审判阶段，一般在开庭当日，指派值班律师为被告人提供法律帮助，允许其查阅卷宗，但时间因素导致律师实际上无法查阅卷宗，仅能根据被告人陈述提供有限的帮助，这种情况的发生以判前羁押的被告人为主。

---

① 参见《最高人民法院 司法部关于开展刑事案件律师辩护全覆盖试点工作的办法》，http://www.court.gov.cn/fabu-xiangqing－62912.html，最后访问日期：2018 年 7 月 1 日。办法要求，适用简易程序、速裁程序审理的案件，被告人没有辩护人的，人民法院应当通知法律援助机构派驻的值班律师为其提供法律帮助。

② 参见张汉荣《台湾辩诉交易制度的生成与争论》，《国家检察官学院学报》2009 年第 2 期，第 4 页。

原因主要有三。一是值班律师的定位不清晰、职责不明确。部分人认为值班律师在诉讼中的地位不能等同于指定辩护人，仅能起到见证人作用，对值班律师为犯罪嫌疑人、被告人提供法律帮助时所能获得的法律权利应当进行限制。导致值班律师在充分了解案情方面受到限制，具结书签订前后，单独会见的权利没有得到保障和行使。深层次原因则是对协商难度增加的忧虑。审判阶段，部分法院和律师认为被告人已经认罪认罚，提供法律帮助的意义不大，造成法律帮助的形式化问题。二是诉讼时效的限制。由于速裁程序审查起诉时间仅有 10 个工作日，在案件量较多的情况下，检察机关急于与犯罪嫌疑人、被告人签订具结书，挤压了律师提供有效帮助的时间。三是律师刑事专业素养及经费保障的不足。部分律师虽然执业时间较长，但担任刑事辩护的经验较少，缺乏实践经验，且值班经费与其收入悬殊，导致优秀律师不愿参与这项工作。

（三）职责边界不清，导致诉讼衔接问题多发

速裁程序并非仅是对简易程序的再简化，其中，认罚协商程序的设计突破了原有诉讼理念，给控诉、审判职能带来了改变。目前，不论是法院还是检察院依然依照传统的诉讼理念进行起诉和审判，出现了权责不明晰的问题，导致诉讼衔接问题多发，也给被告人权益带来了一定损害。突出表现在两个方面。

首先，量刑建议是否应当向法院提供附加依据存在争议。虽然，“两高三部”《关于在部分地区开展刑事案件认罪认罪从宽制度试点工作的办法》（简称《试点办法》）第 20 条规定“对于认罪认罚案件，人民法院依法作出判决时，一般应当采纳人民检察院指控的罪名和量刑建议”，但部分检察官认为量刑权归属审判职能，量刑建议并不具有约束力，且不应承担相应责任，出现了量刑建议的提出是否应当向法院提供相关依据的争议，导致了量刑建议随意性较大、适用缓刑的社区调查评估委托主体存疑及法院依据量刑建议判罚后检察机关又以“适用法律错误，导致量刑不当”提起抗诉等问题。

其次，协商过程中形成的笔录及值班律师意见是否应当移送法院存在争议。《试点办法》第 10 条规定，在审查起诉过程中，人民检察院应当告

知犯罪嫌疑人享有的诉讼权利和认罪认罚可能导致的法律后果，就指控的罪名及适用的法律条款等听取犯罪嫌疑人及其辩护人或者值班律师的意见，记录在案并附卷。实践中，在移交审判机关的关于量刑协商的材料中，仅有权利义务告知书、具结书，庭审中审查被告人认罪认罚的自愿性也往往通过这两份材料及被告人的当庭陈述呈现。而协商过程中形成的笔录及值班律师意见并未纳入移送范围，部分检察院认为上述材料属内部材料，并不能移送。这就使得在协商过程中被告人被胁迫、欺诈情况的发生无法避免。

三 继承与变革：问题导向下的公平与效率兼容性建构

笔者认为，解决当前存在的问题，需在制度设计上进一步加强对被告人认罪认罚自愿性、合法性的保护，构建平等参与的认罪协商程序；在现有诉讼模式下，进一步寻求突破，实行有限的书面审理模式，简化程序设置，提升内在驱动力，并厘清控、审职能，这或许有助于更好地落实宽严相济的刑事政策，实现公正与效率的平衡，实现案件繁简分流的价值目标。

（一）平等参与：认罚协商正当性程序建构的基点

“平等参与”是程序正当性价值的取向之一。量刑协商的正当性是保障被告人自愿认罚的核心环节，也是速裁程序启动的本源。其程序设置也应建立在平等参与的基础之上，其要素包括保障被追诉人获得平等谈判能力[①]和辩方拥有获得程序启动的平等地位。保障平等谈判能力，离不开律师提供的有效智力支持；程序启动的平等地位，需要构建双向的启动模式。

确保被告人获得律师的有效帮助，是保障被告人自愿认罪的基本制度保障。[②] 而在诉讼中起到关键作用的值班律师的法律权利在立法层面的缺失、不明确，为有效帮助带来潜在的风险。如何确保值班律师在诉讼中为被告人提供有效法律帮助，对此笔者认为，首先，明确值班律师阅卷权。

① 参见马明亮《认罪认罚从宽制度的正当程序》，《苏州大学学报》2017 年第 2 期，第 6 页。

② 参见陈瑞华《“认罪认罚”改革的理论反思》，《当代法学》2016 年第 4 期，第 6 页。

值班律师提供法律咨询仅仅依据被追诉人的陈述，做出的分析判断是不客观、不全面的。应当结合证据，在充分了解案情的基础上，为被追诉人提供准确、全面的法律帮助。其次，赋予值班律师在场权。[①] 律师在场的目的在于防范逼迫、欺诈犯罪嫌疑人接受量刑意见的情况发生，有助于减少地位不平等可能导致的程序不公正。值班律师仅在签订具结书时在场，则无法充分保证被告人认罪认罚的自愿性。美国、法国等国家都设立了律师在协商中的在场权的规定。再次，赋予值班律师单独会见权，对于判前被羁押的被追诉人，值班律师有随时单独会见被追诉人的权利，保障值班律师与被追诉人有充分的交流，单独会见更加有助于保障被追诉人认罪认罚的自愿性。权利的保障离不开配套制度的建立，在保障值班律师法律权利的同时，也应建立相应的保障体系，例如适当延长诉讼期限，给值班律师提供法律帮助预留较为充足的时间，同时降低审查起诉机关的工作强度；将值班律师费用纳入中央财政预算，确保足额发放或探索设立公职律师制度。

双向协商启动模式。《试点办法》虽并未对量刑协商程序的启动做出明确规定，但不可争辩的事实是公诉机关在程序启动中拥有绝对的主导权、控制权。上述影响公诉机关启动因素的存在，不可避免地使愿意认罪且愿意通过认罚协商获得从轻处罚的被告人，丧失了法定从宽处罚的机会。而在审判阶段，由于法院处于中立地位，审、辩之间的协商使裁判者陷入“未审先判”的尴尬境地。因此，削弱公诉机关的绝对控制权，使被追诉人或其辩护人获得平等启动的权利显得尤为重要。对符合认罪条件的，被告人及其辩护人或值班律师提出认罪认罚申请的，应当设置强制启动认罚协商程序，听取辩方提出的量刑意见，公诉机关认为量刑意见合理的，应签订具结书。辩方获得平等的启动权利，也有助于减少因量刑问题引发的上诉案件。

（二）域外经验借鉴：有限制的书面审理模式创新

罪行的严重程度及控辩双方的合意程度决定了程序简化的程度。[②] 以可

① 参见陈在上《比较法规视域下的律师在场权悖论释义与制度建构》，《河北法学》2017 年第 3 期，第 1 页。

② 参见闵春雷《认罪认罚从宽制度中的程序简化》，《苏州大学学报》2017 年第 2 期，第 3 页。

能判处刑罚的轻重进一步简化速裁诉讼程序，实行有限的书面审理，解决内在驱动力不足问题，减缓公正与效率的冲突，或许是值得探索的途径。

部分学者认为书面审理会造成潜在的实体非正义和损害程序上的正义，担忧书面审理无法保障被告人认罪认罚的自愿性。然而，各国因程序传统、组织文化、司法资源和犯罪率的差异，都会限制在一种诉讼模式的程序设计中导入另一种诉讼模式。① 德国基于其诉讼模式、诉讼理念，而产生了类似于书面审理模式的刑事处罚令程序，即对判处一年以下自由刑或者科处罚金刑的违法行为，检察院认为没有必要提请法庭审判的，检察院可以提出书面申请，法官通过审阅卷宗材料，形成内心确信，不必要事先听取被指控人的陈述，直接做出处罚令。② 笔者认为，我国有借鉴德国处罚令的必要性，且实行有限制的书面审理模式，在我国有着现实正当性的需求和程序正当性的诉讼保障。首先，速裁程序由于省略法庭调查、辩论环节，庭审已趋于形式化，法官对于证据、事实、量刑的认定，也并非通过庭审，而是通过庭前阅卷完成，公诉人在庭审中仅宣读起诉书，公诉人出庭更多的是一种形式上的装点，实际上并没有增强庭审的对抗性和公正性。同时，在未对被告人认罪认罚撤回权进行限制的情况下，公诉人出庭的意义值得商榷，花费法官大量精力来安排庭审、协调开庭，对检察官启动程序的积极性也造成一定影响。同时，在员额制改革和以审判为中心的诉讼制度改革背景下，司法资源配置也应进一步优化。面对当前现状，实行书面审理有其现实的必要性。其次，我国刑事诉讼吸纳了职权主义和当事人主义诉讼制度的部分功能，形成了混合型诉讼模式，③ 但我国刑事诉讼是在传统职权主义诉讼模式理论基点上创新发展而来的，依然带有浓厚的职权主义色彩。因此，我国的速裁程序改革仍带有很强的职权调查原则，未突破诉讼基本原则，并不因被追诉人“口头”的自愿认罪认罚，而丧失对事实、证据的审查职能，被追诉人的自愿认罪仅是以证据的形式出现。《试点办法》第 2 条规定：“具有下列情形之一的，不适用认罪认罚从宽制度……犯罪嫌

① Tumer, Supra Note, At1596.

② 参见宋世杰《国外刑事诉讼法比较研究》，中国法制出版社，2006。

③ 参见谢佑平《“混合型”刑事诉讼模式评论——〈刑事诉讼法修改决定〉随想》，《法学》1996 年第 5 期，第 3 页。

疑人、被告人行为不构成犯罪的。”该条文确立了法院在适用速裁程序审理案件时的证据裁判原则。书面审理也正是以这一原则为基础的。其正当性基础在于，有罪供述降低了案件证明难度，通过相对简化的程序即可达到证明标准。① 将对被告人认罪认罚自愿性的审查，前置至庭前以及讯问时，只是形式变换，而并未改变诉讼架构和证据裁判原则，并未损害程序的正当性。

我国的书面审理制度在借鉴德国处罚令的基础上，应当加以完善，即检察院审查后，认为没有必要开庭的，可以向法院提出书面审理建议，并附详细的量刑建议书，法官通过书面审查、讯问被告人，确认被告人认罪认罚的真实性、合法性及指控事实的正确性后可以直接做出判决。这样的诉讼模式，在没有公诉人在场的情况下，更有利于被告人表达内心真实想法，而非对被告人权益的损害。如被告人对指控罪名或量刑建议，在讯问时提出异议，根据异议的不同可分别采取不同的庭审模式，对被告人否认指控犯罪事实的，转换程序开庭审理；对量刑建议提出异议的，可仅就量刑部分进行审理，控辩双方可就量刑展开辩论，法官根据案件需要决定对影响量刑的证据开展调查。Z 市在实践中，规定对检察机关提出的不确定量刑建议，控辩双方可以就量刑展开法庭辩论，实践证明增设量刑辩论环节对维护实体正义起到了一定作用，同时对庭审效率的提升影响较小，反而能够保障被告人权益。当然，建立律师提供法律帮助、量刑建议的规范等配套制度，才能更好地保护被告人权益不受损害。公平与正义并非绝对的，在追求实体正义和程序正义的价值目标情况下，建立符合中国国情的诉讼制度，是当前亟待解决的问题。

（三）转变理念：厘清控诉、审判职能边界

刑事诉讼职能是刑事诉讼主体为了实现特定的目标和任务，在刑事诉讼过程中所具有的作用和功能。按照诉讼主体划分，包含了控诉职能和审判职能。② 速裁程序的改革带动了控诉职能、审判职能的变动。速裁程序中

① 参见卞建林、谢澍《职权主义诉讼模式中的认罪认罚从宽——以中德刑事司法理论与实践为线索》，《比较法研究》2018 年第 3 期，第 9 页。

② 参见汪建成、王明达《刑事诉讼职能研究》，《政法论坛》2001 年第 1 期，第 4 页。

的控诉职能改变主要体现在两个方面，一是公诉机关具有了强制性的量刑建议权，量刑建议更具体、细化，包括刑罚的种类、执行方式的细化，且法院在一般情况下应予以采纳，具有了一定的强制性。二是赋予了控辩双方开展认罚协商的权利，设置了认罚协商的程序性规定，强化了律师参与，保障了被告人认罪认罚的自愿性和真实性。控诉职能不再仅仅是在查明犯罪事实、查获犯罪嫌疑人的基础上向法院提起公诉。审判职能方面，赋予了法院对被告人认罪认罚自愿性和认罪认罚具结书内容真实性、合法性的审查职能。法院的审查内容实质上由原来的程序、实体审查及实施量刑转变为对程序、实体、量刑建议的审查。随着职能的变动，实质上，法院将量刑主导权部分让渡给公诉机关，被告人的量刑请求权对象实质化前置转移。正是基于控诉职能和审判职能的变动，诉讼理念也应当随之发生改变。厘清职能边界，建立权责分明的诉讼体系，树立新的诉讼理念，将会促使法、检两院的工作衔接更加顺畅，那么，公诉机关与被告人认罪认罚协商所做笔录是否移送、社区调查评估由谁委托等问题也就迎刃而解了。

四　结语

刑事速裁程序是我国刑事诉讼司法改革的重要一环，是提高诉讼效率、优化司法资源配置的必然选择，通过近 4 年来的试点，成效已经凸显。然后，面对实践中存在的速而不简、内在驱动力不足、被告人权益保护不完善等问题，探索有限书面审理模式、构建平等参与的认罚协商程序、厘清职能边界是解决当前实践中存在的问题的路径选择。

研究综述

2018年度国内量刑研究综览及展望

冯骁聪*

【摘　要】2018年的量刑研究，在相关主要领域均取得一定理论进展。在整体上呈现理论实践相得益彰、思辨色彩较为浓厚、实证研究方兴未艾、密切回应时代现实等方面的鲜明特色。展望未来的量刑研究，应当在超越现有局限的基础上，致力于刑罚教义的本土对接，形成更加面向社会现实的学术视角，并且优化重整研究方法，从而凸显作为"刑法理论缩图"的重要学术地位。

【关键词】量刑；进展；特色；展望

站在改革开放40周年和新中国成立近70周年的时间节点上，新中国刑法学从稚嫩逐渐走向成熟。作为"刑法理论缩图"的量刑研究,[①] 能够集中反映新中国刑法理论的发展历程。其中，刚刚过去的2018年的量刑研究也就成为我国刑法理论最新发展的缩影。为此，笔者通过检索中国知网等文献数据库，力图在充分占有资料的基础上，展现2018年量刑研究的理论进

* 冯骁聪，湖南工业大学讲师，法学博士。

① 参见〔日〕曾根威彦《量刑基准》，载西原春夫主编《日本刑事法的形成与特色》，李海东等译，法律出版社，1999，第145页。

展和研究特色,[①] 并由此展望量刑研究的未来图景。

一　研究进展

（一）量刑原则

量刑原则是量刑研究的基底性问题，其“主导整个量刑活动，制约着量刑的方式，影响着审判人员对量刑的主观倾向，规制着量刑的发展方向，是量刑得以正确进行的总体指导和基本保障”。[②] 关于量刑原则的研究，能够直接体现关于量刑的理论进展。需要说明的是，国内主流教科书往往从《刑法》第61条所规定的内容来理解量刑原则,[③] 这不免有失狭隘：一方面，罪刑法定等刑法的基本原则也指导和制约量刑，自不待言；另一方面，禁止重复评价原则、限制加重等规制量刑某个特定领域的具体原则，由于并未直接指示法律后果，并不丧失法律原则的特性，不能断然将其排除在量刑原则之外。因此，准确言之，量刑原则是由“基本原则——般原则—具体原则”组成的层级系统。[④]

截至目前，可以检索到4篇发表于2018年的关于“量刑原则”的期刊论文。其中，共有3篇从量刑视角解构罪刑均衡这一基本原则。李冠煜等主张通过融合确定责任刑之“点的理论”和“幅的理论”的差异，消解罪刑均衡与犯罪预防之间的矛盾。[⑤] 张梅娟等认为，罪刑均衡原则寓于三大基本原则之中，构成刑法的核心原则，其在刑事司法中实现的关键是规范法官的自由裁量权。[⑥] 袁家德认为，量刑公正需要通过贯彻罪刑均衡原则来实现，它以社会危害性为决定因素，以犯罪人的人身危险性以及其他恢复权

---

① 限于篇幅，本文暂未统计与量刑有关的硕士论文和在省级及以下级别的旬刊上发表的论文。

② 石经海：《量刑个别化的基本原理》，法律出版社，2010，第202页。

③ 例如高铭暄、马克昌主编《刑法学》，北京大学出版社、高等教育出版社，2011，第251～253页；王作富《刑法》，中国人民大学出版社，2016，第191～193页。

④ 详见石经海《量刑个别化的基本原理》，法律出版社，2010，第202～205页。

⑤ 参见李冠煜、顾家龙《量刑原理中的罪刑均衡与犯罪预防关系再论》，《中南大学学报》（社会科学版）2018年第3期。

⑥ 参见张梅娟、马荣春《论新时代背景下的罪刑均衡》，载《金陵法律评论》（2018年秋季卷），法律出版社，2018，第166～174页。

利所需成本为重要因素。[①] 此外，与既往从应然层面关注刑法平等原则不同，胡昌明通过分析 1060 份盗窃罪的判决书发现：被告人的地位越高，法度越宽，身份对量刑产生了不容忽视的影响；应当通过加强量刑说理以及优化案例指导制度来规制量刑裁量权，减少这种不平等的现象。[②]

（二）量刑方法

一般而言，量刑方法是指法官在定罪的基础上，决定宣告刑等的具体思维方式。[③] 在实体法上，量刑直接体现为法官基于案件事实和法律的思维活动，故量刑方法直接体现为这种思维得以进行的方式与进路。截至目前，共检索到 9 篇发表于 2018 年的关于“量刑方法”的期刊论文。大体而言，可以将它们的内容归结为以下三个主题。

第一，关于量刑中的定量方法。自 20 世纪有学者提出计算机量刑的倡议以来，关于量刑中定量方法的探讨一直持续。彭文华从比较法角度考察了美国量刑模式的历史变迁，认为 19 世纪以来的美国量刑改革经历了酌定量刑、量化量刑以及混合量刑三种不同模式的阶段，量化量刑阶段通过建构机械、量化的标准规制量刑，极大地束缚了司法自由裁量权而备受诟病，而当下的混合量刑模式则兼顾法律的形式制约和法官经验。[④] 张富利等探讨了人工智能辅助量刑的前景，主张大数据算法能够运用于具有云计算等功能的人工智能系统，以各种量刑情节作为计算参数，从而为法官提供量刑建议。[⑤]

第二，量刑方法与定罪方法的关系。“以刑制罪”论由于其贯通量刑与定罪，近年来一直是学界探讨的热点话题。与既往研究试图从相关角度对“以刑制罪”进行理论建构不同，2018 年度关于这一主题的研究呈现反思甚至批判的色彩。李永升等运用事实还原的方法，考察了“以刑制

① 参见袁家德《量刑公正的内涵之阐释》，《山东社会科学》2018 年第 4 期。

② 参见胡昌明《被告人身份差异对量刑差异的影响：基于 1060 份刑事判决书的实证分析》，《清华法学》2018 年第 4 期。

③ 参见皮勇、王刚《量刑原论》，武汉大学出版社，2014，第 143 页。

④ 参见彭文华《酌定量刑、量化量刑与量刑双轨制》，《华东政法大学学报》2018 年第 6 期。

⑤ 参见张富利、郑海山《大数据时代人工智能辅助量刑问题研究》，《昆明理工大学学报》（社会科学版）2018 年第 6 期。

罪”理论中存在的案件基本事实与犯罪的双重异化;[①] 叶良芳则对这一理论提出了质疑:“以刑制罪”为了追逐实质正义而罔顾手段,因其在形式上背反了定罪与量刑的关系,在实质上更是颠覆罪刑法定原则和犯罪构成理论,应当予以摒弃;[②] 潘文博指出:“以刑制罪”的本质是对构成要件的实质解释,导致犯罪认定中的价值判断过于前置化,滋生诸多风险;[③] 封韬认为:以“以刑制罪”为代表的罪刑关系倒置系一种无奈的司法发现,并非理论创新,由于其缺乏法理上的正当性,应当否认其存在的必要性。[④] 而付立庆则对以叶良芳为代表的“批判论”做出回应与辩护:犯罪与刑罚的关系是双向的,“以刑制罪”由罪刑均衡原则所导出,而又受到罪刑法定原则的制约,对于复杂疑难案件尤其具有指导意义,对之应当予以善待。[⑤] 此外,李晴也认可“以刑制罪”是定罪过程中的一种反向思维,认为其对于裁判结果的公正具有重要的意义,但应当以条文的字面原有文义作为其适用的阈限。[⑥]

第三,量刑失衡的防范机制。裴长利等通过对共同犯罪量刑的考察,发现基于行为无价值立场会造成对共同行为的重复评价而导致量刑畸重,而采用结果无价值的立场则可以扭转这一“困局”。[⑦] 但本文认为,这种观点是对共同犯罪中共同行为的片面理解,相关认识值得商榷。

(三)量刑情节与制度

目前共检索到 2018 年度关于这一主题的论文 8 篇,其中关于“量刑情节”的 6 篇,关于“量刑制度”的 2 篇。一般而言,量刑情节是指:“法院

① 参见李永升、赵东《“以刑制罪”的反思和重构》,《新疆社会科学》2018 年第 2 期。

② 参见叶良芳《量刑反制定罪:实践和理论的双重批判》,《东南大学学报》(哲学社会科学版)2018 年第 1 期。

③ 参见潘文博《对解释论上“以刑制罪”现象的反思》,《西南政法大学学报》2018 年第 2 期。

④ 参见封韬《依法治国视野下“以刑制罪”的评价与反思》,《福建行政学院学报》2018 年第 2 期。

⑤ 参见付立庆《以刑制罪观念的展开、补充与回应》,《东南大学学报》(哲学社会科学版)2018 年第 4 期。

⑥ 参见李晴《以刑制罪理论之可行性分析》,《黑龙江工业学院学报》2018 年第 1 期。

⑦ 参见裴长利、韩康《共同犯罪量刑畸重问题之改良》,《行政与法》2018 年第 2 期。

对犯罪人裁量刑罚时应当考虑的，据以决定量刑轻重或者免除处罚的各种情况”;① 而量刑制度则是指根据量刑情节从重、从轻、减轻以及免除刑罚的规则。

关于量刑情节的研究，大体围绕其内涵或外延展开。相关文献更多地关注量刑情节的外延问题。王振华在肯定被害人谅解能够充当酌定情节的基础上，认为目前我国刑事司法实践中存在不规范操作频出的现实以及该制度自身潜藏着危机，应对其在适用范围内和在个案量刑中的影响程度均加以限制;② 陈荣鹏从“整体的评价要素”出发，认为数额型犯罪定罪情节剩余的事实不能充当量刑情节;③ 孙亚赛认为从罪刑均衡等刑法基本原则、理念出发，应当肯定未决羁押表现能够充当量刑情节，但“其在立法、证据的属性与类别、证明与适用等方面还需要进一步规范”。④ 同时，量刑规则也是近年来受到较多关注的话题，对此徐雅飒重申：基于罪刑均衡原则等，应当将提升法定刑幅度区分为加重构成与量刑规则。显然，量刑规则与量刑情节之间存在密切联系，但二者关系如何，作者语焉不详。⑤ 此外，董桂武较为独到地关注到了刑罚目的对量刑情节适用的影响，认为量刑起点之外的报应刑情节应当先于预防刑情节适用，据此确定报应刑量，然后在该刑量之下通过预防刑情节确定宣告刑;⑥ 吴真文等主张通过建立“周额罚金”等制度，细化罚金刑的量刑情节。⑦

关于量刑制度，徐宗胜关注了量刑情节的同向与逆向并存的问题，认为仍然应当遵循“同向相加，逆向相减”方法解决该问题；其中同向并存直接相加，但不得逾越责任刑上限；逆向并存时则应当遵循处断刑情节先

① 张明楷:《刑法原理》，商务印书馆，2017，第 519 页。

② 参见王振华《被害人谅解作为酌定量刑情节的正当化依据及适用限制》，《法律适用》2018 年第 14 期。

③ 对此，作者以盗窃罪为例，假定某地区盗窃罪确定执行“数额较大”的幅度是 2000 元至 6 万元，行为人盗窃 7000 元，坚持“整体的评价要素”立场，则会认为，只要属于数额较大范畴内的盗窃事实，都应当作为定罪情节来认定，即该盗窃 7000 元的事实均应整体评价为定罪情节。参见陈荣鹏《量刑情节及相关概念辨析》，《人民检察》2018 年第 5 期。

④ 参见孙亚赛《论未决羁押表现的量刑化》，《江汉论坛》2018 年第 8 期。

⑤ 参见徐雅飒《量刑规则与加重构成的二维视域》，《河南社会科学》2018 年第 10 期。

⑥ 参见董桂武《论刑罚目的对量刑情节适用的影响》，《法学论坛》2018 年第 6 期。

⑦ 参见吴真文、颜雨薇《完善我国罚金刑量刑情节之思考》，《湖北经济学院学报》（人文社会科学版）2018 年第 3 期。

行计算，从轻情节优于从重情节的原则相减。① 赵恒对被告人认罪认罚案件中量刑从宽的适用进行了分析，认为应当区分认罪认罚与自首的法律价值，提高认罪认罚从宽的比例至 40%，同时结合诉讼节点以及不同诉讼模式确定认罪认罚从宽的比例。②

（四）量刑规范化

2018 年恰逢量刑规范化改革在我国走完第一个十年，该主题也成为该年度量刑研究的热点之一，共检索到 10 篇相关文献。关于这一主题，大体可以分为宏观上的总结展望和微观上的司法适用两个向度。

在宏观向度，作为最高人民法院该项改革的参与者，李玉萍总结了量刑规范化改革（以下简称“改革”）十年来的成果和经验，同时认为“量刑规范化改革仍有巨大的拓展和完善空间”。③ 同时，论者也对改革的局限指明了完善方向。倪震认为改革中存在“机械正义”倾向，对此应当从传统的非技术路径和新兴技术路径两个维度加以扬弃。④ 于阳主张建立量刑规范化的适用性调整机制，该机制的实现最为关键的在于划定法官自由裁量权的边界。⑤ 李文杰认为，为使量刑改革在秩序和效果表达的平衡中获得可持续性发展，应在量刑活动中导入民众参与机制，以提升裁判权威和司法公信力。⑥

在微观向度，李鹏飞探讨了改革中法官量刑思维的定位问题，认为，量刑思维反对量刑数字化和量刑教条化，支持通过清晰量刑步骤进而通过充分的裁判说理实现量刑公正。⑦ 此外，吴情树提出了优化改革中量刑说理的方案；⑧ 司旭等从实体和程序双重维度出发，归纳了量刑说理应包含的基

① 参见徐宗胜《量刑情节并存时的适用根据与方法》，《时代法学》2018 年第 5 期。
② 参见赵恒《论量刑从宽》，《中国刑事法杂志》2018 年第 4 期。
③ 参见李玉萍《量刑规范化，十年磨一剑》，《人民法院报》2018 年 10 月 16 日，第 2 版。
④ 参见倪震《量刑改革中“机械正义”之纠正》，《江西社会科学》2018 年第 2 期。
⑤ 参见于阳《量刑规范化之适应性调整研究》，《政法论丛》2018 年第 4 期。
⑥ 参见李文杰《中国量刑改革中民众参与机制研究》，《中山大学学报》（社会科学版）2018 年第 1 期。
⑦ 参见李鹏飞《论量刑规范化视野下法官量刑思维的确立》，《渭南师范学院学报》2018 年第 15 期。
⑧ 参见吴情树《量刑结论如何说理论证》，《人民法院报》2018 年 10 月 10 日，第 2 版。

本内容；[①] 韩轶展望了大数据在改革中的前景；[②] 张国轩剖析了认罪认罚程序中量刑规范化操作的特殊性。[③]

（五）个罪量刑

近年来，不少研究者开始探讨类罪或具体犯罪的量刑问题，共检索到 2018 年度关于这一主题的文献 15 篇。具体而言，大体集中在以下四个领域。

第一，贪污贿赂犯罪的量刑。张明楷在证伪“行贿与受贿并重惩办”的基础上，认为行贿行为的不法与责任均轻于受贿，因此对行贿罪基本犯所科处的刑罚不得高于受贿罪基本犯的最高刑。[④] 商浩文主张，应合理发挥《刑法》第 13 条“但书”规定对受贿罪数额定罪标准之调和作用，充分协调犯罪数额与犯罪情节之量刑竞合，同时应对犯罪情节之定罪量刑标准进行量化，以最大限度实现受贿罪定罪量刑的公平正义。[⑤] 王刚结合立法和司法解释，对贪污贿赂罪的“数额 + 情节”的二元量刑标准进行考察，发现情节在数额的基础上发挥升格法定刑的功能，却丧失法定的独立量刑标准的地位，法官可以参照关联性犯罪的入刑标准来把握可量化情节的严重程度。[⑥] 史雯通过对 374 起受贿案件的实证研究，发现受贿罪量刑失衡现象依旧严峻，司法解释应当正确理解刑法对受贿罪“数额 + 情节”量刑标准的规定，实现“权”“钱”量刑要素的等值设置；[⑦] 同时，该作者还主张受贿犯罪的法定刑独立设置，同时应当设置更严密的数额和情节，完善受贿罪双轨制量刑体系。[⑧]

第二，经济犯罪的量刑。章桦通过对全国 25 个省区市的 2067 个生产、

① 参见司旭、王进《我国刑事判决书量刑说理问题研究》，《山东行政学院学报》2018 年第 2 期。

② 参见韩轶《大数据视野下的量刑规范化》，《人民法治》2018 年第 2 期。

③ 参见张国轩《认罪认罚从宽中量刑规范化的特殊性》，《中国检察官》2018 年第 8 期。

④ 参见张明楷《行贿罪的量刑》，《现代法学》2018 年第 3 期。

⑤ 参见商浩文《论受贿罪数额与情节定罪量刑标准之调和》，《政法论丛》2018 年第 6 期。

⑥ 参见王刚《贪污受贿罪量刑新标准的司法适用研究》，《河北法学》2018 年第 9 期。

⑦ 参见史雯《受贿罪量刑基本要素权重失衡的实证研究》，《安徽广播电视大学学报》2018 年第 1 期。

⑧ 参见史雯《从理论到审判数据：受贿罪独立量刑体系的建构》，《昆明学院学报》2018 年第 5 期。

销售有毒、有害食品罪的刑事判决书进行实证研究，探索出该罪有期徒刑、罚金数额、缓刑适用的基础模型及适用从严刑事政策的修正模型。[①] 文姬通过对2103个有效的信用卡诈骗罪被告人记录进行线性回归分析，得出信用卡诈骗罪的刑罚裁量具有诈骗数额绝对主导、刑罚大小对数增长、罚金数额量刑不规范三个主要特征。[②] 刘荣等以70份虚开增值税专用发票罪的判决书为样本，检讨了这类犯罪量刑不规范的问题，并据此建构该罪的量刑标准。[③] 宋蓉等针对数额型犯罪既遂与未遂并存的场景，对该类犯罪处罚范围、处罚基准和量刑标准进行明确。[④] 吴成杰等考察了信用卡恶意透支犯罪中的退赔情节的量刑适用。[⑤]

第三，危险驾驶罪的量刑。杨柳对“醉驾”案件依据《刑法》第13条“但书”出罪的理论定位进行了反思，认为“但书”的规定不能单独直接作为醉驾出罪的依据，应当将“但书”的规定置于“行为论”之中，倡导“前构成要件行为概念”，而非置于犯罪论之中。[⑥] 吴一澜通过分析467个裁判文书样本，从刑罚矫正实效的角度提出了优化危险驾驶案件量刑的建议。[⑦]

第四，侵犯人身权利犯罪的量刑。徐光华通过考察大样本的绑架释放人质案件，发现审判实践通过“以刑制罪”来实现从轻量刑的现象较为突出。[⑧] 赵雪梅针对激愤杀人案件提出了所谓的“二元数值型”量刑方法。[⑨]

（六）量刑程序

相对独立的量刑程序是我国量刑改革的又一重要领域，在当下“以审判为中心”的诉讼制度改革背景下，其重要意义愈加凸显。目前共检索到

---

① 参见章桦《食品安全犯罪的量刑特征与模型构建》，《法学》2018年第10期。

② 参见文姬《信用卡诈骗罪量刑实证研究》，《法学论坛》2018年第4期。

③ 参见刘荣《虚开增值税专用发票罪量刑规范化研究》，《税务研究》2018年第2期。

④ 参见宋蓉、高苑丽《论数额犯中犯罪既遂与未遂并存情形下的量刑问题》，《南阳理工学院学报》2018年第3期。

⑤ 参见吴成杰、刘燕棉《恶意透支案件中退赔情节的量刑适用》，《中国信用卡》2018年第2期。

⑥ 参见杨柳《醉驾出罪依据论》，《法商研究》2018年第1期。

⑦ 参见吴一澜《危险驾驶罪犯矫正效度实证研究》，《四川警察学院学报》2018年第2期。

⑧ 参见徐光华《“以刑制罪”视阈下绑架罪的定性与量刑》，《政法论坛》2018年第5期。

⑨ 参见赵雪梅《激愤杀人案件“二元数值型”量刑方法及法定化研究》，《山西警察学院学报》2018年第1期。

发表于2018年的关于这一主题的文献8篇。这一主题可以进一步细分为程序改革、量刑建议与辩护、量刑证据与证明。

关于程序改革，李祥认为构建独立量刑程序的关键在于确保量刑信息收集的准确性和全面性，路径包括量刑信息调查主体和责任的明确、审判组织的专职化以及证明标准的重建等。[①]

关于量刑建议与辩护，林喜芬等通过520个量刑样本的量化分析，发现检察院的量刑建议对法院量刑裁判均产生了显著影响，即“锚定效应”是存在的；[②] 李懿艺认为量刑建议是被告人认罪认罚的前提，是检察机关客观义务的体现，是裁判者量刑的依据，也是被害人服判息讼的基础；[③] 王瑞剑认为应当从量刑程序的建构、辩护律师的参与和量刑辩护的专业化三个维度对量刑辩护加以完善。[④]

对于量刑证据与证明，刘计划等认为未成年人社会调查报告作为一种符合关联性要求且用以证明案件酌定量刑事实的材料，应当肯定其量刑证据的属性；[⑤] 庄惠阁等认为，品格证据是人的心理倾向外化为人的行为等的证据，从该类证据与被告人的人身危险性的联系出发，量刑中应用品格证据是必要的；[⑥] 张月满认为“以审判为中心”的司法模式要求量刑证明必须走向实质，走向实质的基本条件包括预置程序空间载体、夯实证明基础、明晰证明要素环节、形成证明主体正确的价值观等；[⑦] 何家弘等通过对12份受贿罪裁判文书的考察发现：受贿罪从轻情节的认定具有较为稳定的司法规律，但《刑法》及相关司法解释对受贿死刑情节的表述不具可操作性，导致受贿死缓与其下位刑罚裁量的宽严失据；司法解释应优化受贿死刑情节并使之易于证明，以期准确地运用死缓判决对最为严重的受贿犯罪进行惩处。[⑧]

---

① 参见李祥《独立的量刑程序改革新探》，《辽宁警察学院学报》2018年第5期。

② 参见 Lin Xifen, “Sentencing Recommendations, Anchoring Effect and Fairness in Criminal Justice,” *Social Sciences in China*, 2018, No. 3, 149 - 170。

③ 参见李懿艺《论认罪认罚案件中量刑建议的约束力》，《政法学刊》2018年第2期。

④ 参见王瑞剑《认罪认罚从宽制度下的量刑辩护问题》，《内江师范学院学报》2018年第3期。

⑤ 参见刘计划、孔祥承《未成年人社会调查报告法律性质之辨》，《法学杂志》2018年第4期。

⑥ 参见庄惠阁、李邦友《品格证据在被告人量刑时的运用》，《天津法学》2018年第4期。

⑦ 参见张月满《量刑证明：从形式到实质》，《政法论丛》2018年第2期。

⑧ 参见何家弘、黄健《司法证明视角下受贿罪死缓量刑之优化》，《河北大学学报》（哲学社会科学版）2018年第2期。

二 成果特色

(一)理论实践相得益彰

就研究性质而言，2018 年度关于量刑的研究既有相对宏大的理论叙事，也有精致细密的实践剖析。同时，量刑问题首先是个司法操作问题，脱离实践的理论是空洞的，脱离理论的实践是盲目的，在相当程度上难以截然划分出所谓的学理研究抑或实务研究。但本文基于讨论的便利，根据相应成果的偏重，划分为理论研究和实务研究。关于量刑的理论研究，其主题的外延大多属于教科书的“三级标题”及以下，相当部分文献（如关于酌定情节的研究）属于“四级标题”的范畴，呈现“小题大做”的偏好，反映出关于量刑的研究向纵深发展的态势；[①] 另一方面，关于量刑的学理研究在广度上也涵盖了教科书中量刑部分的所有二级标题，有关学者若干年前所检讨的“由于缺乏体系性关联，有价值的片段性的量刑研究呈现‘孤岛效应’”[②] 之困局正在改观。关于量刑的实践研究，则直面量刑改革以及具体犯罪量刑中的疑难问题，大体囊括文本解读、现状描述、缺陷检讨、规则建构四种研究范式，体现出强烈的问题意识和现实情怀。

(二)思辨色彩较为浓厚

2018 年度关于量刑研究的另一特点在于思辨色彩浓厚，[③] 在对观点的质疑与辩护中迸发出思想的火花。例如，关于“以刑制罪”这一话题，出现了质疑和针对质疑的辩护，相关论据涵盖罪刑法定等刑法基本原则、刑法解释的阈限、罪刑关系、实质合理性与形式合理性的顺位、定罪量刑思维之差异，不仅充分印证“量刑是刑法理论的缩图”之命题，并且相关问题的研究深度也在观点的交锋中得到升华。此外，围绕对待行贿与受贿犯罪

---

① 陈兴良教授认为包括博士论文在内的文献标题的大小，反映了一个国家学术研究的深入程度，一般二者呈负相关关系。参见陈兴良《教义刑法学》，中国人民大学出版社，2010，序言第 7 页。

② 王利荣：《为重构刑罚学说寻求新方法》，《法学研究》2013 年第 1 期，第 53 页。

③ 参见陈瑞华《论法学研究方法》，北京大学出版社，2009，序言第 2 页。

的刑事政策、《刑法》第 13 条“但书”对量刑的制约作用、定量方法在量刑中的地位以及抽象意义上量刑基准中的“点幅之争”等均发生观点的碰撞，体现了学术在批判与互动中发展的良性循环。

（三）实证研究方兴未艾

所谓实证研究，是指通过运用数据，采用客观中立的立场，解释和预测相关社会现象，回答“实际是什么”的问题。[①] 而量刑实证研究，是指以司法经验为中心，通过特定程序和规范，运用统计、分析等手段，来验证或是建立某种量刑理论的方法。[②] 自白建军等学者开创量刑实证研究的先河以来，实证方法一直在量刑中受到青睐。相较于既往，2018 年度量刑实证研究更加注重运用大样本分析，如胡昌明采集了 1060 个样本，章桦采集了 2067 个样本，文姬采集了 2103 个样本。大样本更加符合统计学规律，确保了相关研究结论的精准。另一方面，2018 年度的量刑实证研究更加注重运用跨学科方法分析和解决问题，例如林喜芬运用心理学中的“锚定效应”原理，分析了量刑建议对量刑结果的偏差并据此提出相应改良方案，确保了研究结论的可靠性和操作性。

（四）密切回应时代需求

研究成果密切回应时代需求是 2018 年度量刑研究的又一特色。随着人工智能技术的日新月异，其必将对人类社会产生深刻的影响，回应人工智能的挑战也正在成为法学研究的焦点。与大多数学者关注人工智能的刑事主体资格不同，2018 年度张富利等学者展望了大数据、云计算等人工智能技术在量刑领域的应用前景，形成具有一定可操作性的方案。同时，“认罪认罚从宽”程序成为当下刑事司法制度改革最为关键的内容之一，在实体和程序双重维度引发了量刑的深刻变革。学者敏锐地关注到这一问题，对“认罪认罚”在刑事实体法上的地位、“认罪认罚”后“从宽”的范围、“认罪认罚”程序中量刑规范化操作的特殊性等问题均形成了独到的见解，成为量

---

① 参见陈工孟《实证研究指南》，经济管理出版社，2014，第 4 页。

② 参见白云飞《规范化量刑方法研究》，中国政法大学出版社，2015，第 165 页。

刑领域运用“刑事一体化”方法的范例。

三　局限、缺憾

（一）成果形式相对单一

这体现在2018年度关于量刑的研究成果主要体现为前文所介绍的46篇期刊论文，尚未检索到关于量刑的原创性专著①和博士论文②。这当然与不同类型文献的创作和发行周期存在关联：期刊时效性较强，能够实现关注某一领域的论文在相同的周期内相对较为均匀的分配；专著和博士论文需要较长的创作周期，以一年为周期进行统计固然有失精准，但二者同时在一个年度内缺失的现象不免让人产生包括量刑在内的刑罚论是否像犯罪论那样受到重视的隐忧。对此，有论者在数年前就已指出：“定性犯罪和确定犯罪法律后果同等重要是不言自明的道理。”③ 关于量刑研究成果形式单一的现象，应当引起刑法学界的关注与反思。

（二）实体程序比例失衡

在所有46篇期刊文献中，仅有8篇系对量刑程序问题的关注，所占比重不到20%。能够反映出量刑研究在实体和程序上的分布失衡。固然量刑程序并非《刑事诉讼法学》教科书中独立的章节，但刑事诉讼基本原则、证据、强制措施、审查起诉、审判程序等部分均与量刑问题密切相关。同时，纵然认罪认罚从宽原则所带来的程序简化对“相对独立量刑程序”的架构产生冲击，但其带来了检察机关在量刑中的作用增大等的深刻变化，需要引起学界的持续关注。偏重量刑实体问题而相对忽视程序问题的倾向并不足取。

（三）理论实践存在脱节

例如，刑罚理论中的量刑基准与规范化量刑“三步骤”方法中的基准

---

① 2018年度关于量刑的图书皆为《立案定罪量刑标准解读与实务指引》一类供办案人员参考的工具书，难将其归入学术专著的范畴。

② 这是针对中国知网检索而言的，其他未被该网站收录的关于量刑的博士论文难以被检索到。

③ 王利荣：《为重构刑罚学说寻求新方法》，《法学研究》2013年第1期，第53页。

刑形成了两套自说自话的话语系统：前者主张在以报应刑论和预防刑论中“一种理论的优点克服另一种理论的缺陷，同时针对不同的人群发挥对应的功能”之意义上贯彻并合主义；[①] 后者则是由犯罪构成事实确定的，不考虑其他量刑情节的刑罚量。二者均具有对量刑法官约束的意义，但由于分处价值层面或技术层面而难以通约：作为刑罚上限的责任点（幅度）显然需要考虑反映责任的量刑情节方得形成，作为量刑情节作用基础的基准刑显然并未评价全部责任刑情节，亦不具有划定刑罚上限的意义。又如，尽管不少论者试图为“以刑制罪”构建坚固的理论根基，却鲜有论者探讨司法实务中为何要“以刑制罪”，如何进行“以刑制罪”，使得这一话题更多地流于理论空谈，“以刑制罪”的实践理性以及方法进路仍待发掘。

（四）缺乏基本学术共识

综观上述文献，其对于量刑缺乏基本学术共识，例如，2018年度除李鹏飞等少数论者外，鲜有对于量刑的本质及其基本规律的关注。然而这一问题在相当程度上宰制量刑理论与实务的基本方向。《关于常见犯罪的量刑指导意见》所设计的通过细密化计算的“三步骤”量刑方法显然建立在“刑之量化”的量刑本质观之上，表现为从形式上理解罪刑法定和刑法平等原则，并将罪刑均衡原则异化为主张同案同判的量刑均衡原则，主张通过计算的方法形成宣告刑，期待尽可能将酌定情节法定化等。但同时相当部分的论者承认量刑本质系“刑之裁量”，认同“量刑的生命在于经验”之命题，[②] 主张尊重法官自由裁量权，通过清晰量刑过程引导法官有步骤地展开量刑经验。又如，关于量刑原则，不少学者一方面认为量刑需要遵守罪刑法定等刑法原则，另一方面又拒绝承认刑法的基本原则同样也是量刑的基本原则，造成观点前后抵牾。如此学术共识的缺乏，一方面容易导致不同学者对量刑相关问题的探讨形成自说自话的格局，理论对话有失顺畅；另一方面，“刑之量化”等背离量刑本质及其基本规律的学术观点，不可避免地造成量刑实践误入歧途，累及量刑公正之实现。

---

① 张明楷：《责任刑与预防刑》，北京大学出版社，2015，前言第2页。

② 该命题的基本蕴含详见冯骁聪《量刑的生命在于经验》，博士学位论文，西南政法大学刑法学，2017。

四 前景展望

（一）刑罚教义对接本土

我国既有的量刑理论整体薄弱的现状固然与学术自觉的缺乏存在关联，但也与刑罚教义的阙如不无关系。随着"刑罚正当性根据""量刑上的责任主义"等理论得到推介，我国刑罚及量刑理论教义化的进程已然开启。"责任"显然构成了刑罚教义的核心，然而无论将责任理解为有责的不法①抑或非难可能性本身，② 均系就阶层犯罪论体系语境而言的。在阶层犯罪论体系尚未在刑法理论界形成共识，且尚未被实务界接受的当下，面临着如何与中国本土的刑法理论特别是犯罪构成理论对接的问题。"责任"显然是显系报应主义进化的产物，其与我国刑法理论中的社会危害性存在很大程度的相似性，但又存在些许差异，例如刑事责任年龄主要反映人身危险性，但其应当被归入"责任"的范畴。因此，如何将"责任"的内涵和思想进行本土化改造，是当下我国刑罚及量刑理论教义化所必须面对的问题。类似的还有"量刑基准"，其往往被学者指代不同的内容，③ 带来概念上的混乱，不利于学术对话与批评，有必要实现其与我国刑法语境下的量刑原则、量刑起点、基准刑等概念的衔接与转换。

（二）积极面向社会现实

一方面，人工智能时代的到来已经是不争的事实，弱人工智能已经得到普及，强人工智能的推广指日可待。强人工智能体由于具有辨认和控制能力，将其视作犯罪主体并无明显理论障碍。一旦肯定强人工智能体的刑事主体资格，如何认定评价相关量刑情节，特别是对其人身危险性的评价，

① 参见张苏《量刑根据与责任主义》，中国政法大学出版社，2012，第228页。

② 参见林山田《刑法通论》（上册），北京大学出版社，2012，第243页。

③ 例如，根据张明楷教授的观点，量刑基准不过就是刑罚正当性根据的代名词；而根据周光权教授的观点，这一概念是指排除各种法定和酌定情节，对某种仅抽象为一般既遂状态的犯罪构成的基本事实所判处的刑罚。分别参见张明楷《刑法原理》，商务印书馆，2017，第518页；周光权《刑法总论》，中国人民大学出版社，2016，第429页。

成为未来量刑研究需要关注的课题。另一方面，新刑事诉讼法的颁布实施，带来了刑事司法制度的重大变革。在认罪认罚程序中，“量刑的任务在很大程度移交至检察官身上，法官在认罪认罚制度下对检察官所提起的量刑建议一般不得随意改动”,① 量刑建议保持多大的幅度才能确保其针对性，需要进一步探究。同时，认罪认罚程序“将决定预防刑的部分权利移交给被告人”,② 被告人认罪认罚的诉讼节点、认罪认罚的主动性程度与对其科处刑罚时需要考虑的预防必要性程度之间是否存在相关关系，是刑事实体法中的量刑研究需要解决的问题。

（三）优化重整研究方法

首先，在未来的量刑研究中应当期待教义学方法③、比较方法、个案研究方法、实证研究方法等多种研究方法的和谐共存。据此，应当倡导研究方法的开放多元，改变当下教义学方法独占鳌头的格局。研究方法的多元将带来研究视角的发散，达到深化量刑研究的目的。其次，应当更加注重量刑研究的体系性思考，即“规范地、成体系地研究刑法学，必须在犯罪论、刑罚论、罪刑各论等多个层面同时展开”。④ 量刑素来被称为“刑法理论的缩图”，刑法的任何其他领域都能够直接或间接与量刑发生关联。“以刑制罪”即是量刑体系性思考的范例之一。在未来，这种体系性思考还可以扩展至量刑与定罪在基本原则、思维范式、证据证明标准等方面的对比互鉴。最后，应当关注量刑的个案研究。当下，刑事指导性案例所承载的裁判规范更多地集中在对犯罪性质的认定上，缺乏对量刑经验的记载。基于“刑之裁量”的量刑本质观，量刑过程必须借助以法官经验为内容的价值判断。《量刑指导意见》“作为量刑改革重大举措，却带来了经验源流被

① 周光权：《面向司法改革的中国刑法》，http://www.ahxb.cn/c/3/2018－11－15/5467.html，最后访问日期：2019 年 1 月 20 日。

② 周光权：《面向司法改革的中国刑法》，http://www.ahxb.cn/c/3/2018－11－15/5467.html，最后访问日期：2019 年 1 月 20 日。

③ 所谓法教义学方法，就是在尊崇法规范技术上的一种体系化的解释方法。参见石经海、刘兆阳《法教义学下“醉驾”定性困境之破解》，《贵州民族大学学报》（哲学社会科学版）2015 年第 4 期，第 151 页。

④ 周光权：《中国刑法学的想象力与前景》，《政法论坛》2006 年第 6 期，第 7 页。

截断的巨大风险”,[①] 存在明显的局限性。对此，应当加强与量刑有关的个案研究，形成更多的包含量刑裁判规范的指导性案例，为法官量刑提供充足的经验支持。

① 王利荣:《为重构刑罚学说寻求新方法》,《法学研究》2013 年第 1 期，第 57 页。

征稿启事

《量刑研究》是西南政法大学量刑研究中心主办、面向国内外公开发行的学术集刊，旨在提供关注量刑问题平台、聚焦讨论量刑热点问题、深入推动量刑理论研究、促进实现量刑公平公正。自 2019 年起，《量刑研究》由社会科学文献出版社出版，每年出版两辑，每辑 30 万字左右。欢迎理论界和实务界关注量刑问题的同仁投稿。

1.《量刑研究》重点发展和优先刊发“量刑理论前沿”“量刑问题专题研究”“量刑实践改革探索”“量刑专题问题研究综述”等专栏及稿件，同时也欢迎刑事法方面的其他相关文章。

2. 来稿要求论题新颖、论证严密、语言流畅、标点规范。篇幅以 10000 ~ 20000 字为宜。实务部门的稿件原则上需有关于“问题”或“经验”等方面的统计数据和实例。

3. 稿件同时提供以下相关信息：①姓名，工作单位（含二级单位），职称，学位，主要研究方向；②详细通信地址，邮政编码，电子邮箱；③200 ~ 300 字的中文摘要、3 ~ 8 个关键词。

4. 引注一律采用顺码脚注形式。引注以必要为原则。对观点、事件、数据等资料的引用，需要有权威来源；限制对非学术期刊、报纸、网站资料的引用。

5.《量刑研究》采用具有原创性的首发稿和双向匿名审稿制。编者保留对来稿进行技术加工处理的权利。文章如发表，文责自负。若 1 个月后未收到本编辑部用稿通知，作者可自行处理来稿。

6.《量刑研究》已被《中国学术期刊（光盘版）》、《中国期刊网》、《中文科技期刊数据库》（维普）等全文收录。作者投稿时，若不同意自己文章被上述电子出版物、数据库收录请做特别声明，若无声明，视同同意本编辑部与上述电子出版物、数据库的约定。

7. 投稿请发送至：1543379586@ qq. com。

《量刑研究》编辑部

2019 年 3 月

北京天驰君泰（重庆）律师事务所

北京天驰君泰（重庆）律师事务所，是经重庆市司法局批准成立的综合性合伙制律师事务所，是北京天驰君泰律师事务所批准在重庆设立的分所。北京天驰君泰律师事务所成立于20世纪90年代，经过20年的发展，已成为“底蕴扎实、积淀深厚，业绩好、口碑佳”的“全国优秀律师事务所”，在业内颇具影响力。

北京天驰君泰（重庆）律师事务所拥有一支业务精湛的律师队伍，执业律师均毕业于西南政法大学、中国政法大学、西北政法大学、重庆大学等国内外著名法科院校，具有良好的专业素养和实务能力，同时还聘请法学界的学者、司法界的资深专家担任高级顾问，协助本所执业律师处理疑难复杂的法律事务，以高质量地从事刑事、民商、知识产权、公司业务、建筑与房地产等领域的法律服务。

2018年5月，西南政法大学量刑研究中心在该所建有“天驰君泰研究基地”，以共同推动量刑的理论与实践发展。

图书在版编目(CIP)数据

量刑研究. 2019年. 第1辑：总第4辑，司法转型下的量刑探索与实践 / 石经海主编. -- 北京：社会科学文献出版社，2019.10
ISBN 978-7-5201-5692-9

Ⅰ.①量… Ⅱ.①石… Ⅲ.①量刑-研究-中国 Ⅳ.①D924.134

中国版本图书馆CIP数据核字（2019）第216358号

量刑研究（2019年第1辑·总第4辑）：司法转型下的量刑探索与实践

主　　编 / 石经海

出 版 人 / 谢寿光
责任编辑 / 芮素平
文稿编辑 / 张　娇

出　　版 / 社会科学文献出版社·联合出版中心（010）59367281
地址：北京市北三环中路甲29号院华龙大厦　邮编：100029
网址：www.ssap.com.cn
发　　行 / 市场营销中心（010）59367081　59367083
印　　装 / 三河市龙林印务有限公司

规　　格 / 开　本：787mm×1092mm　1/16
印　张：16　字　数：248千字
版　　次 / 2019年10月第1版　2019年10月第1次印刷
书　　号 / ISBN 978-7-5201-5692-9
定　　价 / 98.00元

本书如有印装质量问题，请与读者服务中心（010-59367028）联系